中国建筑业统计年鉴

CHINA STATISTICAL YEARBOOK ON CONSTRUCTION

国家统计局固定资产投资统计司 编

Compiled by the Department of Investment and Construction Statistics, National Bureau of Statistics

2016

中国统计出版社
China Statistics Press

图书在版编目（CIP）数据

中国建筑业统计年鉴 . 2016 / 国家统计局固定资产投资统计司编 . -- 北京 : 中国统计出版社 , 2016.12
ISBN 978-7-5037-8075-2

Ⅰ . ①中 … Ⅱ . ①国 … Ⅲ . ①建筑业－统计资料－中国－ 2016 －年鉴 Ⅳ . ① F426.9-66

中国版本图书馆 CIP 数据核字 (2016) 第 291213 号

中国建筑业统计年鉴 -2016

作　　者 / 国家统计局固定资产投资统计司
责任编辑 / 佘竞雄
封面设计 / 李雪燕
版式设计 / 张　冰
出版发行 / 中国统计出版社
通信地址 / 北京市丰台区西三环南路甲 6 号　邮政编码 /100073
电　　话 / 邮购（010）63376909　书店（010）68783171
网　　址 / http://www.zgtjcbs.com/
印　　刷 / 三河市双峰印刷装订有限公司
经　　销 / 新华书店
开　　本 /890mm×1240mm　1/16
字　　数 /628 千字
印　　张 /20.5
版　　别 /2016 年 12 月第 1 版
版　　次 /2016 年 12 月第 1 次印刷
定　　价 /160.00 元

如有印装差错，由本社发行部调换。

《中国建筑业统计年鉴—2016》

说　明

《中国建筑业统计年鉴—2016》是一部全面反映中国建筑业发展情况的权威资料。本书收集了全国和各省、自治区、直辖市2015年度有关建筑业发展方面的统计数据。

《中国建筑业统计年鉴—2016》资料直接由2015年全国建筑业统计报表基层数据库加工形成。为保证本年鉴数据与历史数据的可比性，2016年建筑业统计年鉴的范围是具有资质等级的所有独立核算的建筑业企业。具体包括：总承包建筑业企业、专业承包建筑业企业和劳务分包建筑业企业。

本年鉴资料分为五个部分：一、综合；二、按经济类型分组的建筑业企业；三、中央和地方建筑业企业；四、按资质等级分组的建筑业企业；五、各行业建筑业企业。每部分资料的编排，根据制度和实际工作要求，既有按经济类型的分组，又有按行业的分组。在各分组中又分别设置了反映建筑业总产值、各种用途的房屋建筑竣工面积、技术装备、实收资本、资产和负债、利润和税金等方面情况的表式。

使用本年鉴资料时请注意以下几点：

1．本年鉴资料的统计数据除第四部分以外，均不包括劳务分包建筑业企业数据。

2．本年鉴资料各项相加不等于总计均由于四舍五入的缘故。

3．本年鉴资料由国家统计局固定资产投资统计司编制并负责解释。

4． 本年鉴各表中的“空格”表示该项统计指标数据不是本表最小单位数、数据不详或无该项数据。

咨询电话：010-68782615，010-68782617，010-68782611

邮箱：tzjzc@gj.stats.cn

由于编辑时间比较仓促，本书难免存在一些不妥之处，欢迎广大读者批评指正。

目 录

一、综 合

二、按经济类型分组的建筑业企业

三、中央和地方建筑业企业

四、按资质等级分组的建筑业企业

五、各行业建筑业企业

一、综　合

1-1 历年建筑业企业概况

年 份	总 计	国有企业	集体企业	港澳台商投资企业	外商投资企业	其 他
企业单位数(个)						
1990	13327	4275	9052			
1995	24133	7531	15348	329	312	613
2000	47518	9030	24756	635	319	12778
2001	45893	8264	19096	622	274	17637
2002	47820	7536	13177	632	279	26196
2003	48688	6638	10425	535	287	30803
2004	59018	6513	8959	511	386	42649
2005	58750	6007	8090	516	388	43749
2006	60166	5555	7051	479	370	46711
2007	62074	5319	6614	482	365	49294
2008	71095	5315	5843	474	363	59100
2009	70817	5009	5352	444	351	59661
2010	71863	4810	5026	416	331	61280
2011	72280	4642	4847	393	303	62095
2012	75280	4602	4640	385	295	65358
2013	78919	3847	3728	390	272	70682
2014	81141	3753	3589	369	261	73169
2015	80911	3603	3318	343	249	73398
从业人员(万人)						
1990	1010.7	621.0	389.7			
1995	1497.9	824.3	631.9	5.0	5.4	31.3
2000	1994.3	635.6	887.5	8.2	4.4	458.6
2001	2110.7	590.7	739.9	7.7	4.3	768.1
2002	2245.2	543.8	579.2	7.4	4.5	1110.4
2003	2414.3	524.3	505.6	7.0	6.0	1371.3
2004	2500.3	467.4	386.4	6.8	8.1	1631.6
2005	2699.9	480.0	361.6	8.6	10.8	1838.9
2006	2878.2	467.6	332.0	8.9	8.1	2061.6
2007	3133.7	470.1	317.0	9.8	11.4	2325.4
2008	3315.0	472.1	266.8	10.5	9.2	2556.4
2009	3672.6	518.9	246.8	10.9	10.2	2885.7
2010	4160.4	576.9	246.5	12.2	9.8	3315.1
2011	3852.5	444.9	220.4	11.3	9.9	3166.0
2012	4267.2	457.8	216.2	13.0	10.3	3570.0
2013	4528.4	387.7	187.1	16.5	10.1	3927.0
2014	4537.0	371.2	175.0	15.4	8.6	3966.7
2015	5093.7	417.6	169.0	17.9	9.2	4480.0
建筑业总产值(亿元)						
1990	1345.01	935.19	409.82			
1995	5793.75	3670.25	1899.47	33.60	33.19	157.24
2000	12497.60	5053.79	4035.84	99.18	67.49	3241.30
2001	15361.56	5362.81	3775.89	102.55	73.06	6047.25
2002	18527.18	5582.86	3338.50	113.87	91.38	9400.57
2003	23083.87	6060.23	3270.73	123.71	129.39	13499.81
2004	29021.45	7325.61	2756.12	137.03	202.46	18600.23
2005	34552.10	8432.03	2815.20	172.54	249.03	22883.30
2006	41557.16	9218.56	2904.48	240.52	274.87	28918.73
2007	51043.71	10630.90	3153.65	281.95	396.32	36580.90
2008	62036.81	12231.66	3216.43	321.07	387.14	45880.52
2009	76807.74	15190.05	3281.75	334.59	415.17	57586.19
2010	96031.13	18148.59	3655.27	443.96	439.68	73343.64
2011	116463.32	20436.81	4306.49	612.68	658.17	90449.18
2012	137217.86	22930.19	4919.00	649.74	476.99	108241.94
2013	160366.06	20739.02	4524.68	621.96	607.72	133872.68
2014	176713.42	22069.45	4681.80	661.67	643.20	148657.29
2015	180757.47	21767.07	4364.40	693.34	606.24	153326.42

注：1.本表1985年至1992年数据为全民和集体所有制建筑业企业数据，1993年至1995年数据为各种经济成分的建制镇以上建筑业企业数据，1996年至2001年数据为资质等级(旧资质)四级及四级以上建筑业企业数据,2002年及以后数据为所有具有资质等级的施工总承包、专业承包建筑业企业(不含劳务分包建筑业企业)数据。不同口径数据不可比，以下各表同。

2.从业人员数1993年至1997年为年平均人数，1998年以后为期末从业人员数。

1-2 各地区历年建筑业总产值

单位：万元

地 区	2009	2010	2011	2012	2013	2014	2015
全国总计	**768077416**	**960311338**	**1164633207**	**1372178580**	**1603660633**	**1767134162**	**1807574736**
北 京	40597023	51960173	60462182	65882953	74643608	82097957	84367296
天 津	19114753	24244933	29864545	32585701	36944362	41234862	44889031
河 北	25250461	32314632	39726620	48650907	52449010	56257460	52525685
山 西	18261040	21434591	23249108	26681679	30343656	31034918	29312627
内蒙古	9647255	11255772	13946780	14409969	15711619	14029344	11234710
辽 宁	33846476	46903131	62175226	75473898	86291908	78511248	54137623
吉 林	11428418	13487785	16266485	19904251	22114408	25209990	22163142
黑龙江	13423856	17696969	20291604	23739606	24719359	21507487	16803928
上 海	38305439	43001906	42982774	48434396	52059216	54999411	56524682
江 苏	102651097	124059167	151228450	184235512	219936099	245929317	247858134
浙 江	95887214	120078857	149074191	173327449	202000242	226681864	239805916
安 徽	22395727	28649619	35972621	42304412	49655149	54829260	56959353
福 建	22041266	29359436	36926157	44245439	54617501	66892117	76058135
江 西	13232428	16900217	20954692	27895708	34699763	41226336	46024920
山 东	45791538	54965861	64829000	72813321	84676747	93134585	93817165
河 南	35964867	44006082	52793558	60090765	70032014	79118891	80476477
湖 北	34218927	43452006	55864461	70434219	84652690	100595890	105928564
湖 南	25074020	31617292	39150173	44079197	52838426	60209689	66308249
广 东	38092967	47154569	57740058	65144293	78639046	83565022	88656844
广 西	9343756	12223126	15530712	18670580	22898810	26089057	29534213
海 南	1439442	1994842	2554722	2831087	2863073	2763289	2786308
重 庆	19152495	25343574	33288252	39756696	47312167	55522069	62569430
四 川	33374469	41630743	52566461	62403298	72099080	80666569	87682363
贵 州	5239069	6229565	8247195	10392175	13791526	16402443	19477443
云 南	11962204	15109582	18684014	23836606	29066031	30546749	32689286
西 藏	949320	1220732	1244723	864044	769961	712462	1069180
陕 西	23091424	30636106	29083000	35293886	40003635	45577098	47526147
甘 肃	5798859	7519879	9258410	13646284	17208628	18145239	18490185
青 海	2043419	2796060	3194161	3257576	4137110	4329067	4095059
宁 夏	2592247	3426943	4279174	4669527	5689201	6251634	5245276
新 疆	7865941	9637189	13203699	16223145	20796588	23062840	22557365

1-3　各地区历年建筑业增加值

单位：万元

地　区	2009	2010	2011	2012	2013	2014	2015
全国总计	**156198171**	**189835420**	**220709789**	**265833118**	**330715095**	**352701493**	**360646592**
北　京	4681944	5787051	7684808	8455591	8882603	11556743	12374185
天　津	2578760	3022160	3810030	4434651	6103410	6773566	6633673
河　北	4448083	5248930	6557397	7330468	7828774	7703232	7549635
山　西	2603555	3391079	3572106	3928679	4296490	4932394	4613403
内蒙古	2836211	3260788	3760028	3487830	4209568	3277060	2524242
辽　宁	7686803	9897495	11213212	13798131	16450578	13436094	10653841
吉　林	2369263	2632453	3216260	3837962	3728284	3948020	3741626
黑龙江	3779597	5070564	3260269	3631982	3342731	2857191	2471102
上　海	5490998	5831049	6772969	7155228	7091417	7919425	8341694
江　苏	23226742	26980524	34214250	43365335	53721598	59075446	59965223
浙　江	18296301	23041235	28144275	36475974	41908146	46535584	47131356
安　徽	5401505	6839623	8101048	9008371	11804336	12584516	12065110
福　建	6843049	8742502	10413396	13812188	17298340	19964916	22708762
江　西	2624373	2928344	3489463	5121627	6600618	7696058	8412210
山　东	10398656	12318902	13029984	15263559	20555089	21594913	20785208
河　南	8316141	10039228	10338387	11170082	14416686	15537090	16183629
湖　北	6007806	7679793	9753665	12344343	16723655	16943867	19603679
湖　南	4929387	5850949	6524823	7694186	12475763	12658939	12771357
广　东	8217055	9534681	11096309	14496424	18191008	18910440	19627225
广　西	1915039	2274656	2601685	3028638	4110712	5102975	5351872
海　南	214458	216058	293769	419433	532658	522172	529872
重　庆	5047547	6345491	6903107	7437832	10844204	12658540	15012469
四　川	6315258	8162436	9436351	11030457	13196437	13057357	13737916
贵　州	933283	1212945	1543010	1863504	2544521	2720597	2748978
云　南	1964924	2436986	2723818	3715905	5758699	5514584	5516539
西　藏	238767	276857	249086	199643	180677	189116	237366
陕　西	4905743	6065105	6084540	5589472	8385847	8944771	9032737
甘　肃	1281414	1565648	1800243	2649077	3184643	3375392	3280338
青　海	445584	538075	587061	713605	805281	823585	795363
宁　夏	650092	715620	942241	986566	982544	1067396	919356
新　疆	1549833	1928195	2592201	3386374	4559780	4819516	5326625

1-4 各地区历年建筑业企业利税总额

单位：万元

地区	2009	2010	2011	2012	2013	2014	2015
全国总计	**53724409**	**67603869**	**80326121**	**91650257**	**113011138**	**119542527**	**121246415**
北京	3141972	3732603	4213539	4519673	5844844	6875732	7349600
天津	1144292	1441201	1732510	1946890	2590580	2777399	2799689
河北	1589887	2118790	2543420	2924228	3242959	3350020	3168841
山西	847101	1187107	1203412	1508774	1820183	1920827	1791482
内蒙古	1099952	1307471	1577208	1391319	1692996	1249338	876431
辽宁	2320038	3411522	4406630	5041639	5990333	4861814	3555861
吉林	807812	951062	1486739	1414761	1648728	1986631	1699015
黑龙江	1332707	1781420	1321917	1338823	1320366	1139018	1009930
上海	2683512	2981970	3235023	3188506	3609429	3830527	3850587
江苏	7135595	8753942	10507771	12832832	15627231	17197193	17412582
浙江	5674568	7111196	8446268	9491741	10991236	11978895	11860231
安徽	1632055	2099798	2388143	2747434	3395413	3591232	3605796
福建	1563460	1908536	2585482	3073914	3781422	4666004	5239494
江西	907325	1160294	1284587	1887482	2483173	2966238	3243655
山东	3626570	4539876	4982185	5489015	6954610	7140505	6965335
河南	2477967	3234415	3813920	4377000	5643611	5898465	6076899
湖北	2457391	3358791	4340945	5325901	7094715	7321789	8581829
湖南	1802272	2288754	2670291	3072326	3926595	4290182	4546480
广东	3283550	3923954	4681641	5153304	6489116	6595583	6825711
广西	521097	697699	763425	922608	1164273	1330585	1480038
海南	108956	100771	152954	191257	224759	204953	209769
重庆	1684830	2087534	2684015	2931725	3912970	4483103	5046994
四川	2012606	2753426	3509512	4180712	4908532	4758121	4773725
贵州	252224	340152	450259	524406	808721	897638	1048181
云南	756243	1055913	1209705	1586479	2122145	2157574	2192726
西藏	160296	149218	96188	71782	74995	73675	117347
陕西	1602454	1671907	2231137	2106642	2774949	2841450	2857946
甘肃	389746	553898	629559	959885	1167134	1249420	1223100
青海	131149	154766	195250	232512	274375	267847	266768
宁夏	155169	210388	258211	291077	314680	417739	370798
新疆	421612	535498	724273	925611	1116070	1223033	1199575

1-5　各地区历年建筑业企业劳动生产率

按建筑业增加值计算　　　　单位：元/人

地　区	2009	2010	2011	2012	2013	2014	2015
全国总计	**37640**	**40319**	**43951**	**57427**	**65794**	**63396**	**64650**
北　京	28825	28382	41691	95018	107462	71839	76173
天　津	43476	46160	58343	75162	74731	66835	73271
河　北	34103	38342	43060	52919	63505	52665	54225
山　西	30388	35172	33776	41544	40773	46302	46372
内蒙古	37886	43838	51098	63707	78435	64249	62191
辽　宁	36589	36647	32233	54886	68417	55510	62350
吉　林	33886	33297	48304	59774	66887	48919	42420
黑龙江	41143	52547	35408	36194	32796	33355	33577
上　海	44770	46744	53051	62817	60020	60016	65978
江　苏	42976	45044	56411	61866	68655	71324	71960
浙　江	37885	41067	50651	57790	62243	62698	60256
安　徽	37683	42372	51802	56179	67150	71972	72219
福　建	43883	46991	38061	69046	70353	71402	77335
江　西	33036	32508	41990	51576	58780	56834	50767
山　东	33990	35733	42401	49478	67455	64949	66787
河　南	37632	41900	43899	53486	57148	60364	57859
湖　北	41145	47494	45627	71933	96315	82105	84197
湖　南	33463	35838	40143	48902	63207	59840	57718
广　东	46819	49938	50621	79374	89082	84859	87455
广　西	38143	39528	42998	45601	57864	57656	54246
海　南	21739	18981	42776	65607	74453	71926	68399
重　庆	41902	43878	36359	49010	67564	69164	75063
四　川	27020	29121	25524	45412	48665	42903	46342
贵　州	29266	38196	44379	57246	65912	54563	49351
云　南	27758	31046	30486	40714	58138	51174	48562
西　藏	47493	47429	44931	60656	72029	66319	68448
陕　西	50752	53380	66948	56362	69536	64507	70915
甘　肃	26116	31193	35558	50478	54731	52442	53868
青　海	37275	42700	48452	55378	61133	58492	62128
宁　夏	31773	31019	39302	53050	46129	44827	46773
新　疆	34743	35979	44295	52133	58180	59124	67092

1-6 各地区历年建筑业企业利润总额

单位：万元

地 区	2009	2010	2011	2012	2013	2014	2015
全国总计	**27187552**	**34090741**	**41682014**	**47761416**	**60792546**	**64071299**	**64512325**
北 京	1751412	1986183	2167770	2434013	3497480	4359641	4793765
天 津	541986	660541	795439	959364	1431440	1585585	1594082
河 北	744754	1049307	1269976	1471745	1655376	1631303	1556748
山 西	305611	483810	492236	693319	897318	939166	938078
内蒙古	744024	826671	1053728	862190	1094841	732513	466159
辽 宁	1188891	1739642	2243114	2560777	3146240	2546761	1687885
吉 林	387217	460595	890268	744665	910687	1103577	969580
黑龙江	558203	564931	589187	617830	669765	508877	465291
上 海	1374680	1597878	1666874	1626865	1932910	2000895	1944607
江 苏	4005428	4966263	5958651	7273779	8993262	9804439	9853946
浙 江	2744547	3482170	4115722	4596818	5304842	5762559	5508776
安 徽	744093	982470	1271248	1508867	1877388	1933931	1868732
福 建	656737	873488	1264702	1512126	1853834	2341151	2631144
江 西	421176	561901	623721	948041	1282397	1564530	1628910
山 东	2065115	2663968	2917723	3186855	4167033	4248640	4071327
河 南	1187183	1615139	2000910	2329006	3120944	3210117	3374644
湖 北	1265479	1808377	2314637	2785518	3796429	3910209	4726061
湖 南	845523	1047943	1247697	1496487	1905149	2081834	2163387
广 东	1731648	2049391	2516868	2834588	3636718	3725486	3848750
广 西	197764	257595	262368	342674	444218	506360	543178
海 南	55232	47796	64449	104329	128077	114985	114026
重 庆	978968	1201834	1553431	1627276	2297778	2741950	3069254
四 川	950778	1256013	1771901	2101350	2504299	2311696	2214991
贵 州	66331	105635	143920	164725	324210	352333	456094
云 南	386664	505251	618811	849340	1198003	1209599	1235338
西 藏	120700	91531	57535	39714	48405	45911	78414
陕 西	738954	583007	1043804	1002895	1397940	1293256	1286412
甘 肃	153089	259960	293320	484956	588756	637693	621023
青 海	54420	62520	83480	112724	146330	139149	141696
宁 夏	63217	89235	112525	131135	121468	211386	178708
新 疆	157728	209698	276000	357447	419012	515769	481322

1-7 按经济类型划分的建筑业企业主要经济指标

指 标	单位	合计	内资企业	#国有	#集体
企业个数	个	80911	80319	3603	3318
从业人员	万人	5093.67	5066.58	417.57	169.04
自有固定资产原价	亿元	18823.20	18634.89	2950.90	461.88
自有固定资产净价	亿元	10862.39	10742.03	1571.03	281.58
自有施工机械设备总台数	万台	964.37			
自有施工机械设备净值	亿元	5662.00			
自有施工机械设备总功率	万千瓦	26736.79			
建筑业总产值	亿元	180757.47	179457.89	21767.07	4364.40
建筑业增加值	亿元	36064.66			
#本年固定资产折旧	亿元	1198.12	1188.86	207.08	22.03
#应付职工薪酬	亿元	21805.37	21649.63	2145.87	599.90
#主营业务税金及附加	亿元	5425.20	5391.77	637.77	146.67
#管理费用中的税金	亿元	248.21	245.93	23.60	10.30
房屋建筑施工面积	万平方米	1239717.64	1233437.79	120844.05	32954.27
房屋建筑竣工面积	万平方米	420784.94	419329.88	24233.14	16630.81
利润总额	亿元	6451.23	6387.41	633.31	170.11
税金总额	亿元	5673.41	5637.70	661.37	156.97
劳动生产率					
按总产值计算	元/人	324026	323359	445787	245268
按增加值计算	元/人	64650			
技术装备率	元/人	11116			
动力装备率	千瓦/人	5.2			
房屋建筑面积竣工率	%	33.9	34.0	20.1	50.5
产值利润率	%	3.6	3.6	2.9	3.9
产值利税率	%	6.7	6.7	5.9	7.5

1-7 续表

指 标	单位	港澳台商投资企业	#港澳台商独资企业	外商投资企业	#外商独资企业
企业个数	个	343	78	249	80
从业人员	万人	17.87	4.23	9.22	2.54
自有固定资产原价	亿元	132.75	62.45	55.56	19.47
自有固定资产净价	亿元	88.40	44.52	31.96	10.90
自有施工机械设备总台数	万台				
自有施工机械设备净值	亿元				
自有施工机械设备总功率	万千瓦				
建筑业总产值	亿元	693.34	128.88	606.24	258.11
建筑业增加值	亿元				
#本年固定资产折旧	亿元	5.81	2.38	3.45	1.63
#应付职工薪酬	亿元	97.51	10.65	58.24	19.84
#主营业务税金及附加	亿元	20.21	2.83	13.23	6.63
#管理费用中的税金	亿元	1.68	0.55	0.59	0.19
房屋建筑施工面积	万平方米	4530.54	150.50	1749.31	571.07
房屋建筑竣工面积	万平方米	899.99	25.29	555.07	183.46
利润总额	亿元	30.71	7.01	33.11	22.78
税金总额	亿元	21.89	3.38	13.82	6.82
劳动生产率					
按总产值计算	元/人	367804	342524	616870	880208
按增加值计算	元/人				
技术装备率	元/人				
动力装备率	千瓦/人				
房屋建筑面积竣工率	%	19.9	16.8	31.7	32.1
产值利润率	%	4.4	5.4	5.5	8.8
产值利税率	%	7.6	8.1	7.7	11.5

1-8　建筑业企业主要经济指标完成情况

指　　标	单位	2015年	2014年	2015年比2014年增减(%)
建筑业企业个数	个	80911	81141	-0.3
从事建筑业活动的平均人数	万人	5578.5	5563.5	0.3
签订合同额	亿元	337835.9	323486.1	4.4
#本年新签合同额	亿元	184338.6	184627.4	-0.2
建筑业总产值	亿元	180757.5	176713.4	2.3
建筑工程产值	亿元	160267.9	157142.5	2.0
安装工程产值	亿元	14991.8	14259.8	5.1
其他产值	亿元	5497.8	5311.1	3.5
竣工产值	亿元	110096.8	100754.8	9.3
建筑业增加值	亿元	36064.7	35270.1	2.3
#本年固定资产折旧	亿元	1198.1	1165.5	2.8
#应付职工薪酬	亿元	21805.4	21297.0	2.4
#主营业务税金及附加	亿元	5425.2	5325.5	1.9
#管理费用中的税金	亿元	248.2	221.6	12.0
房屋建筑施工面积	万平方米	1239717.6	1249826.3	-0.8
房屋建筑竣工面积	万平方米	420784.9	423357.3	-0.6
年末自有施工机械设备净值	亿元	5662.0	5679.8	-0.3
年末自有施工机械设备总功率	万千瓦	26736.8	29602.2	-9.7
实收资本	亿元	28500.3	27243.5	4.6
资产合计	亿元	164226.3	148372.8	10.7
#流动资产	亿元	130592.9	117374.6	11.3
#固定资产	亿元	14436.6	13621.9	6.0
负债合计	亿元	110114.4	100459.2	9.6
#流动负债	亿元	98744.2	90525.7	9.1
利润总额	亿元	6451.2	6407.1	0.7
税金总额	亿元	5673.4	5547.1	2.3
按建筑业总产值计算的劳动生产率	元/人	324026	317633	
按建筑业增加值计算的劳动生产率	元/人	64650	63396	
技术装备率	元/人	11116	12519	
动力装备率	千瓦/人	5.2	6.5	
人均利税	元/人	21735	21487	
房屋建筑面积竣工率	%	33.9	33.9	
资产负债率	%	67.1	67.7	
产值利润率	%	3.6	3.6	
产值利税率	%	6.7	6.8	

1-9 各地区建筑业企业签订合同情况

单位：万元

地　区	签订合同额	上年结转合同额	本年新签合同额
全国总计	**3378358687**	**1534972849**	**1843385837**
北　京	232156198	124266425	107889773
天　津	89001835	41942893	47058942
河　北	90410854	38594244	51816610
山　西	63330058	30736400	32593658
内蒙古	19814325	9087809	10726516
辽　宁	96653706	44844859	51808847
吉　林	34644554	14029814	20614740
黑龙江	25113722	8835869	16277853
上　海	158116535	80428946	77687589
江　苏	372001316	164311356	207689960
浙　江	394406921	175795816	218611105
安　徽	101034166	44575375	56458791
福　建	133249014	56864148	76384866
江　西	81309249	34845152	46464098
山　东	152878902	60143867	92735035
河　南	141547189	57216860	84330329
湖　北	207510945	86368904	121142041
湖　南	142303063	70213432	72089631
广　东	208664930	106755031	101909900
广　西	56390870	24756883	31633987
海　南	6129417	3159083	2970334
重　庆	98623243	46856242	51767001
四　川	178093019	80650063	97442956
贵　州	51104514	26026002	25078512
云　南	59371376	26455403	32915973
西　藏	1539558	482002	1057556
陕　西	99691539	43771901	55919638
甘　肃	29760542	11526899	18233643
青　海	9114654	4844229	4270425
宁　夏	8073639	3451474	4622166
新　疆	36318834	13135470	23183365

1-10　各地区建筑业企业承包工程完成情况

单位：万元

地　区	直接从建设单位承揽工程完成的产值	自行完成施工产值	分包出去工程的产值	从建设单位以外承揽工程完成的产值
全国总计	**1787473920**	**1742488274**	**44985646**	**65086462**
北　京	84839056	73522435	11316621	10844862
天　津	44252270	42733335	1518936	2155697
河　北	51580624	51339537	241088	1186149
山　西	29210102	29139963	70139	172664
内蒙古	11179935	11168421	11514	66289
辽　宁	53892577	53480022	412555	657601
吉　林	21838899	21745009	93890	418133
黑龙江	16929621	16778231	151391	25697
上　海	58325675	50311855	8013820	6212827
江　苏	234938247	233954647	983601	13903487
浙　江	236503549	234006399	2497150	5799517
安　徽	56368760	55784262	584497	1175091
福　建	74586228	74295866	290362	1762270
江　西	45187737	44525933	661803	1498987
山　东	93589985	92611054	978930	1206111
河　南	79447952	79029234	418718	1447244
湖　北	105020424	104197783	822641	1730781
湖　南	65490488	65041192	449296	1267057
广　东	94613513	84962059	9651454	3694785
广　西	29158905	28886331	272574	647882
海　南	2768571	2724553	44018	61755
重　庆	62166804	60810253	1356551	1759176
四　川	85413813	84094756	1319058	3587607
贵　州	19400683	19328349	72334	149094
云　南	32125045	31938645	186399	750640
西　藏	1066821	1002660	64161	66520
陕　西	47712956	45627266	2085690	1898881
甘　肃	18378360	18272426	105934	217759
青　海	3676959	3541806	135153	553253
宁　夏	5248093	5213917	34176	31359
新　疆	22561271	22420077	141194	137288

1-11　各地区建筑业总产值和竣工产值

单位：万元

地　区	建筑业总产值	#装饰装修产值	#在外省完成的产值
全国总计	**1807574736**	**105080495**	**601905446**
北　京	84367296	10810758	57375726
天　津	44889031	1054432	16503951
河　北	52525685	2068579	15711800
山　西	29312627	879617	10440031
内蒙古	11234710	279242	570045
辽　宁	54137623	4710277	7358071
吉　林	22163142	748167	2546137
黑龙江	16803928	1041317	2202291
上　海	56524682	6089634	27031634
江　苏	247858134	13334156	110048420
浙　江	239805916	15025759	121916951
安　徽	56959353	2211188	12999418
福　建	76058135	3191098	27847698
江　西	46024920	3325397	15274400
山　东	93817165	5880303	16366962
河　南	80476477	3714906	17863343
湖　北	105928564	4784517	36244324
湖　南	66308249	2976662	22134098
广　东	88656844	11884060	20316030
广　西	29534213	1078925	4952714
海　南	2786308	165860	83754
重　庆	62569430	2595036	10525989
四　川	87682363	2699174	18245883
贵　州	19477443	423378	4193001
云　南	32689286	995450	2253870
西　藏	1069180	32155	38723
陕　西	47526147	1828242	15190645
甘　肃	18490185	662775	2622121
青　海	4095059	41248	1477180
宁　夏	5245276	173106	441720
新　疆	22557365	375079	1128516

1-11　续表　　　　单位：万元

地　区	按构成分组			竣工产值
	建筑工程产值	安装工程产值	其他产值	
全国总计	**1602679019**	**149917943**	**54977774**	**1100968272**
北　京	79920630	3690172	756494	42870689
天　津	38357837	4742226	1788968	24117003
河　北	43632917	5310420	3582348	28521845
山　西	25359465	3003554	949608	15391066
内蒙古	9389935	1043927	800847	7627874
辽　宁	44179785	7691905	2265932	32548667
吉　林	18631469	2480740	1050934	17216830
黑龙江	13189109	3127692	487127	10115805
上　海	47623605	7782729	1118349	31198853
江　苏	232782387	13215009	1860737	204313864
浙　江	217388715	17222310	5194891	154945744
安　徽	48827159	4354850	3777345	31921867
福　建	70111588	5053633	892913	47309585
江　西	39671083	3313600	3040237	30139659
山　东	79806928	11933047	2077190	52149454
河　南	70280138	7228680	2967660	44116719
湖　北	93635752	8896266	3396546	53775029
湖　南	57205308	4419796	4683144	41499565
广　东	76256184	9390715	3009946	48652040
广　西	25600104	2516465	1417644	17620959
海　南	2362917	237850	185541	2111455
重　庆	56822977	3869943	1876510	33068592
四　川	77529985	7348924	2803454	48981833
贵　州	17308625	1221942	946876	7875701
云　南	29003540	2451487	1234260	18412610
西　藏	878571	115307	75302	718914
陕　西	42295136	3857176	1373835	22358647
甘　肃	16028877	1719378	741929	10287472
青　海	3289783	602411	202865	2061466
宁　夏	4915568	285490	44218	4039459
新　疆	20392942	1790299	374125	14999005

1-12 各地区建筑业企业房屋建筑面积

地　区	房屋建筑施工面积(万平方米)	#本年新开工	#实行投标承包面积	房屋建筑竣工面积(万平方米)	房屋建筑面积竣工率(%)
全国总计	**1239717.6**	**465579.5**	**968978.4**	**420784.9**	**33.9**
北　京	59776.7	13506.0	56115.5	9886.3	16.5
天　津	15644.6	4628.3	13774.6	3547.2	22.7
河　北	35616.5	13481.7	29453.9	11613.0	32.6
山　西	13943.4	4349.0	11691.1	3634.4	26.1
内蒙古	6974.6	3261.1	5575.4	3103.1	44.5
辽　宁	28937.1	12161.3	20956.5	10397.9	35.9
吉　林	12237.2	6777.1	8829.9	5602.6	45.8
黑龙江	5524.2	3378.2	4305.9	2968.1	53.7
上　海	36659.8	9658.0	32591.0	7258.7	19.8
江　苏	215592.0	75967.0	194094.6	76823.9	35.6
浙　江	201542.2	74416.5	159014.1	68316.3	33.9
安　徽	41476.5	16744.6	32062.3	15553.6	37.5
福　建	59277.3	19474.6	40571.2	16631.3	28.1
江　西	28895.4	14187.3	18713.7	14255.6	49.3
山　东	69478.6	27995.3	53030.3	23657.0	34.0
河　南	53132.5	23642.1	41295.8	17963.7	33.8
湖　北	62204.7	31344.2	39078.4	26828.9	43.1
湖　南	47504.4	18420.6	42022.0	17390.0	36.6
广　东	50461.6	15802.2	30737.1	14373.4	28.5
广　西	23432.0	7999.5	19017.6	7720.7	32.9
海　南	2132.0	561.0	1701.9	744.6	34.9
重　庆	32801.6	14069.2	19490.2	13542.6	41.3
四　川	52795.4	21483.3	33055.4	20666.8	39.1
贵　州	16769.6	5442.1	10114.6	3195.8	19.1
云　南	15437.1	7475.5	10035.0	6941.1	45.0
西　藏	295.4	200.9	166.8	173.9	58.9
陕　西	23991.2	7746.2	20192.8	7087.4	29.5
甘　肃	10757.1	4154.8	7104.6	4083.1	38.0
青　海	908.7	506.8	641.6	350.2	38.5
宁　夏	3285.0	1161.4	2869.6	1226.6	37.3
新　疆	12233.3	5583.9	10675.2	5247.2	42.9

1-13　各地区按主要用途分的建筑业企业房屋建筑竣工面积

单位：万平方米

地　区	总计	住宅房屋	商业及服务用房屋	商厦房屋(批发和零售用房)	宾馆用房屋(住宿用房)	餐饮用房屋(餐饮用房)
全国总计	**420784.9**	**284022.0**	**28722.4**	**12938.9**	**3344.0**	**1068.8**
北　京	9886.3	6303.0	1229.4	824.8	106.5	4.7
天　津	3547.2	1982.0	291.4	77.4	5.8	2.8
河　北	11613.0	8579.3	474.5	218.1	37.2	17.8
山　西	3634.4	2727.1	149.1	51.0	40.4	2.5
内蒙古	3103.1	2347.4	209.9	67.5	21.1	7.0
辽　宁	10397.9	7488.6	573.8	206.1	40.9	14.3
吉　林	5602.6	4100.1	277.7	111.4	39.1	9.3
黑龙江	2968.1	2248.2	165.9	59.0	16.6	12.2
上　海	7258.7	3476.1	1161.0	327.0	64.1	12.7
江　苏	76823.9	56384.4	3299.0	1367.8	585.3	216.9
浙　江	68316.3	38722.4	5334.2	2520.8	690.1	296.3
安　徽	15553.6	10501.8	1038.2	568.2	86.9	44.3
福　建	16631.3	10715.3	1150.7	498.9	126.7	30.6
江　西	14255.6	9097.4	1126.9	438.0	105.8	73.8
山　东	23657.0	16821.7	1406.8	780.6	49.7	30.7
河　南	17963.7	12939.6	944.0	281.9	157.4	50.6
湖　北	26828.9	18399.2	1815.1	854.0	479.6	34.7
湖　南	17390.0	12198.4	1374.5	776.6	107.0	11.8
广　东	14373.4	9332.1	1016.0	502.2	99.9	17.5
广　西	7720.7	4573.0	657.0	292.3	78.4	14.5
海　南	744.6	490.2	81.4	53.7	5.4	7.1
重　庆	13542.6	9935.5	898.2	370.1	44.1	29.5
四　川	20666.8	15718.1	1612.7	701.4	131.0	45.2
贵　州	3195.8	1980.7	225.4	60.6	15.9	1.6
云　南	6941.1	4278.8	650.6	223.5	94.0	39.6
西　藏	173.9	102.7	13.0	1.3	2.4	0.2
陕　西	7087.4	5294.3	483.5	211.5	29.4	7.4
甘　肃	4083.1	2831.8	330.6	141.7	32.4	8.7
青　海	350.2	210.9	30.6	4.7	3.3	0.3
宁　夏	1226.6	872.2	140.6	84.5	2.6	3.3
新　疆	5247.2	3369.6	560.8	262.1	45.2	20.9

1-13 续表 1 单位：万平方米

地 区	商务会展用房屋	其他商业及服务用房屋(居民服务业用房)	办公用房屋	科研、教育和医疗用房屋	科学研究用房屋	教育用房屋
全国总计	**1901.8**	**9468.8**	**23215.3**	**16594.6**	**1635.3**	**11423.0**
北 京	22.8	270.6	873.6	499.9	120.6	224.0
天 津	28.0	177.3	128.6	242.6	7.8	158.7
河 北	37.2	164.2	535.3	485.3	37.5	354.6
山 西	5.2	50.1	168.9	151.4	12.5	109.4
内蒙古	3.6	110.6	89.0	91.3	7.5	65.7
辽 宁	19.9	292.7	347.6	173.1	7.0	142.1
吉 林	25.2	92.7	246.7	137.3	21.7	87.2
黑龙江	0.8	77.3	92.4	103.9	9.5	60.4
上 海	347.9	409.5	580.9	278.5	48.5	191.0
江 苏	659.5	469.6	3373.6	1961.5	241.7	1266.4
浙 江	296.0	1531.1	4574.2	2105.8	324.4	1334.3
安 徽	22.4	316.3	914.7	647.7	26.5	527.4
福 建	59.2	435.3	969.5	527.5	59.2	374.8
江 西	27.0	482.3	1001.5	690.7	40.3	536.0
山 东	38.2	507.6	1237.0	951.7	110.4	650.4
河 南	44.7	409.3	1129.5	984.6	98.0	747.4
湖 北	27.9	418.9	1649.2	1170.1	107.0	581.0
湖 南	25.0	454.1	1033.7	899.6	78.6	609.1
广 东	37.3	359.1	738.5	522.6	39.5	400.7
广 西	14.5	257.3	625.4	749.1	66.4	536.5
海 南		15.2	35.3	54.5	8.6	43.5
重 庆	34.6	419.9	453.4	393.0	13.5	301.1
四 川	39.9	695.1	590.5	632.7	34.0	468.7
贵 州	4.0	143.3	218.1	406.4	14.4	332.8
云 南	16.1	277.4	552.4	565.3	25.9	434.0
西 藏	2.0	7.1	15.2	18.4	0.4	17.9
陕 西	15.7	219.5	367.7	449.1	44.6	326.3
甘 肃	27.8	119.9	203.7	294.7	20.0	196.8
青 海	0.1	22.1	47.5	28.3	0.0	27.2
宁 夏	2.0	48.2	81.6	46.5	1.6	37.5
新 疆	17.3	215.3	340.2	331.6	7.6	280.1

1-13 续表 2

单位：万平方米

地 区	医疗用房屋(卫生医疗用房)	文化、体育和娱乐用房屋	厂房及建筑物	#厂房	仓 库	其他未列明的房屋建筑物
全国总计	**3536.3**	**4422.1**	**52574.5**	**34824.1**	**2703.6**	**8530.5**
北 京	155.3	209.8	477.7	401.2	46.0	246.8
天 津	76.1	16.6	715.3	453.0	34.6	136.2
河 北	93.1	63.9	1129.6	696.5	49.5	295.6
山 西	29.5	22.4	274.0	178.5	16.6	124.7
内蒙古	18.1	23.5	132.1	41.3	4.2	205.7
辽 宁	24.0	18.5	1417.9	886.4	80.6	297.7
吉 林	28.4	102.3	468.7	289.0	36.8	232.9
黑龙江	34.0	16.9	186.9	112.5	78.0	75.8
上 海	39.0	129.3	1405.3	852.4	70.8	156.9
江 苏	453.4	1004.5	9515.0	7273.2	525.4	760.6
浙 江	447.0	828.1	15094.5	11330.0	514.1	1143.0
安 徽	93.8	138.0	1950.4	973.3	126.4	236.4
福 建	93.5	140.2	2898.6	1256.8	106.9	122.5
江 西	114.4	213.9	1683.4	964.1	137.0	304.8
山 东	190.9	154.3	2561.8	1644.9	149.9	373.8
河 南	139.2	123.3	1401.7	708.9	115.1	326.0
湖 北	482.1	298.9	2748.6	1664.5	95.0	652.8
湖 南	211.9	137.2	1307.1	779.5	106.0	333.4
广 东	82.5	85.3	2207.0	1422.6	91.5	380.4
广 西	146.2	213.7	497.6	323.3	58.1	346.6
海 南	2.4	15.2	23.5	20.4	0.4	44.3
重 庆	78.4	51.6	1379.9	603.4	46.6	384.3
四 川	130.0	111.6	1555.2	969.6	65.5	380.5
贵 州	59.2	20.7	180.6	110.0	14.5	149.4
云 南	105.4	101.5	509.7	323.2	18.7	264.3
西 藏	0.1	2.5	10.6	0.1	0.0	11.6
陕 西	78.2	54.7	264.6	194.5	37.9	135.7
甘 肃	77.9	48.0	274.9	126.3	15.7	83.9
青 海	1.1	4.5	8.5	6.2	0.9	19.0
宁 夏	7.4	5.3	57.6	43.8	3.0	19.7
新 疆	43.9	65.9	236.1	174.2	57.8	285.2

1-14 各地区按主要用途分的建筑业企业房屋建筑竣工价值

单位：万元

地　区	总计	住宅房屋	商业及服务用房屋	商厦房屋(批发和零售用房)	宾馆用房屋(住宿用房)	餐饮用房屋(餐饮用房)
全国总计	**668741302**	**445630565**	**50527739**	**22575653**	**6263217**	**1927706**
北　京	24127930	13197407	3093997	1918337	394706	23330
天　津	7685850	4095058	669955	237123	16415	3475
河　北	17892735	12261024	871021	410997	109771	28774
山　西	5847234	4096805	230780	66955	56018	3438
内蒙古	4575677	3403651	291928	67964	35251	43010
辽　宁	15340072	10651381	767327	348507	42306	21893
吉　林	8468194	6042797	444095	118827	66422	14358
黑龙江	4605602	3368226	279168	95682	27959	20242
上　海	17057877	7288456	3380168	955560	221570	64649
江　苏	136314120	99762655	6213075	2681602	1104359	472034
浙　江	107338267	64104225	9376498	4422954	1241469	523154
安　徽	20047440	13984592	1425807	785336	148895	65421
福　建	27816661	18693813	1901484	802520	263839	49275
江　西	18761866	12142768	1711680	609935	157288	128940
山　东	32930291	22389323	2506584	1419797	102071	56961
河　南	22653717	16117354	1353194	394994	217520	58565
湖　北	38152553	25325976	3015132	1508980	800769	46719
湖　南	25551755	17274562	2318576	1277155	230512	18421
广　东	25430931	16307643	1628999	610769	250255	27263
广　西	11167862	6615886	1003611	447607	108554	21335
海　南	1375288	930122	152680	105203	8330	12112
重　庆	19869905	14818496	1354369	609835	64536	40880
四　川	30917222	23594427	2601081	1120597	222690	68513
贵　州	4649757	2865175	290759	84819	43906	2051
云　南	10331835	6483342	1081961	384127	146224	43215
西　藏	390899	237767	31762	2727	2691	480
陕　西	11607838	8189970	711836	275430	44925	10796
甘　肃	7241708	4664850	629471	244615	53470	23838
青　海	617260	374845	58859	7701	4294	524
宁　夏	1920426	1327464	227662	151813	4205	5390
新　疆	8052530	5020506	904220	407183	71997	28650

1-14　续表 1　　　　单位：万元

地　区	商务会展用房屋	其他商业及服务用房屋(居民服务业用房)	办公用房　屋	科研、教育和医疗用房屋	科学研究用房屋	教育用房　屋
全国总计	**4072831**	**15688332**	**41908317**	**29936844**	**3018455**	**19524966**
北　京	90622	667002	2985211	1678257	405222	692586
天　津	50922	362020	347910	777648	25543	512272
河　北	48596	272883	854251	774767	67362	528378
山　西	8998	95370	286207	295756	26627	209528
内蒙古	6507	139196	188898	200164	16170	122043
辽　宁	22715	331906	568016	253801	17763	191050
吉　林	86453	158036	474400	250289	41575	136509
黑龙江	1250	134035	159803	247470	14188	154207
上　海	1213261	925128	1744936	791023	132213	552456
江　苏	1125131	829950	6666412	4463814	570375	2696745
浙　江	597111	2591809	8232615	3856860	495404	2457681
安　徽	27691	398464	1165325	865388	31433	691805
福　建	118484	667367	1671799	890354	93252	614659
江　西	55767	759750	1412417	864011	42247	642955
山　东	75760	851995	2238875	1564082	137397	1072372
河　南	58346	623770	1452401	1271454	122749	966598
湖　北	45854	612809	2779311	1921682	164268	906749
湖　南	96655	695834	1676054	1426252	118586	885386
广　东	51165	689546	1422337	967395	89629	719891
广　西	12977	413138	852763	1090452	93417	756870
海　南		27036	66233	93588	15707	73146
重　庆	54003	585115	779535	575477	16347	433098
四　川	61399	1127882	955228	1022855	63676	736493
贵　州	8923	151060	332532	585074	20315	463423
云　南	23289	485106	553705	1016244	35946	720773
西　藏	6000	19864	33627	46282	1650	44556
陕　西	32685	348001	819730	813243	96538	539417
甘　肃	46615	260934	411434	568893	44251	366581
青　海	192	46148	77197	47100	88	45254
宁　夏	2872	63382	156404	93828	3673	73517
新　疆	42591	353799	542753	623343	14843	517967

1-14 续表 2 单位：万元

地区	医疗用房屋(卫生医疗用房)	文化、体育和娱乐用房屋	厂房及建筑物	#厂房	仓库	其他未列明的房屋建筑物
全国总计	**7393419**	**9473116**	**71058079**	**47481611**	**3650997**	**16555645**
北京	580449	891271	1250808	1049228	68238	962741
天津	239832	60648	1240932	841620	33001	460699
河北	179027	139175	2096524	1395950	81720	814253
山西	59601	82603	491266	344989	18207	345611
内蒙古	61951	57033	161296	62108	6941	265766
辽宁	44988	29146	2185758	1274879	136169	748474
吉林	72206	171225	651881	423677	45907	387599
黑龙江	79075	47135	294302	186615	106815	102682
上海	106354	495831	2836085	1659137	139502	381877
江苏	1196694	2481338	14398025	10976674	853397	1475405
浙江	903775	1518916	17748957	13463546	592233	1907963
安徽	142150	200742	1952203	1056143	126598	326786
福建	182443	320873	3926031	1669395	171041	241267
江西	178808	252777	1878158	1067038	171557	328498
山东	354313	347140	3125366	2003353	187998	570924
河南	182107	177142	1692504	901090	89105	500564
湖北	850666	541093	3555925	2164624	71225	942209
湖南	422281	246977	1844430	1113883	170004	594900
广东	157870	181170	3015706	1781337	140467	1767216
广西	240166	335554	672966	424261	78293	518337
海南	4734	27745	35607	32919	679	68635
重庆	126032	79804	1690067	824551	63662	508496
四川	222686	226658	1857237	1172766	90211	569524
贵州	101336	22155	301405	213967	22514	230144
云南	259525	147824	574185	282017	32136	442438
西藏	75	4109	21482	105	5	15867
陕西	177288	150543	487150	357325	48379	386988
甘肃	158062	79357	659574	428791	28856	199273
青海	1757	8668	14636	11721	1850	34106
宁夏	16638	9114	75162	59439	4514	26278
新疆	90534	139352	322453	238462	69775	430128

1-15　各地区建筑业企业施工机械设备情况

地　区	年末自有施工机械设备总台数(台)	年末自有施工机械设备总功率(千瓦)	年末自有施工机械设备净值(万元)	技术装备率(元/人)	动力装备率(千瓦/人)
全国总计	**9643725**	**267367925**	**56619984**	**11116**	**5.2**
北　京	99250	3755437	1021394	17439	6.4
天　津	142701	4784102	2134982	27140	6.1
河　北	530520	12505469	2088391	16009	9.6
山　西	193051	6919945	1390530	18189	9.1
内蒙古	86100	1888747	700199	23725	6.4
辽　宁	325085	15504393	1739805	11735	10.5
吉　林	66926	2346681	884044	14039	3.7
黑龙江	130596	3320533	821417	17519	7.1
上　海	97108	2280926	1030459	9302	2.1
江　苏	1426490	39751712	7819004	10391	5.3
浙　江	1080341	20854992	4780716	6104	2.7
安　徽	338008	7860395	1468152	8703	4.7
福　建	292387	10146362	2313606	7848	3.4
江　西	216144	5258691	1177950	8285	3.7
山　东	713507	17421297	3628028	12088	5.8
河　南	647453	32574554	4164991	16049	12.6
湖　北	583223	13219338	3128627	11966	5.1
湖　南	738947	11083045	2763324	13168	5.3
广　东	479876	16395207	3178002	14437	7.4
广　西	148250	2790413	578166	6045	2.9
海　南	9216	286871	42213	5683	3.9
重　庆	179303	4166349	1334414	6923	2.2
四　川	308451	10186129	3189811	11657	3.7
贵　州	81308	2173013	444463	7920	3.9
云　南	168220	5203105	1277412	13131	5.3
西　藏	4919	203954	51518	18374	7.3
陕　西	237781	6883557	1902966	16548	6.0
甘　肃	182848	3653743	761182	13479	6.5
青　海	29260	966904	221293	20347	8.9
宁　夏	28645	609179	140253	11128	4.8
新　疆	77811	2372882	442673	11631	6.2

1-16 各地区建筑业企业建筑材料消耗情况

地　　区	钢材（吨）	木材（立方米）	水泥（吨）	玻璃		铝材（吨）
				重量箱	平方米	
全国总计	**767762175**	**363855171**	**2003571588**	**191051920**	**1251587762**	**56344926**
北　京	21371408	3801317	35025499	2577152	9749283	183920
天　津	17207193	960084	26105681	1417539	7214160	973114
河　北	50520086	12921105	79795279	4441432	42865639	3978293
山　西	10881374	3219252	34166014	1097181	6994362	295088
内蒙古	5479701	2857617	15481695	626621	8580457	371372
辽　宁	16008793	9307160	56392815	4252542	32918494	1194612
吉　林	7526113	6964261	24173434	1623231	19400968	527876
黑龙江	5145630	1268364	12435225	975240	7311703	119504
上　海	15076044	3740993	17385353	1870442	10947374	364933
江　苏	90703898	40391042	245411043	26027869	184191237	5243690
浙　江	104910149	46364204	357324073	43516630	188343943	5466113
安　徽	20699081	7615719	53339101	5053061	40028060	1083529
福　建	42290348	28640494	158080330	24181877	99401377	2996079
江　西	17540283	11391393	62609693	2911989	26345943	2501014
山　东	53075321	18575471	90591462	8979239	81321003	3186670
河　南	25000122	32864571	85763566	4963890	41032115	2941179
湖　北	71957115	17633586	133353278	9796254	89327994	5687635
湖　南	28623426	11094705	75005739	10410431	62839686	2364139
广　东	25759880	14853317	72779434	9230688	50117429	2972027
广　西	8403301	22471737	32395421	2390933	16278112	2284358
海　南	728542	802535	1858454	342395	2199577	436796
重　庆	17984854	8076608	57831918	3875740	28911534	2059114
四　川	41516556	23572893	105925718	8072093	58374746	3664081
贵　州	22815875	6761907	40109919	1569988	58318038	2280001
云　南	10998880	6230177	29815951	1305979	12201795	444374
西　藏	376874	166749	806795	233925	2619813	52382
陕　西	19518603	10714131	54247642	4267528	28571443	1673954
甘　肃	7008156	5777461	18614097	1016830	8866480	311442
青　海	848888	330094	3374857	272641	2309435	206920
宁　夏	2508112	2057965	5887450	471662	3407676	373641
新　疆	5277569	2428259	17484652	3278898	20597886	107076

1-17　各地区建筑业企业主要生产效益指标

地　区	建筑业企业个数（个）	从事建筑业活动的平均人数（人）	按总产值计算的劳动生产率（元/人）	人均竣工产值（元/人）	人均施工面积（平方米/人）	人均竣工面积（平方米/人）
全国总计	**80911**	**55784898**	**324026**	**197360**	**222.2**	**75.4**
北　京	2909	1624479	519350	263904	368.0	60.9
天　津	1551	905360	495814	266380	172.8	39.2
河　北	2375	1392270	377267	204859	255.8	83.4
山　西	2285	994859	294641	154706	140.2	36.5
内蒙古	841	405887	276794	187931	171.8	76.5
辽　宁	5563	1708721	316831	190486	169.3	60.9
吉　林	2270	882047	251269	195192	138.7	63.5
黑龙江	1601	735961	228326	137450	75.1	40.3
上　海	2779	1264321	447075	246764	290.0	57.4
江　苏	8909	8333129	297437	245183	258.7	92.2
浙　江	6133	7821892	306583	198092	257.7	87.3
安　徽	2763	1670618	340948	191078	248.3	93.1
福　建	3402	2936430	259016	161113	201.9	56.6
江　西	1739	1657014	277758	181891	174.4	86.0
山　东	5945	3112177	301452	167566	223.2	76.0
河　南	4684	2797064	287718	157725	190.0	64.2
湖　北	3218	2328298	454961	230963	267.2	115.2
湖　南	2022	2212728	299667	187549	214.7	78.6
广　东	4311	2244257	395039	216785	224.8	64.0
广　西	1071	986599	299354	178603	237.5	78.3
海　南	148	77468	359672	272558	275.2	96.1
重　庆	2492	1999992	312848	165344	164.0	67.7
四　川	3449	2964449	295780	165231	178.1	69.7
贵　州	742	557023	349670	141389	301.1	57.4
云　南	2417	1135974	287764	162087	135.9	61.1
西　藏	167	34678	308317	207311	85.2	50.2
陕　西	1878	1273738	373123	175536	188.4	55.6
甘　肃	1264	608959	303636	168935	176.6	67.1
青　海	366	128021	319874	161026	71.0	27.4
宁　夏	503	196558	266856	205510	167.1	62.4
新　疆	1114	793927	284124	188922	154.1	66.1

1-18　各地区建筑业企业资产构成

单位：万元

地　区	资产合计	#流动资产合计	#存货	#非流动资产合计	#固定资产合计
全国总计	**1642263363**	**1305928502**	**278126248**	**336334862**	**144365883**
北　京	183659721	130205452	20632446	53454269	5057279
天　津	57219100	45213376	8704749	12005724	5516977
河　北	44823884	36233413	7480723	8590471	5042276
山　西	40337922	33229426	4926577	7108496	2821926
内蒙古	18725376	14708659	2399478	4016717	1990964
辽　宁	68779289	57417943	12123268	11361346	5955550
吉　林	23449197	17991294	2624868	5457903	3407702
黑龙江	17274374	13861197	2457497	3413177	1944408
上　海	86446890	73460389	15051013	12986501	4057210
江　苏	164330243	135697661	32836956	28632582	15294582
浙　江	116542560	95704545	26882950	20838015	10642204
安　徽	47335318	38472860	7155296	8862459	4320248
福　建	42664757	33914610	7433967	8750147	5126366
江　西	26984565	20883807	4429179	6100758	3233898
山　东	99206358	81557516	17661654	17648842	10389891
河　南	61702253	48294562	11022053	13407692	8082121
湖　北	88949139	69178801	17632663	19770338	11645475
湖　南	39953782	29666306	6467594	10287476	4388685
广　东	107374057	86465125	17952100	20908932	7625790
广　西	17094285	13520711	2963478	3573573	1731113
海　南	2152272	1803397	171865	348875	126450
重　庆	49040475	40263282	9946854	8777193	4200804
四　川	77654931	62166890	16799657	15488041	6061082
贵　州	26087102	22491976	5826131	3595126	1289033
云　南	36943637	27628881	3975467	9314755	4475831
西　藏	1547467	1073650	103352	473818	215828
陕　西	46703921	35627186	6051429	11076735	4122729
甘　肃	16903621	12429890	2409917	4473731	2453955
青　海	5098509	3848733	747100	1249776	854479
宁　夏	6895018	5962550	1124376	932468	551531
新　疆	20383343	16954417	2131596	3428927	1739497

1-19　各地区建筑业企业固定资产情况

单位：万元

地　区	固定资产合计	固定资产原价	固定资产折旧	#本年折旧	在建工程
全国总计	**144365883**	**188231991**	**79608118**	**11981195**	**17535360**
北　京	5057279	8469453	4236400	697676	794296
天　津	5516977	7712694	3455938	536822	669016
河　北	5042276	7039745	2989949	385716	502155
山　西	2821926	4592934	2161609	302255	249264
内蒙古	1990964	2739441	1000911	124184	148190
辽　宁	5955550	9843926	4810929	590246	456197
吉　林	3407702	3165880	1185174	156848	1116240
黑龙江	1944408	2878943	1229097	121079	121914
上　海	4057210	6778718	3420540	364373	451632
江　苏	15294582	19370530	7833268	1177047	1835741
浙　江	10642204	14870329	6122450	905517	762453
安　徽	4320248	5657756	2183480	344349	431604
福　建	5126366	5877697	2115453	335675	342873
江　西	3233898	3713195	1281791	220522	513651
山　东	10389891	13783063	5638526	841676	718902
河　南	8082121	10709936	4286541	661586	806097
湖　北	11645475	11772358	4995433	891795	956213
湖　南	4388685	5962076	2547171	394386	523527
广　东	7625790	10083944	4403372	610438	1336870
广　西	1731113	2221736	881188	131650	229156
海　南	126450	99474	48161	6239	61847
重　庆	4200804	4806568	1811438	337268	723999
四　川	6061082	7326886	3172609	560086	1326451
贵　州	1289033	1271334	550851	91405	253531
云　南	4475831	4891819	1934206	292470	1102821
西　藏	215828	235528	79333	13913	8166
陕　西	4122729	5463256	2509984	435377	533440
甘　肃	2453955	2865687	914710	159063	287023
青　海	854479	835627	406003	61353	52644
宁　夏	551531	727971	303017	39947	49581
新　疆	1739497	2463487	1098588	190235	169868

1-20 各地区建筑业企业负债及所有者权益

单位：万元

地　区	负债合计	#流动负债	#应付账款	所有者权益	#实收资本
全国总计	**1101143723**	**987442489**	**345711680**	**541959289**	**285003375**
北　京	129461926	115833358	43745739	54189058	25017637
天　津	43800483	39762320	17321880	13415005	7604164
河　北	29406680	27357824	11012838	15417204	8510392
山　西	30210940	27594476	12620160	10126944	6271056
内蒙古	12059616	10573527	2772507	6665760	3346955
辽　宁	43865664	39038647	13213517	24901690	16246869
吉　林	14259892	12426703	4176651	9189305	4601581
黑龙江	11735433	11010394	3980187	5538941	4022879
上　海	66979710	63015545	20044256	19450661	11278437
江　苏	97645414	91342586	30587432	66677965	27034423
浙　江	69891036	64375134	17846740	46651524	23129233
安　徽	32082018	28537523	9752589	15209867	8075322
福　建	23163971	21184916	5358426	19500786	12665059
江　西	15689107	13666385	3771546	11295458	6795768
山　东	68848120	62042135	21571728	30358189	15405013
河　南	38334810	35064785	12391391	23367453	13526935
湖　北	62616934	53592093	24301809	26333082	13043506
湖　南	23383516	20466646	7737516	16655853	8188061
广　东	74305977	65292520	19787496	33912496	18090774
广　西	11339229	9903116	2340035	5755056	3577218
海　南	1265732	1116897	393222	886540	542085
重　庆	34592725	30288093	10285862	14447750	7682304
四　川	54728471	44291000	14279146	22926460	12662149
贵　州	19158818	16458954	5018779	6928284	2607656
云　南	24760426	21511719	6422623	12183210	6659323
西　藏	765572	637466	154238	781895	441490
陕　西	31835646	29279264	12738918	14868275	8864223
甘　肃	11325320	10159968	3552909	5578301	3462993
青　海	3374645	3084584	1454306	1723864	1117852
宁　夏	4863809	4583797	1704468	2031153	1251438
新　疆	15392084	13950117	5372767	4991259	3280583

1-21 各地区建筑业企业实收资本

单位：万元

地 区	合计	国家资本	集体资本	法人资本	个人资本	港澳台资本	外商资本
全国总计	**285003375**	**47677696**	**12072289**	**92309242**	**131390972**	**884247**	**668930**
北 京	25017637	8622606	348947	11435160	4402263	101303	107356
天 津	7604164	2056694	233825	3155399	2136550	5780	15917
河 北	8510392	1589328	388793	2566467	3962088	3315	400
山 西	6271056	1673904	269679	1864650	2461523	800	500
内蒙古	3346955	725030	192157	693608	1736159		
辽 宁	16246869	1927219	581209	3129876	10328218	240753	39595
吉 林	4601581	234621	193885	1642120	2516796	14119	40
黑龙江	4022879	878984	290959	1035830	1813356	1902	1849
上 海	11278437	1997721	441684	5072177	3508569	150656	107629
江 苏	27034423	1755817	792120	7661344	16573053	93750	158340
浙 江	23129233	900360	505956	6145971	15537800	17744	21402
安 徽	8075322	1013815	323800	2429712	4302695	5180	120
福 建	12665059	820882	269929	3176182	8356294	33436	8337
江 西	6795768	1233107	392858	1452989	3684001	5003	27810
山 东	15405013	2459059	1425656	4847990	6642691	21336	8282
河 南	13526935	1997756	715473	4009296	6801510	360	2540
湖 北	13043506	3321873	497879	4199092	4976105	40974	7583
湖 南	8188061	1568745	582477	2668991	3365662	2185	1
广 东	18090774	2696667	950206	7952460	6237187	116311	137942
广 西	3577218	737309	235849	1151547	1450288	1245	980
海 南	542085	110014	20621	237742	173624	84	
重 庆	7682304	1123720	272342	2417761	3853124	13920	1437
四 川	12662149	2135986	537969	3888241	6091358	4880	3716
贵 州	2607656	1124567	162940	726574	593293	141	141
云 南	6659323	1929812	281393	1829071	2610555	6113	2380
西 藏	441490	45203	18870	254189	123228		
陕 西	8864223	1231605	606852	3815188	3208166	614	1800
甘 肃	3462993	697660	280409	1139282	1345280		363
青 海	1117852	203876	90129	419169	404603		75
宁 夏	1251438	139194	23578	275517	801150		12000
新 疆	3280583	724564	143847	1015649	1393782	2343	397

1-22 各地区建筑业企业收入情况

单位：万元

地区	主营业务收入	#主营业务成本	#主营业务税金及附加	其他业务收入	#其他业务成本	#其他业务利润
全国总计	**1683921782**	**1485593602**	**54252035**	**23132114**	**29582870**	**1879948**
北京	108949688	99215939	2497560	619502	379340	234134
天津	42839380	38072957	1165129	382811	374018	38643
河北	47788120	42278702	1556311	1036253	1476847	54448
山西	28939431	25523946	821882	524972	524903	51043
内蒙古	11107979	9453069	387331	228978	339541	10166
辽宁	54837449	46974512	1716268	4609317	2384853	41768
吉林	20523783	17666364	680301	797900	963314	17442
黑龙江	14528962	12740054	504329	146514	247074	18625
上海	72427971	65986981	1861656	471565	302689	134396
江苏	206715035	180908164	7217827	1442991	1823326	158117
浙江	182256217	164954693	6168966	731517	991837	149026
安徽	49461978	43480928	1666940	785770	1287638	31578
福建	67004297	59644641	2485897	193232	214853	31280
江西	40735470	35777116	1533643	1211149	1519520	29635
山东	89295807	77010757	2728124	1311582	2671834	102814
河南	74507067	64236418	2535074	1513568	1840653	88160
湖北	110178897	95751256	3710139	1216792	1614265	80558
湖南	60905089	53603927	2271004	164594	787176	40223
广东	98010692	87165191	2853377	635619	529432	151304
广西	26106728	23553984	893316	421355	584047	31080
海南	2660803	2395607	93932	62022	52899	1743
重庆	54457305	46110483	1878450	935336	1934946	52843
四川	75218751	66186839	2436486	1733210	2296764	119599
贵州	18217997	16446260	576364	338516	444160	26121
云南	27398746	23409094	909958	570237	777401	100460
西藏	1046120	846618	37610	7246	38516	2126
陕西	47237911	41522369	1497519	170131	1381537	21531
甘肃	17631559	14874440	567342	310249	1110129	27550
青海	4613386	4082680	117857	180703	233674	6635
宁夏	6100413	5476238	182935	52969	74375	12288
新疆	22218752	20243375	698509	325516	381310	14610

1-23 各地区建筑业企业费用情况

单位：万元

地 区	管理费用	#税金	销售费用	财务费用	#利息收入	#利息支出
全国总计	**53865782**	**2482055**	**6617102**	**12398178**	**3773901**	**12290550**
北 京	3985405	58275	359784	783539	874953	1505819
天 津	1724332	40478	90098	341808	136417	444001
河 北	1561932	55783	111762	327662	57100	241496
山 西	1397175	31521	90722	190590	102930	236306
内蒙古	488615	22942	19708	142670	3643	115842
辽 宁	2517095	151708	170536	407487	63524	271080
吉 林	760097	49134	66345	162694	11048	109178
黑龙江	596757	40310	58168	66137	10829	59185
上 海	2623527	44325	190112	249851	194060	360607
江 苏	6016042	340809	789817	1678792	191938	1332682
浙 江	3681412	182490	440147	1269790	174195	1185876
安 徽	1569570	70124	215684	348727	245384	345687
福 建	1847659	122453	193497	285419	88871	248393
江 西	1024475	81102	212500	240162	17508	176438
山 东	2984327	165884	335365	824792	161964	751029
河 南	2612542	167181	400498	571006	159733	503926
湖 北	3766583	145630	985692	747520	308509	750025
湖 南	1934546	112088	281468	277136	122814	288560
广 东	3322318	123585	332772	843278	99780	788816
广 西	707399	43544	58336	207301	15246	177974
海 南	60564	1812	2933	3804	737	3345
重 庆	1728761	99290	229298	537629	112807	407955
四 川	2416241	122249	497875	778290	260077	728208
贵 州	449599	15723	20170	131043	49587	166236
云 南	1056176	47430	202815	396413	76720	441068
西 藏	51541	1323	7827	5321	675	4141
陕 西	1448161	74014	124172	189226	167342	320794
甘 肃	579240	34735	85205	158439	14064	90215
青 海	163433	7216	8866	33615	1729	19798
宁 夏	169267	9155	7805	50850	1670	38551
新 疆	620991	19745	27127	147186	48048	177319

1-24 各地区建筑业企业利润及税金情况

单位：万元

地区	利润总额	#应交所得税	税金总额	主营业务税金及附加	管理费用中的税金
全国总计	**64512325**	**14897618**	**56734090**	**54252035**	**2482055**
北京	4793765	776462	2555835	2497560	58275
天津	1594082	396120	1205607	1165129	40478
河北	1556748	395966	1612093	1556311	55783
山西	938078	147327	853403	821882	31521
内蒙古	466159	116538	410272	387331	22942
辽宁	1687885	562880	1867977	1716268	151708
吉林	969580	285548	729435	680301	49134
黑龙江	465291	117777	544639	504329	40310
上海	1944607	366728	1905981	1861656	44325
江苏	9853946	2227749	7558636	7217827	340809
浙江	5508776	1372183	6351456	6168966	182490
安徽	1868732	388605	1737063	1666940	70124
福建	2631144	823242	2608350	2485897	122453
江西	1628910	388687	1614745	1533643	81102
山东	4071327	893835	2894008	2728124	165884
河南	3374644	764075	2702256	2535074	167181
湖北	4726061	1213628	3855768	3710139	145630
湖南	2163387	437534	2383093	2271004	112088
广东	3848750	911402	2976961	2853377	123585
广西	543178	193399	936860	893316	43544
海南	114026	59143	95744	93932	1812
重庆	3069254	575019	1977740	1878450	99290
四川	2214991	563437	2558734	2436486	122249
贵州	456094	101286	592087	576364	15723
云南	1235338	238308	957388	909958	47430
西藏	78414	8626	38933	37610	1323
陕西	1286412	228007	1571533	1497519	74014
甘肃	621023	121078	602077	567342	34735
青海	141696	20016	125073	117857	7216
宁夏	178708	65326	192090	182935	9155
新疆	481322	137691	718253	698509	19745

1-25　各地区建筑业企业应收工程款及企业亏损情况

地　区	应收工程款(万元)	企业个数(个)	#亏损企业个数	亏损企业的比重(%)
全国总计	**361632900**	**80911**	**11771**	**14.5**
北　京	22688445	2909	632	21.7
天　津	13685385	1551	294	19.0
河　北	12160667	2375	282	11.9
山　西	11574577	2285	505	22.1
内蒙古	4759215	841	157	18.7
辽　宁	17583951	5563	1057	19.0
吉　林	6917981	2270	339	14.9
黑龙江	4571633	1601	341	21.3
上　海	15678283	2779	575	20.7
江　苏	48747151	8909	465	5.2
浙　江	22888522	6133	766	12.5
安　徽	11383414	2763	302	10.9
福　建	7265321	3402	448	13.2
江　西	5421057	1739	140	8.1
山　东	26404604	5945	795	13.4
河　南	12623464	4684	477	10.2
湖　北	20106616	3218	366	11.4
湖　南	8113897	2022	195	9.6
广　东	20565869	4311	726	16.8
广　西	2883930	1071	220	20.5
海　南	439859	148	28	18.9
重　庆	11899071	2492	401	16.1
四　川	14400559	3449	525	15.2
贵　州	4476750	742	176	23.7
云　南	8096598	2417	452	18.7
西　藏	291471	167	19	11.4
陕　西	11817417	1878	349	18.6
甘　肃	4594977	1264	214	16.9
青　海	1133395	366	97	26.5
宁　夏	2403930	503	126	25.0
新　疆	6054893	1114	302	27.1

1-26 各地区建筑业企业主要经济效益指标

地　区	产值利润率(%)	产值利税率(%)	资本利润率(%)	资本利税率(%)	人均利润(元/人)	人均利税(元/人)	资产负债率(%)
全国总计	**3.6**	**6.7**	**22.6**	**42.5**	**11564**	**21735**	**67.1**
北　京	5.7	8.7	19.2	29.4	29510	45243	70.5
天　津	3.6	6.2	21.0	36.8	17607	30923	76.5
河　北	3.0	6.0	18.3	37.2	11181	22760	65.6
山　西	3.2	6.1	15.0	28.6	9429	18007	74.9
内蒙古	4.1	7.8	13.9	26.2	11485	21593	64.4
辽　宁	3.1	6.6	10.4	21.9	9878	20810	63.8
吉　林	4.4	7.7	21.1	36.9	10992	19262	60.8
黑龙江	2.8	6.0	11.6	25.1	6322	13723	67.9
上　海	3.4	6.8	17.2	34.1	15381	30456	77.5
江　苏	4.0	7.0	36.4	64.4	11825	20896	59.4
浙　江	2.3	4.9	23.8	51.3	7043	15163	60.0
安　徽	3.3	6.3	23.1	44.7	11186	21584	67.8
福　建	3.5	6.9	20.8	41.4	8960	17843	54.3
江　西	3.5	7.0	24.0	47.7	9830	19575	58.1
山　东	4.3	7.4	26.4	45.2	13082	22381	69.4
河　南	4.2	7.6	24.9	44.9	12065	21726	62.1
湖　北	4.5	8.1	36.2	65.8	20298	36859	70.4
湖　南	3.3	6.9	26.4	55.5	9777	20547	58.5
广　东	4.3	7.7	21.3	37.7	17149	30414	69.2
广　西	1.8	5.0	15.2	41.4	5506	15001	66.3
海　南	4.1	7.5	21.0	38.7	14719	27078	58.8
重　庆	4.9	8.1	40.0	65.7	15346	25235	70.5
四　川	2.5	5.4	17.5	37.7	7472	16103	70.5
贵　州	2.3	5.4	17.5	40.2	8188	18818	73.4
云　南	3.8	6.7	18.6	32.9	10875	19303	67.0
西　藏	7.3	11.0	17.8	26.6	22612	33839	49.5
陕　西	2.7	6.0	14.5	32.2	10100	22437	68.2
甘　肃	3.4	6.6	17.9	35.3	10198	20085	67.0
青　海	3.5	6.5	12.7	23.9	11068	20838	66.2
宁　夏	3.4	7.1	14.3	29.6	9092	18865	70.5
新　疆	2.1	5.3	14.7	36.6	6063	15109	75.5

二、按经济类型分组的建筑业企业

2-1 各地区国有建筑业企业签订合同情况

单位：万元

地　区	签订合同额	上年结转合同额	本年新签合同额
全国总计	**538284454**	**266409385**	**271875069**
北　京	47847461	22312406	25535055
天　津	10033142	4765658	5267484
河　北	12604807	6159753	6445055
山　西	9090039	3950556	5139483
内蒙古	2786685	1585565	1201120
辽　宁	12214352	6185997	6028355
吉　林	3480951	2128584	1352366
黑龙江	8077105	3242165	4834940
上　海	25716201	12636462	13079739
江　苏	16977020	9732979	7244042
浙　江	7246458	3823235	3423223
安　徽	21193100	10626141	10566959
福　建	10881308	5649016	5232292
江　西	7036961	3426304	3610657
山　东	27618176	13653501	13964675
河　南	13802142	4554930	9247212
湖　北	46912254	21464825	25447429
湖　南	33028921	16969230	16059692
广　东	61257411	31297195	29960216
广　西	26714211	13438606	13275605
海　南	1143345	499696	643650
重　庆	16096875	10052629	6044246
四　川	36491273	20327079	16164195
贵　州	25983610	13877071	12106539
云　南	13144504	5348902	7795603
西　藏	312618	32548	280070
陕　西	20332414	10528535	9803879
甘　肃	7461820	2775174	4686646
青　海	4735029	2392876	2342153
宁　夏	2138836	874014	1264822
新　疆	5925426	2097756	3827671

2-2 各地区国有建筑业企业承包工程完成情况

单位：万元

地　区	直接从建设单位承揽工程完成的产值	自行完成施工产值	分包出去工程的产值	从建设单位以外承揽工程完成的产值
全国总计	**218667384**	**208770185**	**9897199**	**8900541**
北　京	15556814	13105924	2450890	2089393
天　津	4576612	4535520	41092	561590
河　北	6978018	6966061	11957	318459
山　西	4918677	4881449	37228	46161
内蒙古	1064220	1064220		26103
辽　宁	5093320	5060189	33131	97068
吉　林	1551163	1513934	37229	26508
黑龙江	4736552	4603128	133425	1806
上　海	8476594	8084173	392421	258403
江　苏	8120296	7822379	297917	465541
浙　江	3155103	2955359	199744	48295
安　徽	9318116	9069634	248482	283618
福　建	4659560	4652985	6576	25766
江　西	3994459	3834765	159694	35483
山　东	12946454	12826676	119778	231464
河　南	6382471	6218198	164273	395596
湖　北	16293553	16024720	268833	471169
湖　南	12593686	12477278	116409	512301
广　东	21997448	17286409	4711039	803326
广　西	10943482	10942234	1249	335325
海　南	535344	531084	4260	5508
重　庆	5994592	5853129	141463	233883
四　川	14316775	14224346	92429	773399
贵　州	9514860	9496173	18686	16384
云　南	5156623	5146142	10481	32466
西　藏	226493	182887	43606	25735
陕　西	8926928	8872854	54073	274262
甘　肃	3643193	3631734	11459	14728
青　海	1750030	1681124	68906	479926
宁　夏	1467412	1447111	20301	10374
新　疆	3778536	3778367	169	506

2-3 各地区国有建筑业总产值和竣工产值

单位：万元

地区	建筑业总产值	#装饰装修产值	#在外省完成的产值	按构成分组			竣工产值
				建筑工程产值	安装工程产值	其他产值	
全国总计	**217670726**	**6110639**	**83159358**	**188409030**	**22644738**	**6616958**	**98636154**
北京	15195317	1392474	11332434	14266220	793673	135424	9180671
天津	5097110	12923	3055664	4693067	239334	164709	1869120
河北	7284520	206713	2626178	5854293	899587	530641	2703393
山西	4927610	185106	764895	4344557	477459	105594	2696474
内蒙古	1090323	3170	300547	1026841	30495	32987	402357
辽宁	5157256	48688	1210659	3725236	1023380	408640	2587611
吉林	1540442	7135	616441	1173145	338843	28454	796202
黑龙江	4604933	392519	702177	2789932	1785260	29741	1994570
上海	8342576	417974	6135286	7115894	1018357	208325	2509923
江苏	8287919	20819	3822140	7616581	523863	147475	4053651
浙江	3003654	24828	1206503	2178431	782593	42631	1549945
安徽	9353251	46664	4427444	8259910	829426	263915	3681408
福建	4678750	105252	960465	4179264	450090	49397	2953248
江西	3870248	94538	1289923	3366986	387543	115718	2116081
山东	13058140	255433	4079668	10509006	2006006	543128	5873658
河南	6613794	520060	1867089	5008872	1320846	284076	2256935
湖北	16495888	49720	9056646	14544093	1297393	654403	4454411
湖南	12989579	206357	6495631	11007480	1394095	588003	6775576
广东	18089735	1078272	5161952	16058537	1586038	445161	8538941
广西	11277559	54905	2744188	9963697	1057993	255869	5969507
海南	536591	37844	593	461640	16512	58439	320207
重庆	6087012	14566	2769739	5529917	245874	311220	2640693
四川	14997746	192255	4104221	13764922	1042547	190277	7141327
贵州	9512557	104559	2223734	8258420	785750	468388	3470820
云南	5178608	32174	422805	4699084	420639	58885	1983059
西藏	208622	18029		137190	35936	35496	111938
陕西	9147116	317733	3253049	8482222	485723	179172	4209303
甘肃	3646462	207185	583519	3061649	463156	121657	1959301
青海	2161050		1418359	1649281	392473	119296	835723
宁夏	1457485	30081	201130	1309465	132403	15617	822922
新疆	3778873	32659	326279	3373201	381454	24218	2177179

2-4 各地区国有建筑业企业房屋建筑面积

地　区	房屋建筑施工面积(万平方米)	#本年新开工	#实行投标承包面积	房屋建筑竣工面积(万平方米)	房屋建筑面积竣工率(%)
全国总计	**120844.0**	**31947.3**	**102156.5**	**24233.1**	**20.1**
北　京	11251.8	2933.8	11196.7	2111.6	18.8
天　津	929.5	412.5	713.7	153.4	16.5
河　北	3526.6	1011.0	3426.0	654.1	18.5
山　西	3242.7	746.5	3173.0	866.1	26.7
内蒙古	332.6	67.2	295.0	61.5	18.5
辽　宁	1655.7	703.2	1513.6	394.1	23.8
吉　林	227.8	126.1	119.2	92.0	40.4
黑龙江	1113.6	445.0	996.5	340.4	30.6
上　海	1174.6	195.3	821.4	178.0	15.2
江　苏	3409.5	824.3	3203.2	649.9	19.1
浙　江	469.9	61.7	460.5	132.4	28.2
安　徽	8814.4	2363.8	8422.5	1139.1	12.9
福　建	3533.7	646.9	3389.4	1024.3	29.0
江　西	1276.5	580.8	870.3	575.5	45.1
山　东	5507.1	1687.0	5224.7	1098.8	20.0
河　南	1691.2	614.9	1609.2	397.9	23.5
湖　北	5471.3	1119.7	1725.2	851.7	15.6
湖　南	7784.8	2202.5	7319.1	1601.6	20.6
广　东	13763.8	3197.3	11193.9	2095.8	15.2
广　西	9538.1	2066.0	9323.3	1709.1	17.9
海　南	247.1	56.5	143.1	112.5	45.5
重　庆	1110.0	436.3	756.2	309.5	27.9
四　川	11571.3	2859.0	8868.4	2875.1	24.8
贵　州	8634.9	2189.0	4992.3	1216.2	14.1
云　南	3957.3	1513.9	3243.6	756.5	19.1
西　藏	49.1	25.3	41.8	25.7	52.4
陕　西	5616.7	1165.7	5378.5	1216.6	21.7
甘　肃	2358.5	582.7	1315.3	612.9	26.0
青　海	106.7	49.9	99.8	23.9	22.4
宁　夏	771.7	233.5	642.0	249.7	32.4
新　疆	1705.4	830.0	1679.3	707.2	41.5

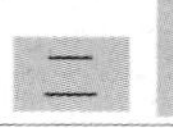

2-5 各地区按主要用途分的国有建筑业企业房屋建筑竣工面积

单位：万平方米

地　区	总计	住宅房屋	商业及服务用房屋	商厦房屋(批发和零售用房)	宾馆用房屋(住宿用房)	餐饮用房屋(餐饮用房)
全国总计	**24233.1**	**16250.6**	**1994.1**	**1176.5**	**170.1**	**42.2**
北　京	2111.6	1191.9	223.0	106.5	43.7	1.5
天　津	153.4	106.0	0.2			
河　北	654.1	433.3	14.8	0.6	0.2	0.1
山　西	866.1	701.9	24.6	7.0	0.5	0.9
内蒙古	61.5	17.1	2.9			
辽　宁	394.1	300.4	6.5		5.0	1.5
吉　林	92.0	78.8				
黑龙江	340.4	250.6	7.5	5.7	1.3	
上　海	178.0	121.1	2.3			
江　苏	649.9	474.7	11.5	5.9	0.3	0.1
浙　江	132.4	70.8	14.4		2.8	0.3
安　徽	1139.1	809.9	165.8	151.5	1.7	
福　建	1024.3	718.9	82.7	2.2	7.1	18.3
江　西	575.5	392.4	30.2	1.0	4.0	0.4
山　东	1098.8	469.0	223.2	207.2		
河　南	397.9	282.2	3.8	0.8		
湖　北	851.7	522.4	18.9	9.7	3.6	0.4
湖　南	1601.6	1002.4	195.9	159.1	1.7	
广　东	2095.8	1410.7	154.7	33.8	27.0	
广　西	1709.1	989.4	137.7	103.6	15.5	1.8
海　南	112.5	52.7	31.2	28.3	1.4	0.1
重　庆	309.5	247.9	22.7	9.5		
四　川	2875.1	2288.5	227.9	151.2	22.8	8.3
贵　州	1216.2	793.9	33.2	12.7		
云　南	756.5	598.3	35.4	5.0	4.9	0.1
西　藏	25.7	11.3	6.8			
陕　西	1216.6	847.8	133.5	89.7	8.5	0.2
甘　肃	612.9	403.9	74.6	34.6	10.1	
青　海	23.9	18.9				
宁　夏	249.7	157.6	24.6	24.5		
新　疆	707.2	486.2	83.7	26.4	8.1	8.2

2-5 续表 1 单位：万平方米

地　区	商务会展用房屋	其他商业及服务用房屋(居民服务业用房)	办公用房屋	科研、教育和医疗用房屋	科学研究用房屋	教育用房屋
全国总计	**82.0**	**523.2**	**1529.9**	**1135.0**	**112.9**	**690.3**
北　京	11.2	60.0	273.7	133.0	30.6	25.3
天　津		0.2	1.0	4.2	2.0	
河　北	4.0	9.9	29.8	9.8		8.1
山　西	0.4	15.7	26.1	42.7	7.6	26.3
内蒙古		2.9	13.0			
辽　宁			12.2	15.7	1.2	14.4
吉　林			0.1	0.2		0.1
黑龙江		0.5	13.0	23.6	3.2	15.3
上　海	1.4	0.9	6.7	19.5	1.7	15.0
江　苏		5.3	53.7	4.5		3.4
浙　江	11.1	0.2	11.1	2.0		2.0
安　徽		12.7	74.8	10.5	1.4	8.5
福　建	14.2	40.9	54.2	24.2		15.2
江　西	2.2	22.7	14.8	35.6		31.8
山　东		16.0	220.7	24.0	1.6	14.5
河　南		3.0	17.9	18.1		13.4
湖　北	1.6	3.6	37.9	31.6	0.3	28.6
湖　南		35.1	106.6	106.1	18.2	35.2
广　东	4.4	89.6	77.7	90.7	6.5	77.9
广　西	4.0	12.8	80.2	106.1	6.8	77.3
海　南		1.5	5.6	11.1	4.1	6.9
重　庆		13.2	9.7	1.3		1.2
四　川	11.1	34.5	69.0	71.6	3.9	43.0
贵　州	2.4	18.1	98.8	141.4	2.9	112.4
云　南	2.3	23.0	24.7	40.9		16.3
西　藏	2.0	4.8	5.1	1.8		1.8
陕　西	1.5	33.6	65.2	98.6	19.1	56.4
甘　肃	4.1	25.8	48.2	28.5	1.5	12.2
青　海			1.9	1.4		1.1
宁　夏	0.1		35.6	7.6		3.7
新　疆	4.1	36.9	40.9	28.6	0.3	22.7

2-5 续表 2 单位：万平方米

地区	医疗用房屋(卫生医疗用房)	文化、体育和娱乐用房屋	厂房及建筑物	#厂房	仓库	其他未列明的房屋建筑物
全国总计	**331.8**	**298.2**	**2167.7**	**1642.1**	**138.0**	**719.6**
北京	77.2	118.7	83.0	66.3	1.0	87.3
天津	2.2	1.8	32.4	3.0	1.9	5.9
河北	1.7		128.0	118.8	1.3	37.0
山西	8.7	1.4	49.1	41.3	2.0	18.2
内蒙古		4.9	23.6	16.3		
辽宁			47.9	37.5	4.7	6.8
吉林	0.1	0.1	11.8	11.8		1.1
黑龙江	5.2	1.8	23.1	21.8	9.6	11.2
上海	2.8	12.3	7.7	7.7	0.1	8.2
江苏	1.1	18.7	75.5	61.2	0.9	10.4
浙江		2.6	15.7	15.7	2.7	13.0
安徽	0.6	1.3	67.5	27.5	7.7	1.6
福建	9.0	24.2	112.6	52.6	1.1	6.5
江西	3.8		52.8	49.2	0.5	49.0
山东	7.9	2.5	131.0	89.3	3.8	24.5
河南	4.6	0.3	72.1	33.8	1.3	2.4
湖北	2.7	6.4	227.4	154.7	5.1	2.0
湖南	52.7	12.3	161.7	150.1	2.1	14.5
广东	6.2	27.2	205.3	161.0	27.7	101.9
广西	22.0	22.1	175.6	162.3	18.4	179.6
海南		3.0	8.2	6.4		0.8
重庆	0.1	0.1	16.1	16.1	7.9	3.8
四川	24.7	15.2	158.6	105.6	5.7	38.6
贵州	26.1	2.4	87.7	71.2	12.4	46.4
云南	24.5	1.3	50.5	43.7	3.7	1.6
西藏			0.1			0.6
陕西	23.2	7.7	53.0	51.3	3.3	7.5
甘肃	14.8		48.7	37.1	0.5	8.6
青海	0.3		0.1	0.1		1.6
宁夏	3.9	2.9	17.8	13.2	2.6	1.2
新疆	5.6	7.0	23.1	15.1	10.0	27.7

2-6 各地区按主要用途分的国有建筑业企业房屋建筑竣工价值

单位：万元

地 区	总计	住宅房屋	商业及服务用房屋	商厦房屋(批发和零售用房)	宾馆用房屋(住宿用房)	餐饮用房屋(餐饮用房)
全国总计	**45375832**	**27499219**	**3889225**	**2208586**	**466644**	**62351**
北 京	5725711	2542573	705603	301741	190099	7250
天 津	233151	139355	1078			
河 北	1386983	675928	17455	675	332	214
山 西	1519288	1144584	53582	12508	741	805
内蒙古	147957	38583	5800			
辽 宁	610372	440159	5999		3956	2043
吉 林	171381	151134				
黑龙江	610158	401169	9542	6857	1752	169
上 海	447630	281882	17908	35		
江 苏	1087244	726964	19712	8788	279	203
浙 江	249102	130956	31679		3227	425
安 徽	1674303	1159559	293896	265864	2033	
福 建	2014001	1331005	159371	4133	30908	25930
江 西	795742	608288	40647	2350	15220	586
山 东	2075310	576063	621086	591088		
河 南	478082	326986	11841	3001		
湖 北	1188306	738751	28080	16830	5336	420
湖 南	2681644	1628776	292023	241473	1635	
广 东	5628131	3039689	356053	45362	90063	
广 西	3021944	1719603	261394	194482	36584	2365
海 南	211506	81302	69988	64455	2556	110
重 庆	462362	369729	31676	15700		
四 川	4740878	3737492	312591	197459	31883	11569
贵 州	1993063	1217367	45490	16686		
云 南	1338961	1008741	64868	8750	8403	59
西 藏	61491	25335	21087			
陕 西	2073167	1436674	125451	59625	11838	254
甘 肃	1228904	798777	127418	65914	15122	
青 海	52344	40698	10	2	2	2
宁 夏	414132	239391	62767	62068		
新 疆	1052586	741708	95131	22740	14676	9947

2-6 续表 1

单位：万元

地　区	商务会展用房屋	其他商业及服务用房屋(居民服务业用房)	办公用房屋	科研、教育和医疗用房屋	科学研究用房屋	教育用房屋
全国总计	**189992**	**961653**	**3449227**	**2556546**	**229468**	**1364823**
北　京	44954	161559	956170	510303	104599	82775
天　津		1078	8027	16023	5413	
河　北	1640	14594	62954	19587		17380
山　西	620	38909	47384	82857	15679	54407
内蒙古		5800	34072			
辽　宁			22683	27737	3704	24005
吉　林			145	389		264
黑龙江		765	15288	84636	6546	68818
上　海	11000	6873	17250	59620	9100	43221
江　苏		10443	99389	6176		5346
浙　江	27705	322	16571	6553		6553
安　徽		26000	102187	13966	1623	11306
福　建	29827	68573	120079	41825		23499
江　西	5539	16952	17611	12804		7444
山　东		29998	547446	43787	4446	24967
河　南		8840	20162	8220		7809
湖　北	1860	3634	45343	44420	277	40437
湖　南		48915	198616	202169	11170	58787
广　东	13607	207021	203644	223358	8246	199053
广　西	3000	24964	151953	245705	14625	138506
海　南		2867	13862	26744	9026	17717
重　庆		15976	19650	2645		2447
四　川	12959	58721	115243	159984	6870	109549
贵　州	6465	22339	151040	249186	4436	190689
云　南	5475	42180	24251	133197	70	35603
西　藏	6000	15087	9817	4294		4294
陕　西	5524	48210	183519	194239	19475	112077
甘　肃	7483	38899	115174	61258	3814	24540
青　海	2	2	4229	2174	1	1612
宁　夏	698		59009	15238		7980
新　疆	5633	42135	66460	57455	349	43739

2-6 续表 2 单位：万元

地 区	医疗用房屋(卫生医疗用房)	文化、体育和娱乐用房屋	厂房及建筑物	#厂房	仓 库	其他未列明的房屋建筑物
全国总计	**962255**	**997609**	**3799538**	**2905355**	**209024**	**2975444**
北 京	322928	458378	155842	123777	3809	393034
天 津	10610	9270	26526	8967	831	32041
河 北	2207		334091	274903	1317	275650
山 西	12772	4118	140432	123173	4110	42220
内蒙古		15402	54100	22697		
辽 宁	28	45	74425	61485	9063	30262
吉 林	125	164	17440	17440		2110
黑龙江	9273	11256	45747	43231	11660	30861
上 海	7299	30621	21723	21723	127	18501
江 苏	830	61811	133901	121590	806	38487
浙 江		5869	31258	31258	3620	22596
安 徽	1037	7976	81167	38638	9910	5643
福 建	18326	96119	245716	130228	1600	18285
江 西	5360		77890	69994	563	37939
山 东	14374	9594	248731	148447	5509	23095
河 南	412	348	102125	29771	934	7466
湖 北	3706	8137	311606	218912	8836	3133
湖 南	132212	20553	302641	287881	4014	32853
广 东	16059	80114	301526	223502	64399	1359348
广 西	92575	72224	221512	211831	18139	331415
海 南		7116	11144	9279		1349
重 庆	198	700	18682	18682	9995	9286
四 川	43565	48474	278048	202576	4982	84065
贵 州	54061	3978	185616	159560	19852	120534
云 南	97524	2406	92422	73344	8790	4286
西 藏			243			715
陕 西	62687	23610	106713	101956	1356	1605
甘 肃	32904		111784	84700	775	13717
青 海	561	5	252	247	5	4970
宁 夏	7258	4366	27609	21949	3905	1848
新 疆	13366	14956	38626	23614	10119	28131

2-7　各地区国有建筑业企业主要生产效益指标

地　区	建筑业企业个数（个）	从事建筑业活动的平均人数（人）	按总产值计算的劳动生产率（元/人）	人均竣工产值（元/人）	人均施工面积（平方米/人）	人均竣工面积（平方米/人）
全国总计	**3603**	**4882841**	**445787**	**202006**	**247.5**	**49.6**
北　京	119	279955	542777	327934	401.9	75.4
天　津	74	84929	600161	220080	109.4	18.1
河　北	121	90300	806702	299379	390.5	72.4
山　西	139	166116	296637	162325	195.2	52.1
内蒙古	16	15837	688466	254061	210.0	38.8
辽　宁	198	153798	335327	168247	107.7	25.6
吉　林	74	38022	405145	209406	59.9	24.2
黑龙江	132	171747	268123	116134	64.8	19.8
上　海	79	100223	832401	250434	117.2	17.8
江　苏	198	188962	438602	214522	180.4	34.4
浙　江	83	60904	493178	254490	77.2	21.7
安　徽	109	183752	509015	200347	479.7	62.0
福　建	71	149574	312805	197444	236.3	68.5
江　西	101	88677	436443	238628	144.0	64.9
山　东	314	233179	560005	251895	236.2	47.1
河　南	135	141591	467106	159398	119.4	28.1
湖　北	219	183425	899326	242846	298.3	46.4
湖　南	182	347668	373620	194886	223.9	46.1
广　东	273	385180	469644	221687	357.3	54.4
广　西	105	323736	348357	184394	294.6	52.8
海　南	16	14546	368893	220134	169.9	77.3
重　庆	90	113055	538412	233576	98.2	27.4
四　川	178	497156	301671	143644	232.7	57.8
贵　州	86	214528	443418	161789	402.5	56.7
云　南	90	122886	421416	161374	322.0	61.6
西　藏	15	4678	445965	239286	104.9	54.9
陕　西	130	215465	424529	195359	260.7	56.5
甘　肃	83	96316	378594	203424	244.9	63.6
青　海	41	40453	534213	206591	26.4	5.9
宁　夏	58	57107	255220	144102	135.1	43.7
新　疆	74	119076	317350	182839	143.2	59.4

2-8 各地区国有建筑业企业资产构成

单位：万元

地区	资产合计	#流动资产合计	#存货	#非流动资产合计	#固定资产合计
全国总计	**276462475**	**216971212**	**46226245**	**59491263**	**24202612**
北京	38548710	30436352	5211077	8112358	1406003
天津	7209857	6150682	839874	1059175	454665
河北	5947892	4838641	1013465	1109251	388496
山西	8093201	6113676	900151	1979526	391423
内蒙古	2507390	2169627	579270	337763	231193
辽宁	8332340	6962672	1957450	1369668	614419
吉林	2560577	1089775	251710	1470801	1357202
黑龙江	4295068	3628317	611945	666751	416927
上海	11047873	8618023	2273147	2429851	1116514
江苏	10800049	9045370	2114506	1754679	708988
浙江	3585155	3114147	813900	471008	294794
安徽	8865822	7649236	2129525	1216586	514758
福建	4616947	3255645	470273	1361303	541410
江西	3557886	2769750	385457	788136	384454
山东	17136616	14379806	3365880	2756810	1322284
河南	7322855	5997917	1096835	1324938	690091
湖北	310962[illegible]1	21782165	5898940	9314096	5851695
湖南	969[illegible]	7157422	1320679	2536467	929326
广东	18[illegible]141	14391412	3457000	4495729	1239739
广西	7099303	5622745	1369384	1476559	632827
海南	379599	279369	-13952	100230	60444
重庆	7072853	5718449	1386047	1354405	606178
四川	17591954	13958308	4099753	3633646	1052749
贵州	12012839	10491257	1989399	1521582	487413
云南	9103582	5973866	252481	3129716	412545
西藏	99276	76371	2140	22905	15409
陕西	9130655	7509435	1183453	1621219	786652
甘肃	2759932	1989517	308082	770415	388184
青海	2590098	1983824	476114	606274	499293
宁夏	1471729	1286498	175904	185232	85802
新疆	3045125	2530941	306359	514184	320736

2-9 各地区国有建筑业企业固定资产情况

单位：万元

地区	固定资产合计	固定资产原价	固定资产折旧		在建工程
				#本年折旧	
全国总计	**24202612**	**29509033**	**13798726**	**2070845**	**3373738**
北京	1406003	2233270	1092595	155605	264715
天津	454665	803859	437084	54301	22109
河北	388496	748821	379753	34214	8242
山西	391423	573931	247937	27505	45783
内蒙古	231193	337099	126097	23809	7139
辽宁	614419	1211666	656959	63247	28619
吉林	1357202	595745	126880	13844	887302
黑龙江	416927	770580	410089	26808	29691
上海	1116514	1954387	1016046	94410	164195
江苏	708988	1136469	583247	80101	70644
浙江	294794	477078	205068	25609	19361
安徽	514758	950638	486069	75798	24626
福建	541410	610391	182604	23757	108580
江西	384454	416716	172190	17360	107374
山东	1322284	2146178	989172	140674	84874
河南	690091	1089952	520553	93910	52592
湖北	5851695	3621360	1462560	279928	359455
湖南	929326	1628449	839549	104502	54522
广东	1239739	1689357	775214	124790	202226
广西	632827	873107	391791	57333	60024
海南	60444	19332	10488	1168	51139
重庆	606178	779920	332605	55837	146316
四川	1052749	1389731	657627	215752	259511
贵州	487413	500575	266009	27907	22004
云南	412545	414859	181150	19461	161755
西藏	15409	20269	6289	533	7
陕西	786652	1060183	620574	117624	46507
甘肃	388184	492588	163436	34494	11852
青海	499293	390663	228323	34054	34376
宁夏	85802	159465	76865	7644	2306
新疆	320736	412398	153905	38870	35891

2-10 各地区国有建筑业企业负债及所有者权益

单位：万元

地　区	负债合计	#流动负债	#应付账款	所有者权益	#实收资本
全国总计	**216501117**	**192076811**	**71724391**	**60072807**	**32254809**
北　京	30696763	28310173	10314567	7851947	4588556
天　津	5918736	5480019	2649369	1291122	729899
河　北	4547006	4355344	1825572	1400886	1094110
山　西	6645882	5601804	2153498	1447319	838712
内蒙古	1816735	1485849	440195	690656	566585
辽　宁	6891545	5994151	1895415	1466783	1079250
吉　林	1407089	1366880	447922	1153488	175944
黑龙江	3593244	3388564	1348837	701824	686273
上　海	8699231	8056555	3871492	2348048	1298845
江　苏	8135501	7235185	2848281	2664548	1149738
浙　江	2698279	2361784	769481	886876	498238
安　徽	7084555	6367343	2555940	1781267	720695
福　建	3371000	2719686	746076	1245948	694764
江　西	2723740	2404841	621314	834146	670377
山　东	13604284	12224392	4962109	3532332	1960021
河　南	5514806	5014262	1980655	1808048	959548
湖　北	24757602	19934365	8217054	6338659	2102455
湖　南	7023395	6135538	2150927	2756081	1530616
广　东	14283297	12873722	4610040	4604312	2738739
广　西	5586013	4695267	1089521	1513291	879924
海　南	266478	208302	72871	113122	65190
重　庆	5799015	5167118	1846662	1273838	784178
四　川	13957199	13018419	4494250	3634754	1732441
贵　州	9611445	8045598	1779216	2401394	906723
云　南	6881910	5825183	1846838	2221673	1449909
西　藏	71622	62290	32168	27654	18813
陕　西	7176003	6689859	3076536	1954651	1117539
甘　肃	2143758	1875543	662131	616174	407081
青　海	2043389	1877722	965552	546709	236211
宁　夏	1213397	1209847	534280	258332	166762
新　疆	2338198	2091208	915623	706927	406676

2-11 各地区国有建筑业企业实收资本

单位：万元

地区	合计	国家资本	集体资本	法人资本	个人资本	港澳台资本	外商资本
全国总计	**32254809**	**22478208**	**354156**	**9279245**	**142295**	**721**	**183**
北京	4588556	2465706		2122850			
天津	729899	497819		232076	4		
河北	1094110	831598	3659	258853			
山西	838712	641800	6600	182293	8019		
内蒙古	566585	556881		9704			
辽宁	1079250	985164	10398	82215	1473		
吉林	175944	76198	1962	97779	5		
黑龙江	686273	595320	3003	60015	27935		
上海	1298845	351780	3850	943215			
江苏	1149738	918359	21988	205788	3602		
浙江	498238	449950	1536	46752			
安徽	720695	563283	114	157298			
福建	694764	354699	4100	335965			
江西	670377	534893	3839	128785	2861		
山东	1960021	1519532	22123	409793	8390		182
河南	959548	660335	9136	286563	3514		
湖北	2102455	1964349	28589	103234	6283		
湖南	1530616	1045821	28765	416059	39970	1	1
广东	2738739	1850800	148202	738977	760		
广西	879924	531066	17306	330675	877		
海南	65190	24590		40600			
重庆	784178	526859	1000	251016	5302		
四川	1732441	1001577	23950	705565	1348		
贵州	906723	716166	3640	185617	1300		
云南	1449909	1262079	657	178199	8974		
西藏	18813	11864		6949			
陕西	1117539	653928	1723	457619	4269		
甘肃	407081	354444	3827	39810	9000		
青海	236211	94207	2118	139880	6		
宁夏	166762	130376	2071	33446	870		
新疆	406676	306766		91654	7536	720	

2-12 各地区国有建筑业企业收入情况

单位：万元

地区	主营业务收入	#主营业务成本	#主营业务税金及附加	其他业务收入	#其他业务成本	#其他业务利润
全国总计	**229449367**	**206634086**	**6377671**	**4071614**	**5209696**	**418082**
北京	21872624	19846052	490994	114673	73467	37430
天津	5631055	5085015	155276	48882	43715	6972
河北	6033349	5426638	177338	50586	146665	8725
山西	4226342	3827256	128259	90241	64080	21514
内蒙古	1243483	1119111	37411	4751	4454	-247
辽宁	5622664	4976685	159557	159973	177559	4960
吉林	1353984	1195936	37592	200527	210089	-1755
黑龙江	3577033	3311420	93715	32501	24867	6549
上海	10047222	9055333	243051	79068	45154	32712
江苏	8628143	7776289	255946	328249	344876	6187
浙江	2891197	2534291	70101	18353	61554	5000
安徽	7844359	7127062	235883	240378	232436	7216
福建	4136845	3773515	119162	43164	37278	3981
江西	3041204	2770584	100220	651848	592718	5680
山东	14037590	12660861	381277	290157	259727	29625
河南	7065287	6158734	203260	61891	69745	7956
湖北	22842195	20023182	621804	556140	589331	17083
湖南	14220514	12804801	449749	-125838	212343	18007
广东	20101844	18607094	504150	125900	109842	34292
广西	10913725	10165837	320880	77263	60866	14229
海南	505569	460650	18616	4908	2927	-66
重庆	5568338	4999607	165610	20092	38011	2352
四川	13524726	12345745	385622	310624	265814	39212
贵州	8282458	7540296	274546	241328	211355	15711
云南	4233021	3775071	123936	145488	90682	67370
西藏	151271	135889	5760	1163	7	870
陕西	10774624	9628821	336696	31266	277397	7954
甘肃	3601893	2654087	93274	171615	844410	5965
青海	2538501	2311753	53023	30479	28947	5317
宁夏	1514320	1407502	41401	7659	7666	2052
新疆	3423990	3128970	93566	58288	81716	5230

2-13 各地区国有建筑业企业费用情况

单位：万元

地区	管理费用	#税金	销售费用	财务费用	#利息收入	#利息支出
全国总计	**7843252**	**236041**	**386757**	**1571174**	**1075443**	**2222432**
北京	837463	10132	16958	155002	278196	368616
天津	241639	4126	5258	27211	10357	39127
河北	216111	8008	1766	35807	3201	38500
山西	204408	4855	4904	25648	22340	37630
内蒙古	45416	2214	255	26229	1002	24466
辽宁	292412	24524	5054	52825	5097	38189
吉林	70820	1428	4204	7134	379	7285
黑龙江	125893	6520	7196	8426	807	9761
上海	430439	6803	28815	55487	58932	98473
江苏	289020	12535	17140	-5993	10068	41371
浙江	123081	3303	2592	3286	3647	12085
安徽	237321	8381	8671	64956	150870	89775
福建	135004	3675	2344	28500	5701	40294
江西	120121	4753	4479	31573	825	16707
山东	464069	19391	16722	122117	32881	126460
河南	317824	13270	16346	49665	26067	58110
湖北	981795	20458	107141	188061	170021	326305
湖南	457300	12401	11893	54716	62434	110189
广东	488393	13778	19405	107879	21735	110519
广西	213577	8621	8654	121188	7901	105088
海南	12067	395	506	386	81	267
重庆	169130	5001	13904	42401	10407	38358
四川	391058	11870	60203	134510	109822	202767
贵州	168448	4815	3326	73142	4597	74389
云南	163967	5035	5586	66234	47813	100473
西藏	4083	115	30	16	6	-2
陕西	297032	10051	8484	45901	17540	56060
甘肃	133178	2381	3065	12299	2408	11476
青海	76446	2627	410	16934	1272	12929
宁夏	38696	2541	262	3885	249	3013
新疆	97045	2034	1185	15752	8786	23753

2-14 各地区国有建筑业企业利润及税金情况

单位：万元

地区	利润总额	#应交所得税	税金总额	主营业务税金及附加	管理费用中的税金
全国总计	**6333063**	**1480816**	**6613712**	**6377671**	**236041**
北京	975528	194827	501126	490994	10132
天津	135736	28123	159402	155276	4126
河北	76913	22572	185347	177338	8008
山西	68639	20590	133114	128259	4855
内蒙古	8186	6354	39625	37411	2214
辽宁	82812	33423	184081	159557	24524
吉林	15862	8368	39020	37592	1428
黑龙江	42143	12132	100235	93715	6520
上海	322185	63750	249854	243051	6803
江苏	289591	55141	268481	255946	12535
浙江	106436	23469	73404	70101	3303
安徽	169212	35269	244264	235883	8381
福建	134051	27957	122837	119162	3675
江西	54171	12711	104974	100220	4753
山东	419254	110974	400668	381277	19391
河南	256468	61391	216530	203260	13270
湖北	1002029	292832	642262	621804	20458
湖南	285550	56107	462150	449749	12401
广东	545934	123882	517929	504150	13778
广西	105524	27988	329500	320880	8621
海南	14384	8596	19011	18616	395
重庆	175253	34887	170611	165610	5001
四川	262644	62738	397492	385622	11870
贵州	220696	42579	279360	274546	4815
云南	134184	23640	128971	123936	5035
西藏	6581	1463	5874	5760	115
陕西	214536	43958	346746	336696	10051
甘肃	34568	10110	95655	93274	2381
青海	77847	8310	55650	53023	2627
宁夏	17921	8904	43942	41401	2541
新疆	78225	17772	95600	93566	2034

2-15　各地区国有建筑业企业应收工程款及企业亏损情况

地　区	应收工程款(万元)	企业个数(个)	#亏损企业个数	亏损企业的比重(%)
全国总计	**53635109**	**3603**	**523**	**14.5**
北　京	4916561	119	19	16.0
天　津	1470299	74	9	12.2
河　北	1607391	121	21	17.4
山　西	2203874	139	26	18.7
内蒙古	458038	16	3	18.8
辽　宁	2074039	198	37	18.7
吉　林	331690	74	25	33.8
黑龙江	1577040	132	24	18.2
上　海	2300690	79	8	10.1
江　苏	2094118	198	7	3.5
浙　江	651310	83	6	7.2
安　徽	2137710	109	13	11.9
福　建	688989	71	9	12.7
江　西	669829	101	15	14.9
山　东	4041628	314	50	15.9
河　南	1650090	135	23	17.0
湖　北	4883857	219	15	6.8
湖　南	1880369	182	19	10.4
广　东	2828549	273	38	13.9
广　西	1169353	105	22	21.0
海　南	69204	16	5	31.3
重　庆	1418099	90	10	11.1
四　川	3044505	178	19	10.7
贵　州	1867285	86	25	29.1
云　南	2114541	90	10	11.1
西　藏	29544	15	2	13.3
陕　西	2715720	130	20	15.4
甘　肃	779165	83	18	21.7
青　海	572344	41	5	12.2
宁　夏	570403	58	12	20.7
新　疆	818879	74	8	10.8

2-16 各地区国有建筑业企业主要经济效益指标

地区	产值利润率(%)	产值利税率(%)	资本利润率(%)	资本利税率(%)	人均利润(元/人)	人均利税(元/人)	资产负债率(%)
全国总计	**2.9**	**5.9**	**19.6**	**40.1**	**12970**	**26515**	**78.3**
北京	6.4	9.7	21.3	32.2	34846	52746	79.6
天津	2.7	5.8	18.6	40.4	15982	34751	82.1
河北	1.1	3.6	7.0	24.0	8518	29043	76.4
山西	1.4	4.1	8.2	24.1	4132	12145	82.1
内蒙古	0.8	4.4	1.4	8.4	5169	30189	72.5
辽宁	1.6	5.2	7.7	24.7	5384	17353	82.7
吉林	1.0	3.6	9.0	31.2	4172	14434	55.0
黑龙江	0.9	3.1	6.1	20.7	2454	8290	83.7
上海	3.9	6.9	24.8	44.0	32147	57077	78.7
江苏	3.5	6.7	25.2	48.5	15325	29534	75.3
浙江	3.5	6.0	21.4	36.1	17476	29528	75.3
安徽	1.8	4.4	23.5	57.4	9209	22502	79.9
福建	2.9	5.5	19.3	37.0	8962	17175	73.0
江西	1.4	4.1	8.1	23.7	6109	17947	76.6
山东	3.2	6.3	21.4	41.8	17980	35163	79.4
河南	3.9	7.2	26.7	49.3	18113	33406	75.3
湖北	6.1	10.0	47.7	78.2	54629	89644	79.6
湖南	2.2	5.8	18.7	48.8	8213	21506	72.5
广东	3.0	5.9	19.9	38.8	14173	27620	75.6
广西	0.9	3.9	12.0	49.4	3260	13438	78.7
海南	2.7	6.2	22.1	51.2	9889	22958	70.2
重庆	2.9	5.7	22.3	44.1	15502	30593	82.0
四川	1.8	4.4	15.2	38.1	5283	13278	79.3
贵州	2.3	5.3	24.3	55.1	10288	23310	80.0
云南	2.6	5.1	9.3	18.1	10919	21415	75.6
西藏	3.2	6.0	35.0	66.2	14069	26626	72.1
陕西	2.3	6.1	19.2	50.2	9957	26050	78.6
甘肃	0.9	3.6	8.5	32.0	3589	13520	77.7
青海	3.6	6.2	33.0	56.5	19244	33001	78.9
宁夏	1.2	4.2	10.7	37.1	3138	10833	82.4
新疆	2.1	4.6	19.2	42.7	6569	14598	76.8

2-17 各地区集体建筑业企业签订合同情况

单位：万元

地　区	签订合同额	上年结转合同额	本年新签合同额
全国总计	**60755212**	**21681180**	**39074032**
北　京	2265392	944834	1320558
天　津	2650010	892366	1757644
河　北	1423525	346510	1077015
山　西	573084	151333	421751
内蒙古	188409	4096	184313
辽　宁	2245914	464674	1781240
吉　林	218499	45451	173048
黑龙江	1182297	175839	1006457
上　海	429585	167400	262186
江　苏	1765734	306760	1458975
浙　江	3981632	1684757	2296875
安　徽	1114476	323706	790770
福　建	2821145	1789630	1031515
江　西	4222281	1883409	2338872
山　东	5188723	1792020	3396702
河　南	2308840	755820	1553020
湖　北	819340	131975	687365
湖　南	3321362	1284146	2037216
广　东	7393907	3306170	4087737
广　西	2664279	826410	1837869
海　南	465510	180629	284881
重　庆	1486250	318916	1167334
四　川	4474383	1589144	2885239
贵　州	909460	363838	545623
云　南	1882903	489778	1393125
西　藏	86621	48552	38069
陕　西	2537445	788868	1748577
甘　肃	1707401	517289	1190113
青　海	137628	18871	118757
宁　夏	131534	61148	70385
新　疆	157645	26844	130802

2-18 各地区集体建筑业企业承包工程完成情况

单位：万元

地区	直接从建设单位承揽工程完成的产值	自行完成施工产值	分包出去工程的产值	从建设单位以外承揽工程完成的产值
全国总计	**43216901**	**42911675**	**305226**	**732285**
北京	1330417	1310452	19965	58112
天津	1897602	1891267	6335	656
河北	1176278	1171773	4505	48
山西	434788	434788		1356
内蒙古	187982	187982		
辽宁	1853607	1852682	925	22025
吉林	199302	197540	1762	1762
黑龙江	1094457	1094457		4657
上海	286371	282072	4299	19644
江苏	1407263	1402089	5173	112355
浙江	2325029	2324787	242	30617
安徽	910884	887439	23445	29590
福建	1046493	1040328	6165	
江西	3048512	3029910	18602	24859
山东	4090755	4071267	19488	35123
河南	1852710	1846564	6146	64952
湖北	763092	757995	5097	12319
湖南	2400307	2380938	19369	30527
广东	4014831	3961466	53365	70684
广西	2023155	2022670	485	3361
海南	369085	368972	113	11473
重庆	1182180	1179719	2461	17524
四川	3375732	3319812	55920	83917
贵州	605872	597761	8111	27972
云南	1497497	1491477	6019	7633
西藏	79592	79592		
陕西	2099500	2071969	27531	41666
甘肃	1343033	1333808	9225	9666
青海	124216	124216		1600
宁夏	90835	90835		
新疆	105524	105048	477	8188

2-19 各地区集体建筑业总产值和竣工产值

单位：万元

地 区	建筑业总产值	#装饰装修产值	#在外省完成的产值	按构成分组			竣工产值
				建筑工程产值	安装工程产值	其他产值	
全国总计	**43643959**	**1746800**	**3853971**	**37339868**	**4573406**	**1730685**	**31702317**
北 京	1368564	159185	111259	1329992	37144	1428	883347
天 津	1891923	112990	51062	1339730	425673	126519	1402428
河 北	1171821	87579	159554	1029636	114549	27636	625499
山 西	436144	3052		306063	86074	44008	238379
内蒙古	187982			168152	1190	18640	187472
辽 宁	1874707	51910	17644	1348398	406216	120094	1391847
吉 林	199302	6767		56518	133748	9037	179806
黑龙江	1099114	9288	4314	899662	172051	27401	951260
上 海	301717	69799	19826	228155	67408	6154	232931
江 苏	1514445	71082	318877	1435805	59234	19406	1315038
浙 江	2355404	45196	1159454	2006677	342413	6314	2180570
安 徽	917028	2795	291321	434117	263560	219351	763716
福 建	1040328	20317	375160	988854	48379	3095	834693
江 西	3054768	131389	279640	2837267	167320	50182	2021515
山 东	4106390	190444	109237	3701943	373197	31251	2766558
河 南	1911515	72495	27953	1505789	145072	260654	1187922
湖 北	770314	9296	4943	675126	89230	5958	615318
湖 南	2411465	108992	157932	2143274	186881	81309	1781753
广 东	4032149	244689	129210	3539203	325627	167320	2985056
广 西	2026032	82617	13463	1879068	70027	76936	1266513
海 南	380445	9036		307600	22821	50024	236757
重 庆	1197242	26700	17684	1070281	116834	10128	885494
四 川	3403730	98488	559883	2777733	458167	167830	2580840
贵 州	625733	29541		565743	20992	38998	386031
云 南	1499110	23663	8	1401627	45517	51967	1267602
西 藏	79592	1608		78168	1389	36	70574
陕 西	2113635	37731	18216	1850704	201496	61435	1261524
甘 肃	1343474	31683	26766	1188079	128674	26721	935382
青 海	125816			99698	13991	12128	95077
宁 夏	90835	8469		78267	6841	5727	78083
新 疆	113236		568	68540	41696	3000	93334

2-20 各地区集体建筑业企业房屋建筑面积

地区	房屋建筑施工面积(万平方米)	#本年新开工	#实行投标承包面积	房屋建筑竣工面积(万平方米)	房屋建筑面积竣工率(%)
全国总计	**32954.3**	**16980.6**	**22864.5**	**16630.8**	**50.5**
北京	1029.0	317.8	926.6	180.0	17.5
天津	646.5	270.4	443.5	277.9	43.0
河北	846.8	430.3	631.3	363.3	42.9
山西	224.7	155.8	158.5	82.5	36.7
内蒙古	90.6	90.6	51.6	90.6	100.0
辽宁	952.0	600.4	689.8	567.5	59.6
吉林	93.9	91.1	86.0	24.7	26.3
黑龙江	418.1	347.0	274.3	302.0	72.2
上海	137.5	107.5	111.4	106.8	77.7
江苏	1101.4	615.7	773.3	629.0	57.1
浙江	2350.9	992.1	1296.2	1064.2	45.3
安徽	446.5	264.2	370.1	312.3	70.0
福建	1269.3	255.8	836.8	368.3	29.0
江西	2264.4	1313.8	1687.2	1365.5	60.3
山东	3970.5	2150.3	3088.0	1860.2	46.9
河南	1578.4	914.8	1418.8	824.0	52.2
湖北	532.9	405.0	326.9	390.1	73.2
湖南	2462.2	1414.7	2119.3	1452.2	59.0
广东	4201.4	1592.5	2126.4	1688.7	40.2
广西	1663.3	909.6	1069.7	876.5	52.7
海南	210.9	119.1	140.8	137.5	65.2
重庆	697.7	429.8	212.5	390.4	56.0
四川	2199.0	1084.3	1457.6	1196.2	54.4
贵州	426.3	243.0	239.0	244.2	57.3
云南	710.8	466.1	391.4	521.0	73.3
西藏	35.4	34.3	9.2	33.1	93.3
陕西	1409.5	771.6	1089.1	719.9	51.1
甘肃	868.3	521.4	746.8	484.1	55.8
青海	36.0	32.9	20.6	24.3	67.5
宁夏	49.3	27.7	41.7	41.6	84.3
新疆	30.6	11.0	29.9	12.1	39.6

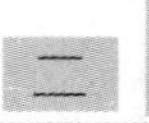

2-21 各地区按主要用途分的集体建筑业企业房屋建筑竣工面积

单位：万平方米

地区	总计	住宅房屋	商业及服务用房屋	商厦房屋(批发和零售用房)	宾馆用房屋(住宿用房)	餐饮用房屋(餐饮用房)
全国总计	**16630.8**	**11644.1**	**915.9**	**366.1**	**109.3**	**39.5**
北京	180.0	111.3	11.9	5.5	1.2	0.1
天津	277.9	176.2	31.6	14.3		
河北	363.3	288.7	33.4	12.5	6.2	5.0
山西	82.5	66.4	1.3			
内蒙古	90.6	50.9	7.4			
辽宁	567.5	413.0	14.5	0.1	3.1	0.1
吉林	24.7	22.0	1.2			
黑龙江	302.0	244.1	4.0	0.2	1.3	
上海	106.8	35.4	11.1	11.1		
江苏	629.0	419.5	16.1	9.0	6.1	
浙江	1064.2	724.2	26.3	22.0	0.2	1.2
安徽	312.3	198.5	28.4	17.0	8.1	0.4
福建	368.3	288.7	17.7	8.1		
江西	1365.5	945.6	119.2	22.1	5.5	0.7
山东	1860.2	1512.4	45.0	12.6	6.3	1.6
河南	824.0	613.0	37.6	5.3	16.1	10.2
湖北	390.1	282.3	34.8	28.5	2.5	2.5
湖南	1452.2	1040.1	43.0	20.4	5.9	2.5
广东	1688.7	1033.0	130.2	88.1	13.3	8.9
广西	876.5	512.5	45.6	13.6	4.4	0.3
海南	137.5	90.2	7.6	4.3	1.5	
重庆	390.4	290.4	32.0	1.5		
四川	1196.2	915.0	76.5	32.2	7.4	1.0
贵州	244.2	129.4	38.7	16.4	2.8	0.5
云南	521.0	296.2	37.9	1.1	8.9	2.1
西藏	33.1	28.4	2.2		2.2	
陕西	719.9	532.1	36.0	8.9	3.8	0.8
甘肃	484.1	337.6	18.9	8.5	2.7	1.7
青海	24.3	10.1	0.4			
宁夏	41.6	30.5	2.2	0.2	0.2	
新疆	12.1	6.5	3.4	2.7		

2-21 续表 1 单位：万平方米

地　区	商务会展用房屋	其他商业及服务用房屋(居民服务业用房)	办公用房　屋	科研、教育和医疗用房屋	科学研究用房屋	教育用房　屋
全国总计	**26.9**	**373.9**	**763.3**	**1016.6**	**79.4**	**793.4**
北　京	2.3	2.8	1.4	33.9	7.4	16.8
天　津	10.0	7.2	23.9	11.0		9.5
河　北	0.9	8.9	6.3	19.2	7.0	11.3
山　西		1.3	0.8	2.0		1.8
内蒙古		7.4	0.3	0.2		0.2
辽　宁	0.9	10.2	14.3	30.3		29.1
吉　林		1.2	0.4			
黑龙江		2.5	22.9	7.4		6.9
上　海			2.5	3.7		3.7
江　苏	1.0		27.6	4.6		4.6
浙　江		3.0	16.9	23.7	0.7	22.7
安　徽	1.1	1.9	37.5	22.3	2.8	18.9
福　建		9.6	44.6	2.3		2.3
江　西	1.1	89.8	57.2	59.7	4.4	41.9
山　东	3.1	21.4	55.8	41.2	3.1	33.3
河　南	0.2	5.8	56.9	52.7	13.2	38.8
湖　北		1.3	9.7	17.9	1.1	15.9
湖　南	2.8	11.5	77.2	135.9	6.7	109.2
广　东	1.0	18.9	88.3	88.1	3.3	75.9
广　西	0.8	26.4	55.5	156.3	6.3	129.7
海　南		1.8	7.4	16.7		14.4
重　庆		30.4	5.7	16.7		15.9
四　川	0.1	35.8	28.7	62.5	1.7	49.5
贵　州	0.9	18.1	14.4	27.4	2.7	20.6
云　南	0.1	25.7	15.6	74.2	16.5	32.6
西　藏			0.2	2.3		2.3
陕　西		22.6	38.0	59.1	1.2	49.2
甘　肃	0.5	5.6	41.2	39.7	0.5	32.1
青　海		0.4	5.2	2.7		2.5
宁　夏		1.8	6.3	1.2	0.6	0.6
新　疆		0.7	0.6	1.5		1.2

2-21 续表 2

单位：万平方米

地　区	医疗用房屋(卫生医疗用房)	文化、体育和娱乐用房屋	厂房及建筑物	#厂房	仓　库	其他未列明的房屋建筑物
全国总计	**143.7**	**105.1**	**1587.7**	**1048.5**	**122.5**	**475.6**
北　京	9.7	0.7	19.5	19.5		1.4
天　津	1.5		17.8	4.5	16.2	1.3
河　北	0.9	0.3	14.2	9.8		1.2
山　西	0.2		11.3	4.0	0.3	0.4
内蒙古		2.9	1.0	1.0		27.9
辽　宁	1.2	0.2	83.3	54.8	0.2	11.7
吉　林			0.3		0.8	
黑龙江	0.5	0.1	7.6	0.9	13.9	2.1
上　海			53.8		0.2	
江　苏		2.9	133.5	111.1	19.6	5.3
浙　江	0.2	25.7	230.9	225.4	0.6	16.0
安　徽	0.7	1.0	20.9	14.5	0.1	3.6
福　建			10.9	9.3	4.1	
江　西	13.4	2.3	130.2	84.9	9.2	41.9
山　东	4.8	6.7	154.5	68.2	11.6	33.1
河　南	0.6	2.1	46.3	25.9	3.4	12.0
湖　北	0.9	0.5	40.2	19.1	0.2	4.4
湖　南	20.1	7.8	91.2	43.9	7.8	49.1
广　东	9.0	12.3	261.1	188.4	21.0	54.6
广　西	20.3	17.9	44.4	30.1	2.5	41.8
海　南	2.2	0.5	0.5			14.7
重　庆	0.8	0.1	19.0	15.1		26.4
四　川	11.4	3.3	92.6	78.7	8.4	9.2
贵　州	4.1	0.8	15.0	12.0	0.5	17.9
云　南	25.0	5.3	38.7	11.9	0.5	52.6
西　藏						
陕　西	8.7	3.0	26.3	11.1	1.2	24.2
甘　肃	7.2	8.4	20.3	2.9	0.1	17.9
青　海	0.2	0.2	0.9	0.9		4.8
宁　夏			1.5	0.5		
新　疆	0.3				0.2	

2-22 各地区按主要用途分的集体建筑业企业房屋建筑竣工价值

单位：万元

地　区	总计	住宅房屋	商业及服务用房屋			
				商厦房屋(批发和零售用房)	宾馆用房屋(住宿用房)	餐饮用房屋(餐饮用房)
全国总计	**22203050**	**15725933**	**1241333**	**496550**	**149046**	**54544**
北　京	413765	232148	35243	19936	3246	600
天　津	694107	473367	82567	32171		
河　北	485933	358176	57924	19300	14030	11450
山　西	97438	67539	2952			
内蒙古	184343	104447	19459			
辽　宁	664924	482914	19038	160	3967	377
吉　林	28833	23446	2476			
黑龙江	440711	350819	3940	301	1839	
上　海	112752	45295	10947	10947		
江　苏	753188	511660	24704	14947	6229	
浙　江	1749161	1287329	57398	49483	362	1583
安　徽	330069	216871	27446	17898	6045	410
福　建	663426	534201	33060	12865		
江　西	1674440	1224587	137258	22426	6289	876
山　东	2080844	1717070	45250	13605	4171	2023
河　南	855518	631359	37923	4517	18019	9992
湖　北	434878	311275	47630	39843	2456	3434
湖　南	1466982	1033110	49219	22503	6218	2855
广　东	2515948	1678015	128752	80069	17273	9148
广　西	1023291	593803	55009	13408	4913	419
海　南	177352	117923	12135	7619	2443	
重　庆	532941	432222	17774	2206		
四　川	1620755	1229760	128476	60227	14941	1325
贵　州	304407	162012	44789	18628	3073	789
云　南	844788	452430	60372	666	18440	4532
西　藏	71340	64325	2425		2425	
陕　西	1028370	767620	50768	10192	6606	1185
甘　肃	818242	540856	37757	18103	5720	3546
青　海	43301	18010	654			
宁　夏	72639	55422	2230	380	341	
新　疆	18365	7923	5760	4153		

2-22 续表 1

单位：万元

地　区	商务会展用房屋	其他商业及服务用房屋(居民服务业用房)	办公用房　屋	科研、教育和医疗用房屋	科学研究用房屋	教育用房　屋
全国总计	**53736**	**487457**	**1078160**	**1434063**	**123736**	**1059052**
北　京	4256	7206	2320	109253	28825	49385
天　津	30000	20396	53758	30341		24994
河　北	1090	12055	13311	35613	20630	13763
山　西	20	2932	1327	2651		2486
内蒙古		19459	980	259		259
辽　宁	1128	13406	17299	24399		23267
吉　林		2476	711			
黑龙江		1800	42834	10945		9604
上　海			2423	9651		9651
江　苏	3528		37358	6245		6245
浙　江		5970	23370	50988	950	49746
安　徽	1075	2018	41245	20888	2937	17018
福　建		20195	77819	4031		4031
江　西	2532	105135	73181	63753	4734	43887
山　东	2201	23250	54657	55750	3150	47629
河　南	268	5128	58995	53872	12554	40695
湖　北		1897	8655	20648	1314	18560
湖　南	2435	15207	78099	151193	8390	121609
广　东	1491	20771	145044	109723	3902	91689
广　西	1170	35100	62604	192991	9753	157856
海　南		2073	10171	22784		18222
重　庆		15568	13131	22847		21186
四　川	149	51833	45350	91893	1885	68935
贵　州	1175	21124	19577	35204	3773	26131
云　南	60	36674	33388	136755	16852	53294
西　藏			359	4215		4215
陕　西		32785	57109	80028	1943	63953
甘　肃	1159	9230	81356	75914	988	62073
青　海		654	9627	5523		5253
宁　夏		1510	11137	2264	1156	1108
新　疆		1607	966	3441		2308

2-22 续表 2 单位：万元

地 区	医疗用房屋(卫生医疗用房)	文化、体育和娱乐用房屋	厂房及建筑物	#厂房	仓 库	其他未列明的房屋建筑物
全国总计	**251274**	**151878**	**1813069**	**1159373**	**126529**	**632086**
北 京	31042	1217	31229	31229		2356
天 津	5347		41595	8686	11610	869
河 北	1220	342	18871	14896		1695
山 西	166		22122	3520	300	548
内蒙古		8932	1260	1260		49006
辽 宁	1132	256	105010	63145	271	15739
吉 林					2200	
黑龙江	1341	166	8616	1490	20895	2497
上 海			44101		334	
江 苏		1663	147581	119309	17312	6665
浙 江	292	39064	273660	269381	847	16506
安 徽	933	1112	18612	13759	100	3796
福 建			10677	8798	3638	
江 西	15132	1549	137684	80126	8492	27936
山 东	4971	3178	160490	67614	10774	33674
河 南	623	1811	47925	27088	2818	20816
湖 北	775	420	41849	22025	208	4193
湖 南	21194	10394	88651	46954	9871	46446
广 东	14131	20456	283061	203576	17648	133250
广 西	25382	20346	49911	30643	2671	45955
海 南	4563	610	293			13437
重 庆	1661	215	12978	9382	31	33744
四 川	21073	7033	93392	75549	12942	11910
贵 州	5300	1079	20714	17261	690	20342
云 南	66609	10494	76478	27490	690	74181
西 藏						15
陕 西	14133	4689	36634	11521	1574	29948
甘 肃	12853	16257	36612	2878	298	29191
青 海	270	597	1478	1478	40	7372
宁 夏			1586	317		
新 疆	1133				275	

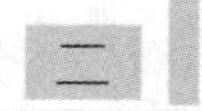

2-23 各地区集体建筑业企业主要生产效益指标

地　区	建筑业企业个数（个）	从事建筑业活动的平均人数（人）	按总产值计算的劳动生产率（元/人）	人均竣工产值（元/人）	人均施工面积（平方米/人）	人均竣工面积（平方米/人）
全国总计	**3318**	**1779440**	**245268**	**178159**	**185.2**	**93.5**
北　京	136	32981	414955	267835	312.0	54.6
天　津	55	39362	480647	356290	164.2	70.6
河　北	74	42000	279005	148928	201.6	86.5
山　西	88	21997	198274	108369	102.1	37.5
内蒙古	7	5151	364942	363953	175.9	175.9
辽　宁	233	100321	186871	138739	94.9	56.6
吉　林	40	8220	242460	218742	114.2	30.1
黑龙江	85	41824	262795	227444	100.0	72.2
上　海	42	14589	206811	159662	94.2	73.2
江　苏	128	62773	241257	209491	175.5	100.2
浙　江	82	84521	278677	257992	278.1	125.9
安　徽	82	43920	208795	173888	101.7	71.1
福　建	38	49935	208336	167156	254.2	73.7
江　西	171	102008	299464	198172	222.0	133.9
山　东	418	204720	200586	135139	193.9	90.9
河　南	146	80399	237754	147753	196.3	102.5
湖　北	90	33458	230233	183908	159.3	116.6
湖　南	179	99835	241545	178470	246.6	145.5
广　东	311	172440	233829	173107	243.6	97.9
广　西	167	78802	257104	160721	211.1	111.2
海　南	19	12434	305971	190411	169.6	110.6
重　庆	81	49005	244310	180695	142.4	79.7
四　川	171	138588	245601	186224	158.7	86.3
贵　州	70	27629	226477	139719	154.3	88.4
云　南	141	60576	247476	209258	117.3	86.0
西　藏	9	2669	298211	264422	132.8	123.9
陕　西	123	93265	226627	135262	151.1	77.2
甘　肃	83	62122	216264	150572	139.8	77.9
青　海	24	6437	195458	147704	55.9	37.8
宁　夏	10	3265	278207	239151	151.1	127.4
新　疆	15	4194	269995	222542	72.9	28.8

2-24 各地区集体建筑业企业资产构成

单位：万元

地 区	资产合计	#流动资产合计	#存货	#非流动资产合计	#固定资产合计
全国总计	**25935445**	**20037905**	**4669438**	**5897540**	**3758713**
北 京	2437484	2044674	608577	392810	100720
天 津	1686079	1513688	503818	172391	39734
河 北	476369	318004	57607	158366	101320
山 西	562494	449215	62381	113278	73826
内蒙古	34798	18288	528	16510	14001
辽 宁	1505637	1232811	142003	272826	156284
吉 林	212592	168354	30592	44237	23094
黑龙江	784174	659436	232087	124738	87928
上 海	246161	231044	39490	15117	8826
江 苏	1056000	841129	162157	214872	152330
浙 江	1027067	879910	305938	147157	103505
安 徽	631918	434465	89109	197453	99877
福 建	430068	366626	86934	63441	29231
江 西	1474856	1051856	237486	422999	274788
山 东	3422666	2656461	676891	766205	523103
河 南	621775	401167	87323	220609	164404
湖 北	399890	275273	78724	124617	94106
湖 南	936550	615277	128823	321273	253432
广 东	2136593	1608194	325117	528400	409416
广 西	778540	585078	130526	193461	128428
海 南	77406	63394	1515	14012	12720
重 庆	457634	291442	65971	166192	46293
四 川	1083898	829870	216929	254028	155313
贵 州	262224	180631	38849	81593	57008
云 南	770375	555026	53211	215348	180461
西 藏	133094	111371	2197	21723	14694
陕 西	1312071	944442	150652	367629	257913
甘 肃	666250	480415	144986	185835	145174
青 海	90826	66881	4986	23945	22669
宁 夏	87865	70618	2438	17248	10803
新 疆	132096	92867	1597	39230	17313

2-25 各地区集体建筑业企业固定资产情况

单位：万元

地　区	固定资产合计	固定资产原价	固定资产折旧	#本年折旧	在建工程
全国总计	**3758713**	**4618848**	**1803033**	**220272**	**518123**
北　京	100720	203089	105687	8302	3114
天　津	39734	62913	24728	3653	273
河　北	101320	121290	41083	3329	9586
山　西	73826	110061	42550	4496	4773
内蒙古	14001	16927	3030	332	92
辽　宁	156284	267977	138757	17821	9948
吉　林	23094	42352	20384	1761	584
黑龙江	87928	127655	46681	4020	481
上　海	8826	19783	11584	1060	78
江　苏	152330	207573	88589	9012	19424
浙　江	103505	154668	61708	8586	1401
安　徽	99877	144355	64838	7913	10709
福　建	29231	41157	15535	1652	1552
江　西	274788	228872	69676	10463	85041
山　东	523103	634685	261404	32036	34448
河　南	164404	180549	57891	8109	13512
湖　北	94106	114679	43038	6725	15748
湖　南	253432	225951	73924	13247	71523
广　东	409416	450946	178821	19014	99522
广　西	128428	141808	39360	5031	17977
海　南	12720	12958	4364	665	721
重　庆	46293	50755	22452	5157	11332
四　川	155313	216591	98065	9059	17594
贵　州	57008	58373	13900	2310	7080
云　南	180461	217741	77666	15114	24362
西　藏	14694	22164	8684	618	1205
陕　西	257913	284380	89797	13560	34451
甘　肃	145174	189434	67674	5448	20096
青　海	22669	26252	11796	501	352
宁　夏	10803	13225	5204	122	14
新　疆	17313	29689	14167	1160	1131

2-26 各地区集体建筑业企业负债及所有者权益

单位：万元

地区	负债合计	#流动负债	#应付账款	所有者权益	#实收资本
全国总计	**16322540**	**14668463**	**3830960**	**9608869**	**5435340**
北京	1897306	1891368	451224	540178	274996
天津	1362639	1352934	469192	323440	129224
河北	239099	227259	59311	237271	113720
山西	413922	402301	107042	148572	114106
内蒙古	16393	15028	980	18404	14924
辽宁	1061878	972705	350234	441313	264994
吉林	147870	146579	63912	64721	34617
黑龙江	604978	593136	120727	179196	115342
上海	158676	149899	40157	87484	57875
江苏	616555	582693	161278	439445	200990
浙江	698190	671262	88618	328877	175568
安徽	355802	299853	67594	276116	115480
福建	274051	273030	52066	156017	107830
江西	864974	698436	91149	609882	334678
山东	2162727	1907863	513142	1259939	669387
河南	270507	198820	70603	351269	199488
湖北	210827	188499	51666	189064	120104
湖南	457150	381472	99033	479400	302411
广东	1225955	1054828	204605	909047	512406
广西	461006	407073	65741	317533	206578
海南	41886	40957	22341	35520	12752
重庆	304462	193153	55777	153172	94874
四川	614127	514545	150016	469771	244331
贵州	139089	118064	16684	123135	89479
云南	371665	274940	108962	398709	200053
西藏	99239	97908	17622	33855	22137
陕西	623221	460049	112354	688850	501021
甘肃	427827	363326	137777	238422	150671
青海	53975	50048	23005	36851	18173
宁夏	50496	49914	18019	37369	15973
新疆	96049	90524	40130	36047	21158

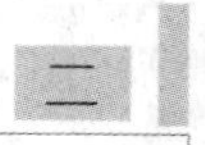

2-27 各地区集体建筑业企业实收资本

单位：万元

地 区	合计	国家资本	集体资本	法人资本	个人资本	港澳台资本	外商资本
全国总计	**5435340**	**159909**	**4055410**	**710097**	**509731**	**110**	**83**
北 京	274996		172141	42220	60635		
天 津	129224	1000	107974	4767	15482		
河 北	113720	4837	87047	11416	10421		
山 西	114106	7070	91793	14584	660		
内蒙古	14924		3198	5755	5972		
辽 宁	264994	8223	205878	35749	15124	15	5
吉 林	34617	2728	25014	4453	2422		
黑龙江	115342	100	107021	4380	3842		
上 海	57875		48717	233	8925		
江 苏	200990	14606	113970	44280	28134		
浙 江	175568	5580	123286	32666	14036		
安 徽	115480	500	87599	19387	7994		
福 建	107830		66794	28431	12606		
江 西	334678	27484	266984	23724	16486		
山 东	669387	14857	502550	102043	49937		
河 南	199488	8328	134931	27851	28378		
湖 北	120104	4201	82204	24091	9608		
湖 南	302411	12160	232282	38833	19136		
广 东	512406	17149	405138	76163	13957		
广 西	206578	14175	146729	8982	36692		
海 南	12752		11563	966	223		
重 庆	94874	5	69168	5572	20129		
四 川	244331	4838	186886	23367	29066	95	78
贵 州	89479		65466	20224	3789		
云 南	200053	5657	112331	40594	41471		
西 藏	22137		4929	2707	14501		
陕 西	501021	3077	449109	30957	17878		
甘 肃	150671	3266	97368	30551	19486		
青 海	18173	4	15880	2289			
宁 夏	15973		11231	2001	2741		
新 疆	21158	65	20230	862			

2-28 各地区集体建筑业企业收入情况

单位：万元

地区	主营业务收入	#主营业务成本	#主营业务税金及附加	其他业务收入	#其他业务成本	#其他业务利润
全国总计	**36668830**	**31179798**	**1466724**	**877589**	**1270398**	**54610**
北　京	1710883	1490182	51460	37409	38136	6952
天　津	1698547	1483610	57765	5454	4977	1520
河　北	806842	669456	30602	3775	23516	543
山　西	456128	387026	16085	13807	13062	1399
内蒙古	187787	150200	8501			
辽　宁	1797624	1483089	66224	88791	155706	3550
吉　林	204283	138320	6550	4621	30058	705
黑龙江	876798	746518	46247	9758	11240	2227
上　海	497248	462686	15440	1420	576	661
江　苏	1099640	945201	38313	23433	21440	2241
浙　江	1604013	1468334	56217	8650	11109	3274
安　徽	802717	621639	31778	12872	53658	287
福　建	795470	730523	27948	3305	5745	1719
江　西	2613206	2278962	117290	19764	69199	3216
山　东	3552016	2972994	128576	135039	150892	1992
河　南	1620154	1353982	74387	17787	13465	2257
湖　北	710664	575350	34899	20048	29930	64
湖　南	1965680	1703244	101532	25924	20753	1791
广　东	3592551	3137901	136689	14188	13066	3213
广　西	1390467	1183821	61741	48308	101513	1252
海　南	152893	131448	6265	39218	35291	
重　庆	781112	662559	34993	52841	46697	8967
四　川	2309654	1946004	101915	229949	208812	3538
贵　州	373583	321423	18808	916	13130	201
云　南	1238033	1014130	52604	7067	23265	809
西　藏	147915	129503	5330	1104		450
陕　西	2127288	1680404	76420	17384	122462	549
甘　肃	1186001	1012245	49316	2081	3927	631
青　海	131908	110518	4891	30903	25138	
宁　夏	108331	74333	3592	806	23546	307
新　疆	129397	114197	4349	968	93	299

2-29 各地区集体建筑业企业费用情况

单位：万元

地区	管理费用	#税金	销售费用	财务费用	#利息收入	#利息支出
全国总计	**1498174**	**102959**	**261995**	**138368**	**24314**	**86795**
北京	108674	1953	4357	-1708	4532	2927
天津	65127	705	1090	1555	888	333
河北	25680	1009	13942	2294	-22	595
山西	34833	940	5408	913	1696	464
内蒙古	2724	564	9	1209		899
辽宁	110743	4018	7643	2669	1084	1196
吉林	23125	408	440	611	63	663
黑龙江	49246	3879	3078	-1557	2906	1176
上海	15954	1289	53	-310	-13	7
江苏	55857	2391	4975	5581	405	2135
浙江	39240	2413	1969	1751	9	5004
安徽	58303	3000	13655	4868	1213	966
福建	20813	1949	58	1448	338	1649
江西	54267	4563	8215	7403	3288	4564
山东	127209	12463	20627	26191	1084	18993
河南	80766	6876	10474	9734	664	3969
湖北	27719	3574	8213	4193	221	1721
湖南	66410	5633	24410	6797	626	2897
广东	123287	11026	21738	10709	516	5135
广西	41010	4168	9469	4258	275	2876
海南	5003	93	847	22	4	79
重庆	30261	2251	6162	1362	-52	1081
四川	101385	9088	47095	18850	2838	10409
贵州	9388	3351	1352	872	60	1066
云南	54716	3068	21277	8147	919	6869
西藏	5064	49	3080	135	7	139
陕西	93543	8743	16384	14214	443	4989
甘肃	41069	2850	5556	5511	248	3382
青海	14256	257	385	-18	20	2
宁夏	3354	163	1	444		404
新疆	9150	227	35	222	54	209

2-30 各地区集体建筑业企业利润及税金情况

单位：万元

地 区	利润总额	#应交所得税	税金总额	主营业务税金及附加	管理费用中的税金
全国总计	**1701087**	**385872**	**1569682**	**1466724**	**102959**
北 京	58711	18055	53413	51460	1953
天 津	93608	21515	58469	57765	705
河 北	44165	14674	31611	30602	1009
山 西	12989	3257	17025	16085	940
内蒙古	25145	5701	9064	8501	564
辽 宁	38522	16083	70242	66224	4018
吉 林	12876	2674	6959	6550	408
黑龙江	35991	9539	50125	46247	3879
上 海	5550	1638	16729	15440	1289
江 苏	49411	13336	40704	38313	2391
浙 江	35514	10080	58629	56217	2413
安 徽	51839	6688	34778	31778	3000
福 建	13191	5961	29897	27948	1949
江 西	103677	23761	121854	117290	4563
山 东	250774	43159	141038	128576	12463
河 南	95009	15228	81263	74387	6876
湖 北	48619	9508	38472	34899	3574
湖 南	65925	12570	107165	101532	5633
广 东	155065	43667	147714	136689	11026
广 西	38779	14098	65908	61741	4168
海 南	15607	3816	6358	6265	93
重 庆	51139	16289	37244	34993	2251
四 川	110370	20516	111003	101915	9088
贵 州	7932	2000	22159	18808	3351
云 南	70648	13114	55671	52604	3068
西 藏	2644	292	5379	5330	49
陕 西	127061	24186	85163	76420	8743
甘 肃	68132	10981	52166	49316	2850
青 海	6566	1175	5148	4891	257
宁 夏	3981	1614	3756	3592	163
新 疆	1649	699	4575	4349	227

2-31 各地区集体建筑业企业应收工程款及企业亏损情况

地 区	应收工程款(万元)	企业个数(个)	#亏损企业个数	亏损企业的比重(%)
全国总计	**5479478**	**3318**	**428**	**12.9**
北 京	252288	136	25	18.4
天 津	316203	55	7	12.7
河 北	73508	74	6	8.1
山 西	138527	88	16	18.2
内蒙古	7370	7	1	14.3
辽 宁	429577	233	57	24.5
吉 林	61078	40	7	17.5
黑龙江	152119	85	14	16.5
上 海	62428	42	6	14.3
江 苏	286100	128	3	2.3
浙 江	103379	82	6	7.3
安 徽	113182	82	13	15.9
福 建	50724	38	8	21.1
江 西	189598	171	16	9.4
山 东	870930	418	44	10.5
河 南	111472	146	4	2.7
湖 北	91434	90	8	8.9
湖 南	229672	179	16	8.9
广 东	451685	311	33	10.6
广 西	101170	167	28	16.8
海 南	42243	19	2	10.5
重 庆	72461	81	16	19.8
四 川	313302	171	22	12.9
贵 州	48621	70	10	14.3
云 南	249838	141	23	16.3
西 藏	12961	9		
陕 西	363359	123	18	14.6
甘 肃	197985	83	13	15.7
青 海	31830	24	1	4.2
宁 夏	22445	10	1	10.0
新 疆	31990	15	4	26.7

2-32 各地区集体建筑业企业主要经济效益指标

地　区	产值利润率 (%)	产值利税率 (%)	资本利润率 (%)	资本利税率 (%)	人均利润 (元/人)	人均利税 (元/人)	资产负债率 (%)
全国总计	**3.9**	**7.5**	**31.3**	**60.2**	**9560**	**18381**	**62.9**
北　京	4.3	8.2	21.3	40.8	17801	33996	77.8
天　津	4.9	8.0	72.4	117.7	23781	38636	80.8
河　北	3.8	6.5	38.8	66.6	10516	18042	50.2
山　西	3.0	6.9	11.4	26.3	5905	13645	73.6
内蒙古	13.4	18.2	168.5	229.2	48816	66413	47.1
辽　宁	2.1	5.8	14.5	41.0	3840	10842	70.5
吉　林	6.5	10.0	37.2	57.3	15664	24129	69.6
黑龙江	3.3	7.8	31.2	74.7	8605	20590	77.1
上　海	1.8	7.4	9.6	38.5	3804	15271	64.5
江　苏	3.3	6.0	24.6	44.8	7871	14356	58.4
浙　江	1.5	4.0	20.2	53.6	4202	11138	68.0
安　徽	5.7	9.4	44.9	75.0	11803	19722	56.3
福　建	1.3	4.1	12.2	40.0	2642	8629	63.7
江　西	3.4	7.4	31.0	67.4	10164	22109	58.6
山　东	6.1	9.5	37.5	58.5	12250	19139	63.2
河　南	5.0	9.2	47.6	88.4	11817	21925	43.5
湖　北	6.3	11.3	40.5	72.5	14531	26030	52.7
湖　南	2.7	7.2	21.8	57.2	6603	17338	48.8
广　东	3.8	7.5	30.3	59.1	8992	17559	57.4
广　西	1.9	5.2	18.8	50.7	4921	13285	59.2
海　南	4.1	5.8	122.4	172.2	12552	17665	54.1
重　庆	4.3	7.4	53.9	93.2	10435	18036	66.5
四　川	3.2	6.5	45.2	90.6	7964	15973	56.7
贵　州	1.3	4.8	8.9	33.6	2871	10891	53.0
云　南	4.7	8.4	35.3	63.1	11663	20853	48.2
西　藏	3.3	10.1	11.9	36.2	9906	30057	74.6
陕　西	6.0	10.0	25.4	42.4	13624	22755	47.5
甘　肃	5.1	9.0	45.2	79.8	10967	19365	64.2
青　海	5.2	9.3	36.1	64.5	10200	18198	59.4
宁　夏	4.4	8.5	24.9	48.4	12194	23697	57.5
新　疆	1.5	5.5	7.8	29.4	3931	14840	72.7

2-33 各地区私营建筑业企业签订合同情况

单位：万元

地区	签订合同额	上年结转合同额	本年新签合同额
全国总计	**835254691**	**323752696**	**511501996**
北京	8900904	3756731	5144173
天津	10499732	3095035	7404697
河北	11313474	3910104	7403370
山西	10514542	3561959	6952583
内蒙古	6023065	3314820	2708245
辽宁	26072396	8928091	17144305
吉林	11950697	4220596	7730100
黑龙江	3445506	1152900	2292606
上海	28327621	13782361	14545260
江苏	133520143	50197224	83322920
浙江	199650118	87275902	112374216
安徽	27325288	9360838	17964451
福建	50398872	18421866	31977006
江西	20450039	7298519	13151520
山东	32563206	10749253	21813954
河南	22429954	7059183	15370771
湖北	32794980	9600418	23194562
湖南	21822676	10193089	11629587
广东	33758460	16499438	17259022
广西	11662037	4107437	7554600
海南	862700	538364	324336
重庆	30448241	11822622	18625619
四川	50087774	13994163	36093611
贵州	2695095	1130075	1565020
云南	17319169	7320522	9998647
西藏	467715	146486	321229
陕西	12302686	5667573	6635113
甘肃	3706679	1194677	2512002
青海	2139945	1218691	921254
宁夏	3943363	1794910	2148453
新疆	7857614	2438847	5418767

2-34 各地区私营建筑业企业承包工程完成情况

单位：万元

地　区	直接从建设单位承揽工程完成的产值	自行完成施工产值	分包出去工程的产值	从建设单位以外承揽工程完成的产值
全国总计	**541407518**	**536302967**	**5104551**	**18769873**
北　京	5442258	5067426	374832	924029
天　津	7970878	7643615	327263	599030
河　北	8209404	8161392	48013	119454
山　西	7958449	7931610	26839	86722
内蒙古	3035181	3028969	6212	11268
辽　宁	18713551	18623086	90465	203182
吉　林	8071372	8044757	26616	210033
黑龙江	2606626	2599784	6843	10670
上　海	14662735	14091414	571321	1674256
江　苏	90699568	90578154	121414	5212816
浙　江	124093938	123497606	596332	3275910
安　徽	21206535	21072169	134366	361069
福　建	33759200	33660272	98928	720505
江　西	12864652	12555581	309071	970196
山　东	24220854	24047601	173253	370257
河　南	15391211	15302432	88780	298906
湖　北	22283832	22102525	181308	373013
湖　南	12973692	12750286	223406	349272
广　东	17356755	16639163	717592	699052
广　西	7537970	7428802	109168	139384
海　南	284308	283944	364	1789
重　庆	24207444	23963873	243572	591761
四　川	24803158	24448988	354169	909884
贵　州	1652010	1619632	32379	56550
云　南	11542114	11421784	120331	342408
西　藏	351008	350009	999	20399
陕　西	8336825	8277747	59078	107483
甘　肃	2627787	2611119	16668	68666
青　海	809116	795891	13225	13944
宁　夏	2490888	2484488	6400	18703
新　疆	5244197	5218850	25347	29265

2-35 各地区私营建筑业总产值和竣工产值

单位：万元

地区	建筑业总产值	#装饰装修产值	#在外省完成的产值	按构成分组			竣工产值
				建筑工程产值	安装工程产值	其他产值	
全国总计	**555072840**	**42449476**	**132378132**	**493018639**	**43488993**	**18565208**	**386063841**
北京	5991455	2163810	1683470	5314093	603365	73997	4222581
天津	8242645	444209	346539	6490593	1115730	636321	5747338
河北	8280845	552910	444310	7289447	591651	399747	5067699
山西	8018331	436183	1134946	6512145	1119300	386886	4897094
内蒙古	3040238	122964	24121	2679949	174720	185569	2309710
辽宁	18826269	1812414	499703	15371193	2765121	689955	12892119
吉林	8254790	385744	489435	7245821	635613	373356	6794564
黑龙江	2610453	106811	129460	2295446	202451	112556	1966733
上海	15765670	2675111	3401350	12971762	2424737	369171	9272532
江苏	95790970	6066462	29921443	89680350	5234877	875743	84632248
浙江	126773517	7837234	57722507	117520460	6227765	3025292	83558775
安徽	21433238	1390098	1438805	18043474	1764070	1625694	14697467
福建	34380777	1673768	12840131	31991904	1947720	441153	21984896
江西	13525776	1507999	4217875	11242108	1155781	1127887	9354406
山东	24417858	2577934	1505474	20594580	3196099	627179	15247535
河南	15601338	1526394	1890789	13221820	1485807	893712	10126939
湖北	22475538	2240321	3069528	20216931	1413791	844816	15659706
湖南	13099558	700413	2049639	10975801	823836	1299922	9065636
广东	17338215	3301068	2876941	13761128	2866088	710999	10182269
广西	7568186	587094	570963	6112364	798892	656930	5100311
海南	285734	13225	6824	210363	30927	44443	250162
重庆	24555634	1354532	1830318	22323111	1578620	653903	14005955
四川	25358872	1197681	3630703	21944301	2328206	1086365	17137591
贵州	1676181	130228	26708	1432136	147434	96611	1244719
云南	11764192	688704	184186	10043574	1055973	664645	8228596
西藏	370407	11460	55	312173	21529	36705	278081
陕西	8385230	511186	334322	7179137	909825	296268	4228984
甘肃	2679785	143200	82033	2332152	246619	101013	1854427
青海	809835	16087	7965	691277	96507	22051	526635
宁夏	2503191	99136	16684	2404377	77748	21066	2044438
新疆	5248115	175097	909	4614668	448192	185255	3483696

2-36 各地区私营建筑业企业房屋建筑面积

地　区	房屋建筑施工面积(万平方米)	#本年新开工	#实行投标承包面积	房屋建筑竣工面积(万平方米)	房屋建筑面积竣工率(%)
全国总计	**381509.6**	**167017.9**	**271190.2**	**160067.6**	**42.0**
北　京	870.6	321.7	682.0	109.9	12.6
天　津	1958.0	818.4	1282.6	955.4	48.8
河　北	5970.7	3048.9	3783.5	2479.5	41.5
山　西	3395.8	1662.6	2043.5	1562.1	46.0
内蒙古	2069.9	802.8	1646.1	922.4	44.6
辽　宁	9474.6	5376.4	6955.2	4463.7	47.1
吉　林	4976.0	2780.6	3273.5	2608.6	52.4
黑龙江	1140.0	732.4	804.4	774.8	68.0
上　海	7530.8	2798.6	5831.7	2058.4	27.3
江　苏	77042.5	30021.2	66618.2	32553.1	42.3
浙　江	100057.1	39170.0	73842.1	37842.1	37.8
安　徽	14662.1	7763.8	9819.4	8095.2	55.2
福　建	26699.6	10290.1	16225.8	8068.0	30.2
江　西	8018.5	4791.0	4073.4	4828.4	60.2
山　东	17876.8	8954.3	11324.7	7694.7	43.0
河　南	16062.9	5825.9	13417.8	4617.0	28.7
湖　北	14957.6	9238.5	10408.4	8415.2	56.3
湖　南	9855.6	4347.2	7993.7	4446.8	45.1
广　东	7698.8	2994.0	3658.0	2933.7	38.1
广　西	4493.8	2231.9	2707.6	2590.3	57.6
海　南	216.0	82.9	96.7	103.4	47.9
重　庆	12104.2	6149.3	5338.4	6092.5	50.3
四　川	15418.6	7900.1	7375.4	7638.2	49.5
贵　州	1629.5	733.4	780.7	667.6	41.0
云　南	5685.3	2764.6	2920.2	3038.9	53.5
西　藏	106.2	76.1	52.0	74.5	70.1
陕　西	4558.7	1938.7	2886.6	1535.9	33.7
甘　肃	1562.2	833.6	961.0	694.2	44.4
青　海	506.1	240.6	349.4	146.7	29.0
宁　夏	1967.1	733.5	1748.0	755.1	38.4
新　疆	2943.6	1594.9	2290.1	1301.5	44.2

2-37 各地区按主要用途分的私营建筑业企业房屋建筑竣工面积

单位：万平方米

地区	总计	住宅房屋	商业及服务用房屋	商厦房屋(批发和零售用房)	宾馆用房屋(住宿用房)	餐饮用房屋(餐饮用房)
全国总计	**160067.6**	**105348.6**	**9535.8**	**3923.9**	**1065.4**	**445.0**
北京	109.9	72.4	8.5		0.7	
天津	955.4	586.8	23.2	12.1	2.7	2.7
河北	2479.5	1858.1	73.3	29.6	2.9	0.9
山西	1562.1	1195.9	61.5	14.0	19.9	1.5
内蒙古	922.4	654.0	83.0	51.3	0.4	2.8
辽宁	4463.7	3208.4	174.0	92.6	26.9	7.4
吉林	2608.6	1905.9	78.4	20.0	7.0	7.8
黑龙江	774.8	569.2	56.7	25.1	5.7	5.5
上海	2058.4	1109.4	196.2	29.4	3.2	7.6
江苏	32553.1	23010.7	1543.4	583.8	290.8	102.8
浙江	37842.1	20726.8	2472.1	1102.2	303.2	143.6
安徽	8095.2	5420.0	496.6	268.7	11.8	40.8
福建	8068.0	4957.2	488.9	174.7	67.7	4.9
江西	4828.4	2938.5	328.0	96.8	42.5	8.0
山东	7694.7	5631.4	273.7	116.9	5.8	10.5
河南	4617.0	3494.2	141.3	34.5	9.4	6.5
湖北	8415.2	6366.9	325.3	164.3	16.4	8.8
湖南	4446.8	3018.5	355.8	132.8	37.7	1.0
广东	2933.7	1715.5	218.3	90.9	24.0	4.3
广西	2590.3	1578.1	254.9	127.3	21.7	7.0
海南	103.4	74.3	5.6	5.6		0.1
重庆	6092.5	4214.5	413.0	165.0	31.1	8.4
四川	7638.2	5659.8	596.9	239.4	48.0	16.0
贵州	667.6	384.3	70.7	22.9	10.3	0.4
云南	3038.9	1853.8	346.1	142.3	36.3	32.7
西藏	74.5	37.3	3.2	1.3	0.2	
陕西	1535.9	1178.0	126.0	27.9	8.8	4.0
甘肃	694.2	487.6	54.9	14.8	11.9	0.6
青海	146.7	91.7	18.0	0.8	1.5	0.1
宁夏	755.1	556.0	95.7	48.9	2.5	3.1
新疆	1301.5	793.5	152.6	88.1	14.1	5.0

2-37 续表 1

单位：万平方米

地　区	商务会展用房屋	其他商业及服务用房屋(居民服务业用房)	办公用房　屋	科研、教育和医疗用房屋	科学研究用房屋	教育用房　屋
全国总计	**612.3**	**3489.1**	**8623.0**	**5664.5**	**445.6**	**4247.5**
北　京	2.2	5.6	2.8	7.8	0.9	5.9
天　津		5.6	43.2	77.3	0.5	53.1
河　北	12.2	27.7	90.2	110.0	3.4	76.3
山　西	3.0	23.2	87.3	45.9	1.2	32.3
内蒙古	1.1	27.4	20.5	41.2	0.7	33.3
辽　宁	1.4	45.8	194.7	61.4	3.0	47.6
吉　林	14.1	29.5	149.8	51.5	6.1	33.1
黑龙江	0.3	20.1	32.3	31.0	1.8	10.7
上　海	12.1	143.8	90.4	70.4	3.6	59.5
江　苏	305.1	260.9	1188.5	915.8	112.9	639.7
浙　江	128.1	794.9	2379.8	1031.4	119.7	686.9
安　徽	6.4	168.9	538.4	295.9	14.2	244.8
福　建	11.3	230.3	498.1	337.1	31.9	248.9
江　西	2.2	178.5	370.8	241.9	17.5	205.0
山　东	12.2	128.3	289.7	223.6	19.5	183.6
河　南	5.4	85.4	282.6	250.6	24.2	188.6
湖　北	8.8	126.9	608.8	159.9	4.8	116.4
湖　南	10.0	174.2	247.8	273.5	16.4	206.2
广　东	26.0	73.1	207.8	94.1	2.3	76.0
广　西	9.2	89.7	263.3	272.9	28.9	198.2
海　南			1.1	2.5	1.0	1.5
重　庆	6.2	202.3	239.3	182.0	9.3	143.9
四　川	17.4	276.1	264.1	268.2	9.3	214.1
贵　州		37.1	31.2	104.4	0.4	92.6
云　南	2.8	132.1	241.7	255.9	4.7	227.4
西　藏		1.7	8.4	10.4	0.4	9.9
陕　西	5.2	80.1	58.7	61.2	2.7	48.8
甘　肃	2.3	25.4	29.9	58.0	1.4	47.9
青　海	0.1	15.4	14.0	15.1		14.7
宁　夏	1.8	39.3	29.5	27.6	1.0	25.2
新　疆	5.4	40.1	118.3	86.1	1.8	75.4

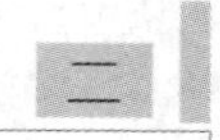

2-37 续表 2

单位：万平方米

地区	医疗用房屋(卫生医疗用房)	文化、体育和娱乐用房屋	厂房及建筑物	#厂房	仓库	其他未列明的房屋建筑物
全国总计	**971.4**	**1580.5**	**25238.6**	**16589.9**	**1097.9**	**2978.6**
北京	1.0	7.5	8.5	7.6		2.2
天津	23.6	5.7	158.6	61.4	4.8	55.9
河北	30.4	4.9	271.9	115.9	11.2	59.8
山西	12.4	6.7	122.3	61.7	12.5	29.9
内蒙古	7.2	9.7	40.1	2.2	2.4	71.4
辽宁	10.8	4.1	641.3	426.1	25.5	154.3
吉林	12.4	79.6	198.6	116.1	24.0	120.8
黑龙江	18.5	8.4	28.4	11.0	21.7	27.3
上海	7.2	11.0	504.7	325.3	45.9	30.5
江苏	163.2	420.6	4942.8	3803.8	208.5	322.8
浙江	224.8	364.9	9969.0	7187.8	295.6	602.4
安徽	37.0	95.7	1044.0	515.6	75.0	129.6
福建	56.4	69.5	1581.9	738.2	59.5	75.7
江西	19.4	141.0	638.4	309.2	85.8	84.1
山东	20.5	28.1	1127.5	744.0	39.3	81.3
河南	37.8	45.4	322.5	139.3	17.3	63.2
湖北	38.7	18.0	776.2	497.0	42.5	117.5
湖南	50.9	27.2	404.2	185.1	5.0	114.6
广东	15.8	18.1	627.8	356.7	14.2	37.9
广西	45.7	44.3	117.7	58.8	19.6	39.6
海南						19.9
重庆	28.7	16.7	754.2	332.7	26.9	245.8
四川	44.7	40.9	595.1	392.1	28.8	184.6
贵州	11.5	8.2	32.9	12.1	1.0	34.9
云南	23.7	59.9	174.5	88.1	9.5	97.4
西藏	0.1	2.2	2.1	0.1		10.8
陕西	9.7	8.5	35.5	16.6	3.6	64.4
甘肃	8.6	22.4	18.2	13.0	4.9	18.2
青海	0.4	2.6	1.5	0.9	0.6	3.1
宁夏	1.3	2.4	32.8	25.2	0.5	10.8
新疆	8.9	6.4	65.5	46.2	11.6	67.7

2-38 各地区按主要用途分的私营建筑业企业房屋建筑竣工价值

单位：万元

地区	总计	住宅房屋	商业及服务用房屋	商厦房屋(批发和零售用房)	宾馆用房屋(住宿用房)	餐饮用房屋(餐饮用房)
全国总计	**236686925**	**159100029**	**15469586**	**6256776**	**1731027**	**803689**
北京	226120	130615	27473		1689	
天津	1985075	1268058	34124	19502	7279	3470
河北	3255157	2415369	100169	33504	3020	2288
山西	2162453	1672856	90821	20607	28448	2585
内蒙古	1279929	952015	86033	42766	1550	5138
辽宁	6347472	4295550	244386	138878	25131	13840
吉林	4165772	2940053	156357	36126	16646	12096
黑龙江	1099781	773459	88237	40496	9079	9055
上海	4105685	2320070	364709	52546	7150	19984
江苏	53754563	38506663	2898562	1083629	517614	239810
浙江	56961699	33298752	4307499	1924073	509232	260723
安徽	9793987	6888217	587191	309353	17051	53586
福建	12870854	8496157	813317	299396	136805	7238
江西	5987353	3720277	449413	145453	61139	20624
山东	9885643	7216111	436898	190804	8945	23020
河南	5707510	4272537	209165	40787	17134	9138
湖北	11002988	8425407	419063	203171	19237	9297
湖南	5722721	3861859	500749	162672	54261	1338
广东	4789433	2923849	356761	144730	34276	5752
广西	3519873	2212195	348779	183936	23996	9961
海南	217568	166129	10169	10026	41	102
重庆	8672769	6221072	618278	267342	36190	14203
四川	10985547	8217913	975281	372497	88414	29813
贵州	810217	441784	94693	31320	11056	583
云南	4423425	2683130	536869	214304	39683	32342
西藏	157283	81517	6055	2727	266	
陕西	2301072	1736187	191019	46728	13478	5419
甘肃	1151440	792033	82790	14108	16691	765
青海	261255	164086	40193	1452	1969	163
宁夏	1173747	864262	131005	71539	3865	5115
新疆	1908537	1141849	263529	152308	19692	6243

2-38 续表 1

单位：万元

地区	商务会展用房屋	其他商业及服务用房屋(居民服务业用房)	办公用房屋	科研、教育和医疗用房屋	科学研究用房屋	教育用房屋
全国总计	**1166490**	**5511604**	**13644909**	**9312042**	**777828**	**6797330**
北京	10433	15351	10356	19088	1735	14318
天津	30	3843	79790	275032	821	175005
河北	12061	49297	137485	148808	6661	101600
山西	5378	33803	132530	71584	2619	45681
内蒙古	1906	34674	40627	92354	1957	60448
辽宁	3413	63123	320684	99796	9860	71924
吉林	33150	58339	315171	100869	9875	65509
黑龙江	500	29106	53723	77422	3917	19673
上海	38426	246604	203190	182795	6530	157561
江苏	593500	464009	2168367	1853605	240892	1255734
浙江	261583	1351887	4179361	1808862	178588	1221426
安徽	8188	199012	645934	342873	14791	287554
福建	14806	355072	740837	520428	39811	394095
江西	7939	214258	499650	285949	16766	247722
山东	27778	186351	432336	354577	55135	271581
河南	8286	133822	385079	345684	33611	248505
湖北	14547	172812	799148	256038	7354	182438
湖南	10488	271991	323603	366100	39764	262099
广东	29882	142123	340145	132737	6752	106592
广西	8587	122300	327226	348639	46996	257484
海南			1883	3548	1848	1638
重庆	9930	290613	351054	227781	10135	173687
四川	30873	453684	404430	381063	13241	298293
贵州		51735	68398	136050	333	117482
云南	4165	246376	283683	423100	12749	372928
西藏		3062	20088	27884	1650	26158
陕西	6132	119261	90417	101970	3911	76441
甘肃	4342	46884	55892	100411	3669	82036
青海	126	36483	20315	21726		21184
宁夏	2174	48314	61627	57937	2517	52393
新疆	17870	67416	151880	147334	3341	128145

2-38 续表 2

单位：万元

地　区	医疗用房屋(卫生医疗用房)	文化、体育和娱乐用房屋	厂房及建筑物	#厂房	仓　库	其他未列明的房屋建筑物
全国总计	**1736884**	**2630586**	**30606892**	**19819910**	**1344889**	**4577993**
北　京	3035	12415	20829	18968	115	5230
天　津	99206	15429	222786	87388	8871	80986
河　北	40547	7085	299164	111290	11627	135450
山　西	23284	9095	134251	63687	11232	40085
内蒙古	29949	14737	19287	2940	5251	69625
辽　宁	18012	5614	868489	563683	35431	477524
吉　林	25486	130148	240847	137482	32300	250028
黑龙江	53832	21147	35814	17372	24368	25611
上　海	18705	28791	873202	572527	82217	50711
江　苏	356979	867846	6650349	5033678	291906	517265
浙　江	408847	630760	11394132	8201543	328283	1014049
安　徽	40528	119150	1017930	507174	64237	128454
福　建	86523	104708	1983318	878099	107221	104867
江　西	21462	147866	658575	320088	107607	118016
山　东	27861	61811	1235394	810628	36870	111646
河　南	63568	71644	316799	132552	20436	86166
湖　北	66246	38987	928024	612584	9707	126615
湖　南	64238	27302	492961	223325	7698	142449
广　东	19393	21240	950003	407625	15926	48773
广　西	44159	54417	158334	64191	30824	39458
海　南	62					35840
重　庆	43959	24821	945618	402218	32553	251594
四　川	69529	55004	664011	393804	32424	255422
贵　州	18235	6974	42624	19325	1438	18256
云　南	37423	80208	255791	120065	14024	146621
西　藏	75	3200	3568	35	5	14966
陕　西	21619	14206	49559	23625	6106	111608
甘　肃	14705	33700	33124	22430	9457	44033
青　海	542	5054	2652	1976	1265	5965
宁　夏	3028	4651	40438	31925	610	13217
新　疆	15849	12577	69020	37685	14882	107466

2-39 各地区私营建筑业企业主要生产效益指标

地　区	建筑业企业个数(个)	从事建筑业活动的平均人数(人)	按总产值计算的劳动生产率(元/人)	人均竣工产值(元/人)	人均施工面　积(平方米/人)	人均竣工面　积(平方米/人)
全国总计	**42932**	**20766224**	**267296**	**185910**	**183.7**	**77.1**
北　京	1539	178617	335436	236404	48.7	6.2
天　津	838	139444	591108	412161	140.4	68.5
河　北	838	310299	266867	163317	192.4	79.9
山　西	1674	368374	217668	132938	92.2	42.4
内蒙古	351	115024	264313	200802	180.0	80.2
辽　宁	3213	628758	299420	205041	150.7	71.0
吉　林	1007	337181	244818	201511	147.6	77.4
黑龙江	603	113027	230958	174006	100.9	68.6
上　海	2004	514659	306332	180168	146.3	40.0
江　苏	5662	3819267	250810	221593	201.7	85.2
浙　江	4681	4419745	286834	189058	226.4	85.6
安　徽	1597	776887	275886	189184	188.7	104.2
福　建	1966	1426289	241051	154141	187.2	56.6
江　西	693	657703	205652	142228	121.9	73.4
山　东	2892	986249	247583	154601	181.3	78.0
河　南	1662	609815	255837	166066	263.4	75.7
湖　北	1403	665244	337854	235398	224.8	126.5
湖　南	641	484500	270373	187113	203.4	91.8
广　东	1729	575665	301186	176878	133.7	51.0
广　西	507	270813	279462	188333	165.9	95.6
海　南	33	6774	421809	369298	318.9	152.7
重　庆	1392	943780	260184	148403	128.3	64.6
四　川	1728	1028425	246580	166639	149.9	74.3
贵　州	260	62425	268511	199394	261.0	106.9
云　南	1450	521983	225375	157641	108.9	58.2
西　藏	98	17005	217822	163529	62.5	43.8
陕　西	867	324790	258174	130207	140.4	47.3
甘　肃	495	131426	203901	141100	118.9	52.8
青　海	185	39144	206886	134538	129.3	37.5
宁　夏	345	96853	258453	211087	203.1	78.0
新　疆	579	196059	267680	177686	150.1	66.4

2-40 各地区私营建筑业企业资产构成

单位：万元

地区	资产合计	#流动资产合计	#存货	#非流动资产合计	#固定资产合计
全国总计	**403236466**	**322893592**	**69651934**	**80342873**	**44017253**
北京	9757913	8256841	1050762	1501072	580323
天津	8120424	5938602	492513	2181821	1198228
河北	8448703	7049633	1551083	1399070	956867
山西	9223685	7320827	1401674	1902858	1250640
内蒙古	7551645	5816701	939597	1734944	816409
辽宁	26219249	21949082	5045951	4270167	2722854
吉林	7773785	6160075	835775	1613709	833153
黑龙江	3290054	2677896	519730	612158	404194
上海	20478476	17970587	3010307	2507890	1076154
江苏	66751930	54241954	13674159	12509977	6628112
浙江	55657862	45094213	12166557	10563650	5894982
安徽	12998234	10324444	1659355	2673790	1647987
福建	15509302	12388614	2357112	3120689	1998134
江西	6203472	4550892	1257528	1652580	994086
山东	22108149	17223125	3986288	4885023	3188327
河南	10449615	7707466	1593387	2742149	1749503
湖北	12246360	9546301	2185793	2700059	1899531
湖南	9120925	6145579	1469973	2975347	1114324
广东	22112640	18788794	3790222	3323846	1461669
广西	4043074	3098402	504843	944671	495469
海南	326442	284221	39929	42221	19375
重庆	14218055	11946376	2761971	2271679	1164073
四川	16104250	12912816	3191304	3191433	1624353
贵州	1587007	1286402	199454	300606	185328
云南	10767787	8518572	1338812	2249214	1504819
西藏	477630	342271	32940	135358	87518
陕西	9667734	5540855	935723	4126879	1175013
甘肃	2708934	1973578	404096	735356	528972
青海	1183474	902183	175405	281291	147010
宁夏	3796442	3289289	779239	507153	299424
新疆	4333217	3647003	300455	686214	370424

2-41 各地区私营建筑业企业固定资产情况

单位：万元

地 区	固定资产合计	固定资产原价	固定资产折旧	#本年折旧	在建工程
全国总计	**44017253**	**56820483**	**22170945**	**3445824**	**5183180**
北 京	580323	896037	441251	60414	108722
天 津	1198228	1145643	453880	88424	476335
河 北	956867	1118267	435420	77067	117749
山 西	1250640	1766383	703338	102047	122915
内蒙古	816409	1104419	362541	49372	41564
辽 宁	2722854	4377144	2007626	284103	161251
吉 林	833153	1029924	365641	45574	84224
黑龙江	404194	523456	207228	30208	51953
上 海	1076154	1753940	856899	102479	132582
江 苏	6628112	8423718	3287407	535781	793727
浙 江	5894982	8752035	3561812	549149	360654
安 徽	1647987	1973862	646863	106604	201490
福 建	1998134	2810248	1003051	167756	78225
江 西	994086	1119813	357251	71862	119470
山 东	3188327	4048734	1482168	234638	229424
河 南	1749503	1899056	626729	86646	189046
湖 北	1899531	2244304	764616	124665	194403
湖 南	1114324	1384353	549591	84910	179463
广 东	1461669	1842599	800626	105564	207751
广 西	495469	577324	209920	30639	101425
海 南	19375	28272	13768	1531	1346
重 庆	1164073	1354805	512565	97362	182799
四 川	1624353	1829174	759575	111321	358182
贵 州	185328	115711	35587	7833	85325
云 南	1504819	1781627	688476	119917	257224
西 藏	87518	104443	30928	4627	1734
陕 西	1175013	1257907	395920	71909	162749
甘 肃	528972	530565	158568	23144	88690
青 海	147010	179964	74430	10485	10071
宁 夏	299424	338550	142286	20357	34910
新 疆	370424	508207	234988	39439	47781

2-42 各地区私营建筑业企业负债及所有者权益

单位：万元

地 区	负债合计	#流动负债	#应付账款	所有者权益	#实收资本
全国总计	**214440197**	**191593471**	**54232975**	**189597223**	**108240918**
北 京	6227850	5999510	2369743	3528903	2721201
天 津	5157446	4286194	1342393	2959366	1727449
河 北	4898714	4404923	1206623	3549989	2008816
山 西	4553249	4168569	1680681	4670397	3188322
内蒙古	4878281	3962968	1077524	2673364	1125031
辽 宁	12033888	10376445	2626774	14172519	10216744
吉 林	4280043	3687206	1304743	3493741	1965956
黑龙江	1802830	1721987	411829	1487224	1116887
上 海	13468073	11763679	3926304	6999500	4231921
江 苏	36505731	34172236	11271663	30240316	14308628
浙 江	29115668	27776402	6508986	26542195	14763429
安 徽	6542306	5490006	1304916	6439831	3677891
福 建	6628018	6253583	1361779	8881284	6127827
江 西	2181959	1841505	383759	4021514	2223847
山 东	11863394	11104685	2998671	10244705	5423205
河 南	4176967	3520635	978814	6272657	3692054
湖 北	5642057	4457740	1232537	6605180	3487535
湖 南	3754968	3196242	887524	5365958	2378602
广 东	13919141	11139332	3294436	9044208	4936236
广 西	2009471	1809207	495066	2033603	1366408
海 南	160731	146417	28851	165711	105195
重 庆	8552348	7169129	1780468	5665707	3003686
四 川	8573698	7432514	1528801	7530551	4642244
贵 州	901329	787603	215072	685678	455271
云 南	6014079	5485450	907920	4753707	2581255
西 藏	171626	123649	17363	306004	224326
陕 西	3433789	2953096	908140	6233946	3051508
甘 肃	1249128	1039339	270191	1459806	1004594
青 海	537713	475283	256401	645760	476364
宁 夏	2443967	2215925	669200	1352420	821140
新 疆	2761736	2632010	985804	1571481	1187347

2-43　各地区私营建筑业企业实收资本

单位：万元

地　区	合计	国家资本	集体资本	法人资本	个人资本	港澳台资本	外商资本
全国总计	**108240918**	**382820**	**1431077**	**27892798**	**78448207**	**46117**	**39899**
北　京	2721201	271	775	660132	2060024		
天　津	1727449	200	9883	414024	1303342		
河　北	2008816	3645	25558	502862	1476751		
山　西	3188322	48864	50609	1012252	2075798	800	
内蒙古	1125031	346	13016	203313	908356		
辽　宁	10216744	5710	58879	1461437	8687418	1300	2000
吉　林	1965956	7310	31564	633862	1293140	40	40
黑龙江	1116887	3703	23522	310492	779171		
上　海	4231921	8554	46866	1346111	2821364	5135	3891
江　苏	14308628	48155	147097	4114741	9975043	23045	546
浙　江	14763429	31608	60813	3029723	11638485	2799	
安　徽	3677891	9363	70666	796957	2800905		
福　建	6127827	4264	39270	1210017	4870519	3758	
江　西	2223847	10822	50237	575849	1586729	110	100
山　东	5423205	45480	123863	1709217	3544044	602	
河　南	3692054	27564	67591	991845	2605055		
湖　北	3487535	9009	57077	1040924	2380525	1	
湖　南	2378602	14063	58247	667276	1638266	750	
广　东	4936236	8009	102385	1788001	3006838	501	30501
广　西	1366408	18682	36713	457017	852997	1000	
海　南	105195		1658	29378	74159		
重　庆	3003686	12292	79229	675285	2235106	887	887
四　川	4642244	16904	94919	1149546	3380579	147	150
贵　州	455271	6441	41081	171603	236147		
云　南	2581255	14424	57188	861099	1643984	3679	880
西　藏	224326	200	360	141150	82616		
陕　西	3051508	12011	25607	896983	2116307		600
甘　肃	1004594	957	18807	430423	554406		
青　海	476364		19936	161382	295046		
宁　夏	821140		6303	123850	690987		
新　疆	1187347	13971	11358	326048	834104	1563	303

2-44 各地区私营建筑业企业收入情况

单位：万元

地　区	主营业务收入	#主营业务成本	#主营业务税金及附加	其他业务收入	#其他业务成本	#其他业务利润
全国总计	**482057017**	**417606222**	**17072763**	**8048067**	**8653635**	**410343**
北　京	7948295	6825376	236313	90161	50717	39872
天　津	5926693	5232741	162956	86401	108132	4665
河　北	7481115	6279291	248457	188222	411867	3772
山　西	7740463	6762442	256777	186225	205493	4902
内蒙古	2883020	2332039	101331	28127	88263	2973
辽　宁	21159423	17900051	705200	3804775	922215	15662
吉　林	7265447	6088407	233433	264654	407322	6343
黑龙江	2200452	1840653	89742	38567	45181	7464
上　海	18671494	16804234	550571	167030	139232	20930
江　苏	79685804	68904459	2808167	352979	635466	61579
浙　江	95945682	86632527	3374271	224862	238645	47108
安　徽	17469355	14947007	629491	209459	678902	8874
福　建	30077737	26690415	1172092	47022	76356	8749
江　西	11750965	9972815	470762	98598	307404	7303
山　东	21577005	18160937	748007	279579	510480	19599
河　南	14590148	12220727	513435	263305	452194	17362
湖　北	21255806	18035787	793370	152232	408591	33589
湖　南	13693348	11591153	582673	55765	270428	7893
广　东	19049382	16438510	599348	112549	112973	22923
广　西	5760566	4958226	229651	188404	317198	4125
海　南	285021	252913	10496			
重　庆	20350729	16822091	779960	434418	822884	8460
四　川	19417625	16432567	701596	405833	706311	23142
贵　州	1362381	1155817	56967	16550	42697	1166
云　南	9134564	7519657	338359	137796	249933	13953
西　藏	334904	268043	12577	2396	2526	265
陕　西	6784053	5705874	231212	17132	198057	2406
甘　肃	2492519	2092269	91501	54598	57682	4617
青　海	968627	831511	31025	11628	47734	303
宁　夏	3132651	2790032	95355	38646	35956	7721
新　疆	5661743	5117651	217669	90154	102798	2625

2-45 各地区私营建筑业企业费用情况

单位：万元

地区	管理费用	#税金	销售费用	财务费用	#利息收入	#利息支出
全国总计	**15799064**	**936167**	**2740705**	**3905445**	**268591**	**2843696**
北京	554233	8381	192547	32191	12051	35989
天津	254651	13448	34185	32462	6724	35994
河北	368271	11572	25665	74339	1318	42099
山西	323483	12949	66412	62686	2101	36645
内蒙古	132898	9128	4945	69420	882	57337
辽宁	955990	55179	87539	149910	7052	62362
吉林	260335	19425	24196	68810	5357	50064
黑龙江	119548	11644	13243	11361	185	8465
上海	771599	18104	87020	113062	9798	80815
江苏	2570248	124646	422908	801261	83804	608259
浙江	2017256	110230	275252	665815	42075	577265
安徽	531959	29293	116740	133252	4103	80514
福建	822161	71903	96148	98855	5022	60338
江西	292632	33880	114140	59971	2827	40054
山东	727308	52455	124762	236470	10725	162339
河南	460246	31899	98560	102366	9910	79120
湖北	592200	54920	171911	163326	2530	101425
湖南	444228	45356	118503	82828	3505	49363
广东	830699	31827	111368	218984	13493	165473
广西	201880	23103	16178	26546	1768	19685
海南	6798	203	41	912	79	846
重庆	743380	55313	142186	194676	12308	122553
四川	709543	42581	182326	235323	12882	147925
贵州	47587	2947	7263	8200	302	6132
云南	397859	23060	116789	121910	4592	108944
西藏	16741	840	2406	1559	18	1212
陕西	257408	18299	39172	40750	9860	31879
甘肃	97686	9602	24859	27987	939	18205
青海	35803	2283	2897	5383	21	3763
宁夏	78149	4315	6455	34991	808	24061
新疆	176287	7385	14091	29840	1553	24573

2-46 各地区私营建筑业企业利润及税金情况

单位：万元

地区	利润总额	#应交所得税	税金总额	主营业务税金及附加	管理费用中的税金
全国总计	**21020891**	**5293861**	**18008930**	**17072763**	**936167**
北京	161309	43233	244693	236313	8381
天津	218080	94933	176404	162956	13448
河北	390583	95818	260029	248457	11572
山西	252002	62922	269726	256777	12949
内蒙古	163601	46355	110459	101331	9128
辽宁	900525	273540	760379	705200	55179
吉林	404163	109363	252858	233433	19425
黑龙江	116282	29145	101386	89742	11644
上海	333175	93278	568675	550571	18104
江苏	3891418	886135	2932813	2808167	124646
浙江	2955741	787095	3484501	3374271	110230
安徽	781052	180545	658784	629491	29293
福建	1163940	389115	1243995	1172092	71903
江西	626482	157573	504641	470762	33880
山东	1318931	274810	800462	748007	52455
河南	886442	209078	545334	513435	31899
湖北	1205062	335014	848290	793370	54920
湖南	647020	137445	628030	582673	45356
广东	826320	226642	631175	599348	31827
广西	203996	79505	252754	229651	23103
海南	13809	7757	10699	10496	203
重庆	1356799	255992	835272	779960	55313
四川	836410	218636	744176	701596	42581
贵州	56691	16764	59913	56967	2947
云南	547444	109066	361419	338359	23060
西藏	37140	4818	13417	12577	840
陕西	317573	51260	249511	231212	18299
甘肃	154177	29559	101102	91501	9602
青海	22847	4632	33308	31025	2283
宁夏	123222	44536	99670	95355	4315
新疆	108657	39298	225054	217669	7385

2-47 各地区私营建筑业企业应收工程款及企业亏损情况

地 区	应收工程款(万元)	企业个数(个)	#亏损企业个数	亏损企业的比重(%)
全国总计	**97061179**	**42932**	**6597**	**15.4**
北 京	1910917	1539	358	23.3
天 津	2261135	838	173	20.6
河 北	1881368	838	92	11.0
山 西	2723709	1674	379	22.6
内蒙古	1848075	351	76	21.7
辽 宁	7289695	3213	593	18.5
吉 林	2701699	1007	135	13.4
黑龙江	759863	603	146	24.2
上 海	3937858	2004	442	22.1
江 苏	20680576	5662	333	5.9
浙 江	11104916	4681	606	12.9
安 徽	3340247	1597	161	10.1
福 建	2988986	1966	274	13.9
江 西	1103418	693	50	7.2
山 东	5828756	2892	379	13.1
河 南	2246110	1662	178	10.7
湖 北	3065739	1403	190	13.5
湖 南	1754631	641	83	12.9
广 东	4532691	1729	322	18.6
广 西	660701	507	110	21.7
海 南	57571	33	9	27.3
重 庆	3482415	1392	236	17.0
四 川	3254378	1728	281	16.3
贵 州	387842	260	77	29.6
云 南	1917235	1450	293	20.2
西 藏	143469	98	9	9.2
陕 西	1526471	867	197	22.7
甘 肃	752788	495	78	15.8
青 海	247127	185	61	33.0
宁 夏	1262589	345	95	27.5
新 疆	1408205	579	181	31.3

2-48 各地区私营建筑业企业主要经济效益指标

地 区	产值利润率(%)	产值利税率(%)	资本利润率(%)	资本利税率(%)	人均利润(元/人)	人均利税(元/人)	资产负债率(%)
全国总计	**3.8**	**7.0**	**19.4**	**36.1**	**10123**	**18795**	**53.2**
北 京	2.7	6.8	5.9	14.9	9031	22730	63.8
天 津	2.6	4.8	12.6	22.8	15639	28290	63.5
河 北	4.7	7.9	19.4	32.4	12587	20967	58.0
山 西	3.1	6.5	7.9	16.4	6841	14163	49.4
内蒙古	5.4	9.0	14.5	24.4	14223	23826	64.6
辽 宁	4.8	8.8	8.8	16.3	14322	26416	45.9
吉 林	4.9	8.0	20.6	33.4	11987	19486	55.1
黑龙江	4.5	8.3	10.4	19.5	10288	19258	54.8
上 海	2.1	5.7	7.9	21.3	6474	17523	65.8
江 苏	4.1	7.1	27.2	47.7	10189	17868	54.7
浙 江	2.3	5.1	20.0	43.6	6688	14572	52.3
安 徽	3.6	6.7	21.2	39.1	10054	18533	50.3
福 建	3.4	7.0	19.0	39.3	8161	16883	42.7
江 西	4.6	8.4	28.2	50.9	9525	17198	35.2
山 东	5.4	8.7	24.3	39.1	13373	21489	53.7
河 南	5.7	9.2	24.0	38.8	14536	23479	40.0
湖 北	5.4	9.1	34.6	58.9	18115	30866	46.1
湖 南	4.9	9.7	27.2	53.6	13354	26317	41.2
广 东	4.8	8.4	16.7	29.5	14354	25318	62.9
广 西	2.7	6.0	14.9	33.4	7533	16866	49.7
海 南	4.8	8.6	13.1	23.3	20385	36179	49.2
重 庆	5.5	8.9	45.2	73.0	14376	23227	60.2
四 川	3.3	6.2	18.0	34.0	8133	15369	53.2
贵 州	3.4	7.0	12.5	25.6	9081	18679	56.8
云 南	4.7	7.7	21.2	35.2	10488	17412	55.9
西 藏	10.0	13.6	16.6	22.5	21841	29730	35.9
陕 西	3.8	6.8	10.4	18.6	9778	17460	35.5
甘 肃	5.8	9.5	15.3	25.4	11731	19424	46.1
青 海	2.8	6.9	4.8	11.8	5837	14346	45.4
宁 夏	4.9	8.9	15.0	27.1	12723	23013	64.4
新 疆	2.1	6.4	9.2	28.1	5542	17021	63.7

2-49 各地区联营建筑业企业签订合同情况

单位：万元

地 区	签订合同额	上年结转合同额	本年新签合同额
全国总计	**3390380**	**2046917**	**1343463**
北 京	69		69
天 津			
河 北	410770	25126	385644
山 西			
内蒙古			
辽 宁	34839		34839
吉 林			
黑龙江	685		685
上 海	56608	11161	45447
江 苏	2674594	1917102	757493
浙 江	5593	3225	2368
安 徽	49009	32466	16544
福 建			
江 西			
山 东	18769	4314	14455
河 南	10228	1920	8308
湖 北	275	130	145
湖 南	19735	4824	14911
广 东	61194	30254	30940
广 西			
海 南	527		527
重 庆	8500	5000	3500
四 川	17495	1555	15940
贵 州	340	40	300
云 南	11257	2719	8538
西 藏			
陕 西	9894	7082	2812
甘 肃			
青 海			
宁 夏			
新 疆			

2-50 各地区联营建筑业企业承包工程完成情况

单位：万元

地　区	直接从建设单位承揽工程完成的产值	自行完成施工产值	分包出去工程的产值	从建设单位以外承揽工程完成的产值
全国总计	**1252868**	**1251868**	**1000**	**2548**
北　京	69	69		
天　津				
河　北	410000	410000		
山　西				
内蒙古				
辽　宁	34839	34839		
吉　林				
黑龙江	685	685		
上　海	40648	40648		303
江　苏	625123	625123		
浙　江	4377	4377		
安　徽	19909	19909		
福　建				
江　西				
山　东	17896	17896		
河　南	10228	10228		
湖　北	2830	2830		65
湖　南	14863	14863		2180
广　东	37710	37710		
广　西				
海　南	527	527		
重　庆	1655	1655		
四　川	15847	15847		
贵　州	300	300		
云　南	10162	10162		
西　藏				
陕　西	5200	4200	1000	
甘　肃				
青　海				
宁　夏				
新　疆				

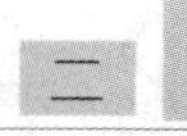

2-51 各地区联营建筑业总产值和竣工产值

单位：万元

地区	建筑业总产值	#装饰装修产值	#在外省完成的产值	按构成分组			竣工产值
				建筑工程产值	安装工程产值	其他产值	
全国总计	**1254416**	**152871**	**305880**	**1140822**	**34655**	**78939**	**934238**
北京	69	69		69			69
天津							
河北	410000	99676	1408	349165	17278	43557	359133
山西							
内蒙古							
辽宁	34839			3080	10655	21104	25839
吉林							
黑龙江	685			685			540
上海	40951	40496	100	40951			41313
江苏	625123	985	302938	620995		4129	424406
浙江	4377			4377			130
安徽	19909			17532	1033	1345	11968
福建							
江西							
山东	17896	9441	1434	17896			17301
河南	10228			5503		4725	443
湖北	2895			2895			
湖南	17043			16903		140	11298
广东	37710			34298		3412	18757
广西							
海南	527					527	527
重庆	1655			1655			
四川	15847	2047		15847			9940
贵州	300			300			700
云南	10162	156		4472	5690		10674
西藏							
陕西	4200			4200			1200
甘肃							
青海							
宁夏							
新疆							

2-52 各地区联营建筑业企业房屋建筑面积

地　　区	房屋建筑施工面积(万平方米)	#本年新开工	#实行投标承包面积	房屋建筑竣工面积(万平方米)	房屋建筑面积竣工率(%)
全国总计	**427.2**	**324.0**	**406.3**	**292.8**	**68.5**
北　京					
天　津					
河　北	357.5	296.3	357.5	265.2	74.2
山　西					
内蒙古					
辽　宁					
吉　林					
黑龙江	0.2			0.2	100.0
上　海					
江　苏					
浙　江	7.4			0.2	2.8
安　徽	12.0	0.2	12.0	2.6	22.0
福　建					
江　西					
山　东	8.1	8.1	8.1	8.0	98.8
河　南	0.4	0.4		0.2	52.6
湖　北					
湖　南	4.7	3.4	4.7	2.7	57.4
广　东	19.0	0.7	19.0	2.5	13.2
广　西					
海　南					
重　庆					
四　川	11.6	9.5		8.5	
贵　州	1.4	0.7	0.7	0.7	51.4
云　南	2.4	2.3	1.9	1.9	77.6
西　藏					
陕　西	2.3	2.3	2.3		
甘　肃					
青　海					
宁　夏					
新　疆					

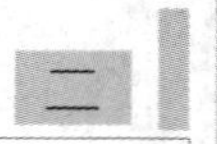

2-53 各地区按主要用途分的联营建筑业企业房屋建筑竣工面积

单位：万平方米

地区	总计	住宅房屋	商业及服务用房屋	商厦房屋(批发和零售用房)	宾馆用房屋(住宿用房)	餐饮用房屋(餐饮用房)
全国总计	**292.8**	**166.3**	**26.3**			
北京						
天津						
河北	265.2	150.9	26.1			
山西						
内蒙古						
辽宁						
吉林						
黑龙江	0.2					
上海						
江苏						
浙江	0.2					
安徽	2.6					
福建						
江西						
山东	8.0	3.0				
河南	0.2	0.2				
湖北						
湖南	2.7	2.2				
广东	2.5		0.1			
广西						
海南						
重庆						
四川	8.5	8.5				
贵州	0.7	0.7				
云南	1.9	0.6				
西藏						
陕西						
甘肃						
青海						
宁夏						
新疆						

2-53 续表 1 单位：万平方米

地　区	商务会展用房屋	其他商业及服务用房屋(居民服务业用房)	办公用房屋	科研、教育和医疗用房屋	科学研究用房屋	教育用房屋
全国总计		**26.2**	**35.3**	**7.9**	**6.7**	**1.2**
北　京						
天　津						
河　北		26.1	32.9	6.7	6.7	
山　西						
内蒙古						
辽　宁						
吉　林						
黑龙江						
上　海						
江　苏						
浙　江				0.1		0.1
安　徽			0.2			
福　建						
江　西						
山　东			0.5			
河　南						
湖　北						
湖　南			0.5			
广　东		0.1	1.2	1.1		1.1
广　西						
海　南						
重　庆						
四　川						
贵　州						
云　南						
西　藏						
陕　西						
甘　肃						
青　海						
宁　夏						
新　疆						

2-53 续表 2 单位：万平方米

地　区	医疗用房屋(卫生医疗用房)	文化、体育和娱乐用房屋	厂房及建筑物	#厂房	仓　库	其他未列明的房屋建筑物
全国总计		**0.3**	**28.7**	**24.1**		**28.0**
北　京						
天　津						
河　北		0.3	21.6	21.6		26.6
山　西						
内蒙古						
辽　宁						
吉　林						
黑龙江			0.2	0.2		
上　海						
江　苏						
浙　江						0.1
安　徽			2.4	2.4		
福　建						
江　西						
山　东			4.5			
河　南						
湖　北						
湖　南						
广　东						
广　西						
海　南						
重　庆						
四　川						
贵　州						
云　南						1.3
西　藏						
陕　西						
甘　肃						
青　海						
宁　夏						
新　疆						

2-54 各地区按主要用途分的联营建筑业企业房屋建筑竣工价值

单位：万元

地 区	总计	住宅房屋	商业及服务用房屋	商厦房屋(批发和零售用房)	宾馆用房屋(住宿用房)	餐饮用房屋(餐饮用房)
全国总计	**389966**	**222142**	**28472**			
北 京						
天 津						
河 北	359133	205234	28305			
山 西						
内蒙古						
辽 宁						
吉 林						
黑龙江	540					
上 海						
江 苏						
浙 江	127		13			
安 徽	1771					
福 建						
江 西						
山 东	7860	3000				
河 南	443	443				
湖 北						
湖 南	4063	3256				
广 东	3948		154			
广 西						
海 南						
重 庆						
四 川	8600	8600				
贵 州	700	700				
云 南	2782	910				
西 藏						
陕 西						
甘 肃						
青 海						
宁 夏						
新 疆						

2-54 续表 1

单位：万元

地　区	商务会展用房屋	其他商业及服务用房屋(居民服务业用房)	办公用房　屋	科研、教育和医疗用房屋	科学研究用房屋	教育用房　屋
全国总计	**13**	**28459**	**44157**	**9826**	**8591**	**1235**
北　京						
天　津						
河　北		28305	39952	8591	8591	
山　西						
内蒙古						
辽　宁						
吉　林						
黑龙江						
上　海						
江　苏						
浙　江	13			38		38
安　徽			200			
福　建						
江　西						
山　东			600			
河　南						
湖　北						
湖　南			807			
广　东		154	2597	1197		1197
广　西						
海　南						
重　庆						
四　川						
贵　州						
云　南						
西　藏						
陕　西						
甘　肃						
青　海						
宁　夏						
新　疆						

2-54 续表 2

单位：万元

地　区	医疗用房屋(卫生医疗用房)	文化、体育和娱乐用房屋	厂房及建筑物	#厂房	仓　库	其他未列明的房屋建筑物
全国总计		**773**	**39009**	**34679**		**45589**
北　京						
天　津						
河　北		773	32638	32638		43640
山　西						
内蒙古						
辽　宁						
吉　林						
黑龙江			540	540		
上　海						
江　苏						
浙　江						77
安　徽			1571	1501		
福　建						
江　西						
山　东			4260			
河　南						
湖　北						
湖　南						
广　东						
广　西						
海　南						
重　庆						
四　川						
贵　州						
云　南						1872
西　藏						
陕　西						
甘　肃						
青　海						
宁　夏						
新　疆						

2-55 各地区联营建筑业企业主要生产效益指标

地区	建筑业企业个数（个）	从事建筑业活动的平均人数（人）	按总产值计算的劳动生产率（元/人）	人均竣工产值（元/人）	人均施工面积（平方米/人）	人均竣工面积（平方米/人）
全国总计	**35**	**39460**	**317896**	**236756**	**108.3**	**74.2**
北京	1	25	27640	27640		
天津						
河北	1	24258	169016	148047	147.4	109.3
山西						
内蒙古						
辽宁	2	1606	216931	160891		
吉林						
黑龙江	1	24	285417	225000	83.3	83.3
上海	3	1543	265399	267743		
江苏	4	1637	3818713	2592582		
浙江	2	153	286046	8523	486.1	13.4
安徽	2	1174	169586	101943	102.0	22.4
福建						
江西						
山东	2	1110	161226	155866	73.0	72.1
河南	1	1834	55766	2413	2.4	1.3
湖北	1	84	344643			
湖南	2	2370	71911	47671	19.9	11.4
广东	3	2071	182084	90572	91.8	12.1
广西						
海南	1	37	142459			
重庆	1	252				
四川	2	545	290772	182380	212.8	156.0
贵州	1	23	130435	304348	626.1	321.7
云南	4	603	168524	177012	39.9	31.0
西藏						
陕西	1	111	378378		209.9	
甘肃						
青海						
宁夏						
新疆						

2-56 各地区联营建筑业企业资产构成

单位：万元

地 区	资产合计	#流动资产合计	#存货	#非流动资产合计	#固定资产合计
全国总计	**899000**	**755300**	**102364**	**143701**	**62717**
北 京	787	785	56	2	2
天 津					
河 北	30473	27306	5327	3168	3168
山 西					
内蒙古					
辽 宁	31461	22950	2597	8511	8254
吉 林					
黑龙江	2167	2015	834	152	113
上 海	755	604	82	151	151
江 苏	712281	611132	71748	101149	24359
浙 江	2211	1614	647	598	521
安 徽	29462	24410	6302	5052	5051
福 建					
江 西					
山 东	9529	6398	2878	3131	2391
河 南	2507	1700	510	807	807
湖 北					
湖 南	26113	21259	7211	4853	2628
广 东	10901	6982	157	3919	3540
广 西					
海 南	2879	2694	818	185	102
重 庆	6756	1954	671	4801	4801
四 川	7549	6341	1175	1208	1208
贵 州	1222	822	231	400	130
云 南	12499	8067	574	4432	4308
西 藏					
陕 西	9450	8267	548	1184	1184
甘 肃					
青 海					
宁 夏					
新 疆					

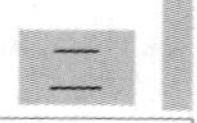

2-57 各地区联营建筑业企业固定资产情况

单位：万元

地 区	固定资产合计	固定资产原价	固定资产折旧	#本年折旧	在建工程
全国总计	**62717**	**113131**	**55387**	**5190**	**2993**
北 京	2	37	36		
天 津					
河 北	3168	5304	2136	220	
山 西					
内蒙古					
辽 宁	8254	25801	17788	1187	
吉 林					
黑龙江	113	212	99	6	
上 海	151	227	77	2	
江 苏	24359	44989	22989	2450	2290
浙 江	521	919	557	25	96
安 徽	5051	10337	5286	548	
福 建					
江 西					
山 东	2391	2117	85	28	65
河 南	807	1125	480	23	
湖 北					
湖 南	2628	2653	782	126	
广 东	3540	5363	1822	29	
广 西					
海 南	102	294	255	76	
重 庆	4801	4919	118	9	
四 川	1208	1673	466	67	
贵 州	130	130			
云 南	4308	5873	1572	46	
西 藏					
陕 西	1184	1157	839	349	543
甘 肃					
青 海					
宁 夏					
新 疆					

2-58 各地区联营建筑业企业负债及所有者权益

单位：万元

地 区	负债合计	#流动负债	#应付账款	所有者权益	#实收资本
全国总计	**744937**	**738762**	**234974**	**154064**	**84072**
北 京	304	304	6	483	500
天 津					
河 北	22839	22839		7634	5100
山 西					
内蒙古					
辽 宁	10606	11556	4193	20855	4350
吉 林					
黑龙江	2208	2208	67	-41	464
上 海	418	418	137	338	300
江 苏	660750	656674	218639	51531	36463
浙 江	1100	1003	277	1112	664
安 徽	12993	12699	1132	16469	2262
福 建					
江 西					
山 东	3821	3624	826	5708	3500
河 南	271	270	32	2235	2000
湖 北					
湖 南	4516	3715	2068	21597	6311
广 东	7686	7686	2728	3215	3290
广 西					
海 南	1328	1328		1550	1028
重 庆	1896	1896	793	4860	4860
四 川	2950	2950	353	4599	2200
贵 州	922			300	78
云 南	6691	6492	1549	5808	4891
西 藏					
陕 西	3638	3100	2175	5812	5812
甘 肃					
青 海					
宁 夏					
新 疆					

2-59 各地区联营建筑业企业实收资本

单位：万元

地区	合计	国家资本	集体资本	法人资本	个人资本	港澳台资本	外商资本
全国总计	**84072**	**47328**	**15521**	**15178**	**6045**		
北京	500				500		
天津							
河北	5100	5100					
山西							
内蒙古							
辽宁	4350	751	3599				
吉林							
黑龙江	464			464			
上海	300	174	126				
江苏	36463	35380	1083				
浙江	664		285	379			
安徽	2262	2158	105				
福建							
江西							
山东	3500		1100		2400		
河南	2000			2000			
湖北							
湖南	6311	2000		4311			
广东	3290	420	502	2188	180		
广西							
海南	1028		600	428			
重庆	4860			4860			
四川	2200	146		46	2008		
贵州	78		78				
云南	4891	1200	2231	503	957		
西藏							
陕西	5812		5812				
甘肃							
青海							
宁夏							
新疆							

2-60 各地区联营建筑业企业收入情况

单位：万元

地　　区	主营业务收　　入	#主营业务成　　本	#主营业务税金及附加	其他业务收　　入	#其他业务成　　本	#其他业务利　　润
全国总计	**960382**	**861168**	**40439**	**2375**	**1050**	**468**
北　京	69	32	2			
天　津						
河　北	410000	369000	22099			
山　西						
内蒙古						
辽　宁	35120	32578	800	419		350
吉　林						
黑龙江	685	641	22			
上　海	346	328	5	175	126	43
江　苏	385883	351726	12349	10	2	8
浙　江	3939	3314	182			
安　徽	19329	16235	665	103	64	39
福　建						
江　西						
山　东	17301	14448	589	73	70	
河　南	2235	1898	88			
湖　北						
湖　南	30080	24537	1379			
广　东	27645	22191	1336	66	8	
广　西						
海　南				1168	449	
重　庆	1655	1472	56			
四　川	9900	8659	318	32		32
贵　州	130	110	4			
云　南	10190	8513	339	328	332	-4
西　藏						
陕　西	5874	5485	205			
甘　肃						
青　海						
宁　夏						
新　疆						

2-61 各地区联营建筑业企业费用情况

单位：万元

地区	管理费用	#税金	销售费用	财务费用	#利息收入	#利息支出
全国总计	**26535**	**683**	**3055**	**6432**	**140**	**811**
北京	36					
天津						
河北	2368	8		263	90	353
山西						
内蒙古						
辽宁	2773	123		-356	18	
吉林						
黑龙江	36	2				
上海	45		5			
江苏	13313	315	249	6034	-3	
浙江	159	8	2	92	6	98
安徽	1036	54	681	11	11	21
福建						
江西						
山东	387	14	863	15		15
河南	8	2	9	5		5
湖北						
湖南	2793	4	729	206	16	220
广东	2542	55	41	158		96
广西						
海南	121	1				
重庆	124	2				
四川	391	7	380	1		
贵州	16	4				
云南	167	16	96	4	1	
西藏						
陕西	222	70		-1	1	2
甘肃						
青海						
宁夏						
新疆						

2-62 各地区联营建筑业企业利润及税金情况

单位：万元

地区	利润总额	#应交所得税	税金总额	主营业务税金及附加	管理费用中的税金
全国总计	**24826**	**1538**	**41122**	**40439**	**683**
北京	-1		2	2	
天津					
河北	16270	41	22107	22099	8
山西					
内蒙古					
辽宁	854	256	923	800	123
吉林					
黑龙江	-14	6	25	22	2
上海	5	1	5	5	
江苏	1932	402	12663	12349	315
浙江	183	52	190	182	8
安徽	724	218	719	665	54
福建					
江西					
山东	1002	251	602	589	14
河南	227	47	91	88	2
湖北					
湖南	438	77	1383	1379	4
广东	1435	77	1391	1336	55
广西					
海南	563	26	1		1
重庆	4	1	57	56	2
四川	185	47	325	318	7
贵州			9	4	4
云南	1047	12	355	339	16
西藏					
陕西	-27	25	275	205	70
甘肃					
青海					
宁夏					
新疆					

2-63 各地区联营建筑业企业应收工程款及企业亏损情况

地　区	应收工程款(万元)	企业个数(个)	#亏损企业个数	亏损企业的比重(%)
全国总计	**171514**	**35**	**6**	**17.1**
北　京	625	1	1	100.0
天　津				
河　北		1		
山　西				
内蒙古				
辽　宁	1989	2		
吉　林				
黑龙江		1	1	100.0
上　海	102	3		
江　苏	143305	4		
浙　江	567	2	1	50.0
安　徽	3842	2		
福　建				
江　西				
山　东	1723	2		
河　南	50	1		
湖　北		1		
湖　南	10925	2		
广　东	253	3	1	33.3
广　西				
海　南	764	1		
重　庆	261	1		
四　川	567	2	1	50.0
贵　州	40	1		
云　南	6494	4		
西　藏				
陕　西	8	1	1	100.0
甘　肃				
青　海				
宁　夏				
新　疆				

2-64 各地区联营建筑业企业主要经济效益指标

地　区	产值利润率(%)	产值利税率(%)	资本利润率(%)	资本利税率(%)	人均利润(元/人)	人均利税(元/人)	资产负债率(%)
全国总计	**2.0**	**5.3**	**29.5**	**78.4**	**6291**	**16713**	**82.9**
北　京	-1.3	2.0	-0.2	0.3	-360	560	38.6
天　津							
河　北	4.0	9.4	319.0	752.5	6707	15820	74.9
山　西							
内蒙古							
辽　宁	2.5	5.1	19.6	40.9	5318	11067	33.7
吉　林							
黑龙江	-2.0	1.6	-3.0	2.3	-5708	4500	101.9
上　海			1.6	3.3	32	64	55.3
江　苏	0.3	2.3	5.3	40.0	11802	89159	92.8
浙　江	4.2	8.5	27.5	56.1	11941	24359	49.7
安　徽	3.6	7.2	32.0	63.8	6170	12290	44.1
福　建							
江　西							
山　东	5.6	9.0	28.6	45.8	9027	14453	40.1
河　南	2.2	3.1	11.4	15.9	1239	1733	10.8
湖　北							
湖　南	2.6	10.7	6.9	28.8	1846	7680	17.3
广　东	3.8	7.5	43.6	85.9	6930	13645	70.5
广　西							
海　南	106.8	107.0	54.7	54.9	152108	152432	46.1
重　庆							
四　川	1.2	3.2	8.4	23.2	3387	9352	39.1
贵　州		2.9		11.2		3826	75.5
云　南	10.3	13.8	21.4	28.7	17358	23244	53.5
西　藏							
陕　西	-0.6	5.9	-0.5	4.3	-2387	22351	38.5
甘　肃							
青　海							
宁　夏							
新　疆							

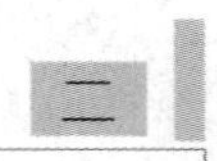

2-65 各地区股份制建筑业企业签订合同情况

单位：万元

地　　区	签订合同额	上年结转合同额	本年新签合同额
全国总计	**1912915628**	**905819243**	**1007096385**
北　京	170040724	95363899	74676826
天　津	65624660	33146524	32478136
河　北	64587708	28139128	36448580
山　西	43063551	23048285	20015265
内蒙古	10807666	4180328	6627338
辽　宁	53568079	27258711	26309368
吉　林	18642175	7420620	11221555
黑龙江	12330807	4251150	8079657
上　海	99989920	51929085	48060835
江　苏	215463156	101602726	113860430
浙　江	180957130	81756648	99200481
安　徽	51278943	24222925	27056018
福　建	67652049	30523906	37128143
江　西	46533593	20154956	26378637
山　东	86293399	33126391	53167007
河　南	102688234	44750394	57937840
湖　北	126411133	55013075	71398059
湖　南	82919235	41328898	41590337
广　东	102249253	53210308	49038945
广　西	15340604	6380194	8960411
海　南	3655845	1939801	1716044
重　庆	50506944	24632725	25874219
四　川	86940631	44714934	42225698
贵　州	21516009	10654978	10861031
云　南	26947348	13275417	13671931
西　藏	672605	254416	418188
陕　西	63205350	26002622	37202728
甘　肃	16835531	7029090	9806441
青　海	2101953	1213792	888161
宁　夏	1713967	721401	992565
新　疆	22377428	8571915	13805513

2-66 各地区股份制建筑业企业承包工程完成情况

单位：万元

地 区	直接从建设单位承揽工程完成的产值	自行完成施工产值	分包出去工程的产值	从建设单位以外承揽工程完成的产值
全国总计	**968463111**	**940120091**	**28343020**	**35967059**
北 京	61324869	53176483	8148386	7671370
天 津	29657216	28512970	1144246	994421
河 北	34749702	34573089	176613	748188
山 西	15835364	15829293	6072	38426
内蒙古	6884052	6878750	5302	28918
辽 宁	27137297	26850903	286394	323650
吉 林	11844683	11816399	28284	179831
黑龙江	8432345	8421222	11124	8565
上 海	32919922	26288542	6631380	3960562
江 苏	133131633	132607699	523934	7952817
浙 江	105419352	103719958	1699394	2379484
安 徽	24842652	24664846	177807	499818
福 建	34124350	34034350	90001	1003210
江 西	24488058	24313622	174436	468450
山 东	51836404	51170483	665921	563262
河 南	55622074	55462554	159520	687791
湖 北	65267789	64900391	367398	874209
湖 南	36895527	36805414	90113	372777
广 东	48463302	44763202	3700101	2073835
广 西	8647395	8485723	161672	169811
海 南	1578713	1539432	39281	42985
重 庆	30658921	29690386	968535	915526
四 川	42836227	42019688	816539	1813642
贵 州	7627641	7614484	13158	48188
云 南	13869967	13820399	49568	367376
西 藏	409728	390172	19556	20387
陕 西	27752721	25808713	1944008	1475470
甘 肃	10725843	10657260	68582	124700
青 海	993497	940475	53022	57783
宁 夏	1053018	1045543	7474	2282
新 疆	13432850	13317648	115202	99330

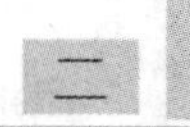

2-67 各地区股份制建筑业总产值和竣工产值

单位：万元

地区	建筑业总产值	#装饰装修产值	#在外省完成的产值	按构成分组 建筑工程产值	安装工程产值	其他产值	竣工产值
全国总计	**976087150**	**51579944**	**375948020**	**870846076**	**77498759**	**27742315**	**576377097**
北京	60847852	6672165	43672918	58131853	2198380	517620	28056053
天津	29507391	472780	13019106	25756203	2900134	851054	15016861
河北	35321277	1094103	12479606	29059770	3687356	2574151	19727058
山西	15867719	247199	8533330	14139695	1320721	407303	7520117
内蒙古	6907668	153108	245377	5508194	837522	561952	4720135
辽宁	27174552	1930535	5053965	22856255	3338210	980088	15305545
吉林	11996230	337038	1315926	10014138	1347102	634990	9325140
黑龙江	8429787	530213	1365681	7145309	967050	317428	5192318
上海	30249104	2238888	16450045	25944812	3834736	469557	18176994
江苏	140560516	7060731	75196676	132543554	7208998	807965	112904962
浙江	106099442	6998439	60664920	94197953	9783607	2117881	66439328
安徽	25164663	770849	6829465	22025285	1482456	1656922	12705956
福建	35037559	1297940	13308622	32151337	2493622	392600	21014325
江西	24782072	1561818	9180290	21463071	1573242	1745758	16254141
山东	51733745	2839575	10495295	44530616	6347405	855723	28068603
河南	56150345	1575547	14032591	50376864	4250009	1523473	30415205
湖北	65774599	2427341	24038831	57793128	6090970	1890501	32875877
湖南	37178191	1699154	13148752	32554135	1918710	2705346	23536232
广东	46837037	6957639	11802261	40871457	4294031	1671548	26119534
广西	8655534	354249	1622951	7638673	589013	427848	5278364
海南	1582418	105755	76337	1383314	166997	32107	1303209
重庆	30605912	1179919	5856121	27800342	1906738	898831	15478218
四川	43833330	1202438	9929281	38972492	3502527	1358312	22067745
贵州	7662671	159050	1942559	7052025	267767	342879	2773432
云南	14187775	246459	1646871	12818112	914417	455246	6889851
西藏	410558	1058	38668	351040	56454	3065	258321
陕西	27284183	959112	11142266	24189020	2258203	836960	12653091
甘肃	10781960	278972	1929729	9414016	875587	492357	5503797
青海	998258	25161	50855	849527	99340	49391	603931
宁夏	1047825	35420	77966	977518	68499	1808	948075
新疆	13416977	167293	800761	12336369	918957	161651	9244679

2-68 各地区股份制建筑业企业房屋建筑面积

地 区	房屋建筑施工面积（万平方米）	#本年新开工	#实行投标承包面积	房屋建筑竣工面积（万平方米）	房屋建筑面积竣工率（%）
全国总计	**697245.7**	**247018.6**	**566598.8**	**217859.8**	**31.2**
北 京	46407.1	9891.5	43160.1	7473.1	16.1
天 津	12080.2	3106.0	11334.3	2157.0	17.9
河 北	24886.2	8674.9	21227.0	7841.3	31.5
山 西	7051.0	1768.2	6286.8	1121.8	15.9
内蒙古	4478.3	2298.7	3582.6	2025.3	45.2
辽 宁	16844.2	5472.7	11787.5	4966.1	29.5
吉 林	6886.7	3779.3	5315.9	2877.3	41.8
黑龙江	2840.5	1849.3	2218.9	1546.3	54.4
上 海	27554.1	6503.0	25614.7	4843.3	17.6
江 苏	133532.9	44266.0	123188.4	42825.8	32.1
浙 江	97507.1	33704.5	82324.1	28733.7	29.5
安 徽	17527.6	6348.9	13425.2	5994.4	34.2
福 建	26444.2	7926.3	18860.8	6991.3	26.4
江 西	16072.1	7124.4	10819.1	7324.0	45.6
山 东	42061.4	15166.2	33358.5	12974.6	30.8
河 南	33738.4	16259.5	24817.4	12088.7	35.8
湖 北	41047.0	20447.4	26484.8	17085.6	41.6
湖 南	26935.6	10409.6	24123.9	9749.3	36.2
广 东	23832.4	7659.1	13119.7	7478.6	31.4
广 西	7732.8	2791.2	5913.2	2541.4	32.9
海 南	1458.0	302.4	1321.4	391.1	26.8
重 庆	18851.3	7036.8	13147.6	6712.7	35.6
四 川	23566.3	9610.6	15333.5	8936.7	37.9
贵 州	6077.4	2275.9	4101.9	1067.1	17.6
云 南	5073.2	2724.5	3474.2	2619.0	51.6
西 藏	104.7	65.2	63.8	40.7	38.9
陕 西	12399.1	3863.0	10831.3	3614.3	29.1
甘 肃	5945.5	2194.9	4076.9	2277.5	38.3
青 海	259.9	183.4	171.8	155.3	59.8
宁 夏	496.9	166.8	437.9	180.2	36.3
新 疆	7553.6	3148.0	6675.9	3226.4	42.7

2-69 各地区按主要用途分的股份制建筑业企业房屋建筑竣工面积

单位：万平方米

地区	总计	住宅房屋	商业及服务用房屋	商厦房屋(批发和零售用房)	宾馆用房屋(住宿用房)	餐饮用房屋(餐饮用房)
全国总计	**217859.8**	**149530.0**	**16185.6**	**7457.9**	**1999.1**	**538.1**
北京	7473.1	4919.2	986.1	712.8	60.9	3.1
天津	2157.0	1112.4	236.5	51.0	3.1	0.1
河北	7841.3	5841.8	326.9	175.4	28.0	11.8
山西	1121.8	761.2	61.8	30.0	20.0	
内蒙古	2025.3	1622.1	116.6	16.2	20.7	4.2
辽宁	4966.1	3566.8	378.9	113.5	5.8	5.3
吉林	2877.3	2093.4	198.0	91.3	32.1	1.5
黑龙江	1546.3	1180.1	97.7	28.0	8.3	6.6
上海	4843.3	2210.2	951.4	286.5	60.8	5.1
江苏	42825.8	32387.6	1728.0	769.1	288.1	113.9
浙江	28733.7	16979.3	2795.9	1396.6	383.8	151.2
安徽	5994.4	4065.0	347.3	131.1	65.3	3.1
福建	6991.3	4573.2	561.5	313.9	51.9	7.4
江西	7324.0	4714.2	633.4	308.8	53.9	60.8
山东	12974.6	9194.2	864.8	444.0	37.5	18.5
河南	12088.7	8517.4	761.1	241.4	131.9	33.9
湖北	17085.6	11179.4	1420.2	651.5	457.0	23.0
湖南	9749.3	6998.0	779.8	464.2	61.7	8.3
广东	7478.6	5009.9	511.1	289.4	35.7	4.3
广西	2541.4	1489.6	218.9	47.8	36.9	5.4
海南	391.1	273.0	36.9	15.5	2.4	6.9
重庆	6712.7	5153.1	425.5	189.1	12.9	21.1
四川	8936.7	6835.3	711.3	278.6	52.8	19.9
贵州	1067.1	672.4	82.8	8.6	2.8	0.6
云南	2619.0	1528.8	230.9	75.2	43.8	4.8
西藏	40.7	25.7	0.8			0.2
陕西	3614.3	2736.4	188.0	85.0	8.3	2.5
甘肃	2277.5	1588.5	182.0	83.8	7.7	6.5
青海	155.3	90.2	12.2	3.9	1.7	0.2
宁夏	180.2	128.1	18.2	10.9		0.2
新疆	3226.4	2083.4	321.1	144.9	23.1	7.7

2-69 续表 1　　　　单位：万平方米

地　区	商务会展用房屋	其他商业及服务用房屋(居民服务业用房)	办公用房屋	科研、教育和医疗用房屋	科学研究用房屋	教育用房屋
全国总计	**1177.4**	**5013.1**	**12216.6**	**8718.2**	**988.1**	**5643.2**
北　京	7.0	202.2	595.7	322.4	81.7	173.2
天　津	18.0	164.3	60.6	150.1	5.2	96.1
河　北	20.1	91.5	373.1	339.5	20.5	258.9
山　西	1.8	9.9	54.6	60.7	3.7	48.9
内蒙古	2.5	73.0	55.2	50.0	6.8	32.3
辽　宁	17.6	236.8	126.4	65.7	2.8	50.9
吉　林	11.0	62.0	96.5	85.6	15.6	54.0
黑龙江	0.5	54.3	24.2	41.9	4.5	27.5
上　海	334.3	264.8	481.2	184.9	43.1	112.8
江　苏	353.4	203.4	2088.9	1033.5	126.2	618.1
浙　江	156.8	707.6	2156.6	1028.8	204.0	602.9
安　徽	14.9	132.8	263.0	318.3	8.2	255.3
福　建	33.7	154.5	372.6	163.9	27.3	108.4
江　西	18.6	191.4	558.6	332.4	18.4	236.2
山　东	22.9	341.8	670.0	662.4	86.1	418.5
河　南	38.8	315.1	771.2	661.3	60.7	505.4
湖　北	17.5	271.1	976.0	960.6	100.8	420.0
湖　南	12.3	233.3	601.6	384.0	37.3	258.5
广　东	5.8	175.8	363.4	248.5	27.3	169.7
广　西	0.5	128.4	226.4	213.9	24.4	131.3
海　南		12.0	21.2	24.2	3.4	20.7
重　庆	28.5	173.9	198.6	193.0	4.2	140.0
四　川	11.3	348.7	228.7	230.4	19.1	162.1
贵　州	0.8	70.0	73.7	133.2	8.4	107.2
云　南	10.9	96.3	270.0	192.1	4.7	156.2
西　藏		0.6	1.5	3.9		3.9
陕　西	9.0	83.3	205.4	230.1	21.6	171.8
甘　肃	21.0	63.2	84.2	168.4	16.7	104.6
青　海		6.4	26.4	9.1		8.8
宁　夏		7.1	10.3	10.2		8.0
新　疆	7.9	137.6	180.5	215.4	5.4	180.9

2-69 续表 2

单位：万平方米

地　区	医疗用房屋(卫生医疗用房)	文化、体育和娱乐用房屋	厂房及建筑物	#厂房	仓　库	其他未列明的房屋建筑物
全国总计	**2086.9**	**2423.3**	**23123.4**	**15163.3**	**1341.9**	**4320.7**
北　京	67.5	82.8	366.1	307.2	45.0	155.9
天　津	48.7	9.1	503.4	384.1	11.7	73.1
河　北	60.2	58.3	693.9	430.5	37.0	170.9
山　西	8.2	14.3	91.3	71.5	1.8	76.2
内蒙古	10.9	6.0	67.4	21.8	1.7	106.3
辽　宁	12.0	14.2	638.9	361.3	50.3	124.9
吉　林	16.0	22.6	258.0	161.1	12.1	111.1
黑龙江	9.8	6.6	127.7	78.7	32.8	35.3
上　海	29.0	106.1	766.8	468.3	24.6	118.1
江　苏	289.1	562.4	4309.1	3244.0	294.4	422.1
浙　江	222.0	423.5	4627.4	3672.7	214.2	508.0
安　徽	54.9	40.0	815.6	413.2	43.7	101.5
福　建	28.1	46.5	1191.0	454.6	42.2	40.4
江　西	77.8	70.6	843.5	520.7	41.5	129.8
山　东	157.7	117.0	1136.3	735.4	95.1	234.9
河　南	95.2	75.5	960.7	509.9	93.1	248.4
湖　北	439.7	270.9	1702.4	991.3	47.2	528.9
湖　南	88.2	89.8	650.0	400.4	90.8	155.2
广　东	51.5	27.7	1104.9	713.9	28.6	184.4
广　西	58.2	129.5	159.9	72.0	17.5	85.6
海　南	0.1	11.7	14.8	14.1	0.4	8.8
重　庆	48.7	34.7	589.5	238.3	11.8	106.4
四　川	49.2	52.3	708.8	393.2	22.6	147.3
贵　州	17.6	9.3	45.0	14.7	0.6	50.2
云　南	31.3	34.9	245.9	179.6	4.9	111.4
西　藏		0.3	8.4			0.1
陕　西	36.7	35.5	149.7	115.4	29.9	39.2
甘　肃	47.2	17.1	187.8	73.4	10.1	39.2
青　海	0.2	1.7	6.0	4.2	0.3	9.4
宁　夏	2.2		5.7	4.9		7.7
新　疆	29.1	52.5	147.5	112.9	36.1	189.8

2-70 各地区按主要用途分的股份制建筑业企业房屋建筑竣工价值

单位：万元

地 区	总计	住宅房屋	商业及服务用房屋	商厦房屋(批发和零售用房)	宾馆用房屋(住宿用房)	餐饮用房屋(餐饮用房)
全国总计	**360789475**	**241069367**	**29772575**	**13596001**	**3916489**	**1001811**
北 京	17699813	10243169	2325678	1596660	199673	15480
天 津	4767466	2213817	552186	185450	9136	5
河 北	12393906	8597970	667168	357519	92389	14823
山 西	2065333	1209219	83425	33840	26830	49
内蒙古	2956648	2301806	180636	25198	33701	37873
辽 宁	7707140	5432759	497905	209470	9252	5634
吉 林	4102207	2928164	285262	82700	49776	2262
黑龙江	2448152	1836519	177449	48028	15288	11018
上 海	12125030	4641209	2986605	892032	214421	44665
江 苏	80317184	59862507	3270087	1574228	580237	232021
浙 江	47264308	28789650	4914238	2449399	728648	260423
安 徽	8232708	5707877	517275	192222	123766	11425
福 建	11909837	7978017	895737	486126	96126	16106
江 西	10017420	6408248	1064459	432403	74639	101554
山 东	18862518	12864534	1403289	624288	88943	31906
河 南	15568344	10845050	1093862	346690	182367	39435
湖 北	25378514	15768951	2493089	1249137	773740	33568
湖 南	15507678	10579160	1476585	850507	168397	14228
广 东	12245813	8430850	784741	340609	108644	12364
广 西	3599669	2087319	338429	55781	43062	8590
海 南	768863	564769	60388	23102	3290	11900
重 庆	10148596	7755045	676319	314264	28346	26677
四 川	13529695	10369323	1184733	490415	87452	25806
贵 州	1541370	1043311	105786	18184	29777	679
云 南	3715715	2336182	419576	160407	79698	6282
西 藏	100786	66590	2195			480
陕 西	6203630	4249489	344599	158885	13003	3939
甘 肃	4017825	2508396	381416	146400	15937	19527
青 海	260361	152051	18002	6248	2323	359
宁 夏	259908	168389	31660	17827		275
新 疆	5073042	3129026	539800	227982	37628	12460

2-70 续表 1

单位：万元

地区	商务会展用房屋	其他商业及服务用房屋(居民服务业用房)	办公用房屋	科研、教育和医疗用房屋	科学研究用房屋	教育用房屋
全国总计	**2654885**	**8603390**	**23603689**	**16522316**	**1875781**	**10206856**
北京	30980	482886	2016365	1029813	270062	536307
天津	20892	336703	206336	456252	19309	312274
河北	33804	168633	597272	562168	31480	395635
山西	2980	19727	104967	138549	8329	106841
内蒙古	4601	79263	113219	107551	14213	61337
辽宁	18173	255377	207351	101870	4199	71855
吉林	53303	97221	158374	149031	31700	70737
黑龙江	750	102364	47960	74467	3725	56112
上海	1163836	671651	1522073	538957	116583	342023
江苏	528103	355498	4334910	2593367	326483	1427999
浙江	307811	1167957	3987192	1933465	315866	1122964
安徽	18428	171434	374671	486214	12082	375927
福建	73852	223526	733063	324070	53441	193034
江西	32458	423406	821975	478051	20748	320448
山东	45769	612384	1203727	1109354	74647	727617
河南	49389	475981	987470	861934	76584	668520
湖北	29447	407197	1897492	1600543	155291	665314
湖南	83732	359721	1074929	706790	59262	442891
广东	6185	316939	730906	500381	70729	321360
广西	220	230775	310860	303117	22043	203024
海南		22096	40316	40512	4834	35569
重庆	44073	262959	395700	322205	6212	235778
四川	17418	563642	390105	389908	41681	259708
贵州	1282	55863	93517	164634	11774	129121
云南	13589	159600	211914	319789	6276	256679
西藏		1715	3363	9889		9889
陕西	21028	147745	487907	437006	71209	286947
甘肃	33630	165921	158652	331250	35779	197931
青海	64	9009	43026	17677	87	17205
宁夏		13558	24631	18389		12037
新疆	19088	242641	323447	415114	11153	343775

2-70 续表 2 单位：万元

地 区	医疗用房屋(卫生医疗用房)	文化、体育和娱乐用房屋	厂房及建筑物	#厂房	仓 库	其他未列明的房屋建筑物
全国总计	**4439674**	**5657088**	**33885536**	**22824100**	**1964030**	**8314874**
北 京	223444	419261	1039092	871436	64315	562122
天 津	124669	35949	944432	736580	11690	346803
河 北	135053	130974	1411759	962223	68776	357818
山 西	23379	69389	194461	154609	2564	262758
内蒙古	32002	17961	86649	35211	1690	147136
辽 宁	25816	23232	1127669	576401	91405	224949
吉 林	46595	40914	393594	268756	11407	135462
黑龙江	14629	14566	203586	123981	49891	43714
上 海	80351	436419	1630279	876544	56824	312665
江 苏	838885	1550018	7255212	5491986	538120	912964
浙 江	494635	813593	5719272	4657009	258483	848415
安 徽	98205	72504	832923	495072	52351	188893
福 建	77594	120046	1682209	648160	58581	118115
江 西	136855	103362	941823	596830	54895	144607
山 东	307090	272527	1471740	971913	134839	402507
河 南	116830	103339	1225655	711680	64917	386116
湖 北	779939	488096	2269603	1306260	52474	808267
湖 南	204637	188728	960178	555722	148156	373152
广 东	108288	59361	1473462	941315	42494	223619
广 西	78050	188567	243209	117597	26659	101509
海 南	110	20019	24171	23640	679	18009
重 庆	80215	54069	710410	391891	21083	213766
四 川	88519	116147	821647	500838	39864	217970
贵 州	23740	10123	52451	17821	535	71013
云 南	56834	54648	149495	61119	8632	215478
西 藏		909	17670	70		170
陕 西	78850	108039	294244	220223	39343	243004
甘 肃	97540	29401	478053	318783	18326	112332
青 海	385	3013	10255	8021	539	15799
宁 夏	6352	97	5529	5249		11214
新 疆	60185	111819	214807	177163	44499	294531

2-71 各地区股份制建筑业企业主要生产效益指标

地　区	建筑业企业个数(个)	从事建筑业活动的平均人数(人)	按总产值计算的劳动生产率(元/人)	人均竣工产值(元/人)	人均施工面积(平方米/人)	人均竣工面积(平方米/人)
全国总计	**30325**	**27995242**	**348662**	**205884**	**249.1**	**77.8**
北　京	1038	1116417	545028	251304	415.7	66.9
天　津	558	637111	463144	235702	189.6	33.9
河　北	1334	922119	383045	213932	269.9	85.0
山　西	374	434562	365143	173051	162.3	25.8
内蒙古	466	269055	256738	175434	166.4	75.3
辽　宁	1859	789482	344207	193868	213.4	62.9
吉　林	1138	491426	244111	189757	140.1	58.6
黑龙江	773	407254	206991	127496	69.7	38.0
上　海	534	594151	509115	305932	463.8	81.5
江　苏	2822	4228172	332438	267030	315.8	101.3
浙　江	1261	3223744	329119	206094	302.5	89.1
安　徽	957	662173	380032	191883	264.7	90.5
福　建	1298	1291776	271236	162678	204.7	54.1
江　西	763	771392	321264	210712	208.4	94.9
山　东	2279	1676190	308639	167455	250.9	77.4
河　南	2723	1956496	286994	155458	172.4	61.8
湖　北	1487	1441189	456391	228116	284.8	118.6
湖　南	1006	1261121	294803	186629	213.6	77.3
广　东	1933	1079945	433698	241860	220.7	69.3
广　西	289	312764	276743	168765	247.2	81.3
海　南	78	43622	362757	298750	334.2	89.7
重　庆	917	891028	343490	173712	211.6	75.3
四　川	1352	1297121	337928	170129	181.7	68.9
贵　州	325	252418	303571	109875	240.8	42.3
云　南	721	428270	331281	160876	118.5	61.2
西　藏	45	10326	397597	250166	101.4	39.4
陕　西	752	634829	429788	199315	195.3	56.9
甘　肃	595	316791	340349	173736	187.7	71.9
青　海	115	41961	237901	143927	61.9	37.0
宁　夏	89	37746	277599	251172	131.6	47.7
新　疆	444	474591	282706	194793	159.2	68.0

2-72 各地区股份制建筑业企业资产构成

单位：万元

地 区	资产合计	#流动资产合计	#存货	#非流动资产合计	#固定资产合计
全国总计	**915051227**	**727882157**	**154440099**	**187169070**	**70741292**
北 京	130991921	87740113	13363259	43251808	2908301
天 津	40047409	31475784	6852031	8571625	3808543
河 北	29615821	23714027	4787693	5901794	3579885
山 西	22384099	19289355	2559108	3094744	1098794
内蒙古	8622832	6698453	879948	1924379	927158
辽 宁	30622155	25520688	4531003	5101467	2243814
吉 林	12568021	10276940	1437330	2291081	1172511
黑龙江	8818647	6844159	1074627	1974488	1031833
上 海	51270439	43497135	9320480	7773304	1673904
江 苏	83293213	69614751	16513970	13678462	7644476
浙 江	55717805	46150958	13461066	9566847	4288450
安 徽	24623328	19915858	3220489	4707471	2004715
福 建	21623665	17517229	4423548	4106436	2544351
江 西	14416800	11381004	2426381	3035796	1563843
山 东	55141094	46263630	9479571	8877464	5224181
河 南	43012582	33944498	8212329	9068084	5453517
湖 北	44788773	37312071	9419525	7476702	3786515
湖 南	19904571	15504048	3524120	4400523	2082758
广 东	60010639	47786860	9813154	12223778	4395882
广 西	5096741	4164575	954963	932166	470501
海 南	1364201	1172168	143556	192033	33615
重 庆	26407710	21906265	5694288	4501445	1943026
四 川	42723656	34330034	9256515	8393622	3216472
贵 州	12217121	10527244	3598198	1689877	559084
云 南	16231292	12529103	2321040	3702189	2360356
西 藏	837468	543636	66075	293832	98207
陕 西	26569593	21617531	3778884	4952062	1898096
甘 肃	10730477	7954701	1547453	2775776	1389592
青 海	1233789	895577	90596	338212	185495
宁 夏	1299956	1116989	165747	182967	122547
新 疆	12865412	10676773	1523153	2188639	1030872

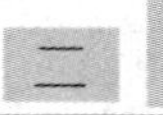

2-73 各地区股份制建筑业企业固定资产情况

单位：万元

地区	固定资产合计	固定资产原价	固定资产折旧	#本年折旧	在建工程
全国总计	**70741292**	**95159534**	**41053694**	**6137833**	**8243180**
北京	2908301	5020990	2540377	463811	415414
天津	3808543	5667416	2522727	388208	170142
河北	3579885	5026958	2124125	269812	366015
山西	1098794	2125294	1156991	167332	75022
内蒙古	927158	1277104	507554	50472	99396
辽宁	2243814	3674750	1859988	212809	240158
吉林	1172511	1460689	655512	94510	143964
黑龙江	1031833	1451579	562360	59414	39291
上海	1673904	2806596	1466007	158127	150616
江苏	7644476	9387335	3786700	540600	930475
浙江	4288450	5371624	2235335	317253	377027
安徽	2004715	2526465	968390	151351	188832
福建	2544351	2388158	898083	140626	153318
江西	1563843	1929196	675926	118884	200500
山东	5224181	6801218	2847775	428116	333714
河南	5453517	7527321	3076841	472382	549704
湖北	3786515	5773037	2718763	480131	385902
湖南	2082758	2708489	1076706	190629	217586
广东	4395882	5913804	2576286	348863	826918
广西	470501	622165	236463	38129	49518
海南	33615	38295	19158	2771	8641
重庆	1943026	2218774	866925	158994	268151
四川	3216472	3873870	1649962	222760	690579
贵州	559084	596477	235355	53355	139121
云南	2360356	2455076	977177	137744	657607
西藏	98207	88652	33433	8135	5220
陕西	1898096	2855451	1402505	231860	289190
甘肃	1389592	1649817	523730	95941	166383
青海	185495	238644	91361	16221	7846
宁夏	122547	171653	66057	7912	11868
新疆	1030872	1512639	695126	110684	85064

2-74 各地区股份制建筑业企业负债及所有者权益

单位：万元

地区	负债合计	#流动负债	#应付账款	所有者权益	#实收资本
全国总计	**638042323**	**574390628**	**211610469**	**276940186**	**136334735**
北京	89158657	78181463	30085936	41825688	17140316
天津	31269494	28564610	12813543	8777914	4975451
河北	19522156	18182422	7857844	10093665	5259745
山西	18536383	17370184	8649659	3847716	2121417
内蒙古	5343781	5105255	1253809	3279051	1636354
辽宁	22284848	20172928	8001781	8314672	4304553
吉林	8178116	6981122	2318768	4389905	2387586
黑龙江	5660768	5233129	2086334	3157879	2093587
上海	42002015	40428201	11324274	9263403	5328821
江苏	50722237	47771039	15826644	32569996	11027965
浙江	36969562	33178590	10394729	18748243	7605859
安徽	17948563	16232068	5800610	6647429	3529951
福建	12568871	11630803	3086571	9054794	5649862
江西	8804965	7773913	2345425	5611836	3435345
山东	40133836	35877312	12859920	15007258	7238766
河南	28133438	26126580	9341519	14879144	8645038
湖北	31796009	28813442	14745359	12992763	7265249
湖南	12003790	10617335	4530359	7900782	3922517
广东	41813552	37198479	10950493	18191917	9616388
广西	3223714	2932543	667128	1873027	1112505
海南	795266	719851	269159	568935	355920
重庆	19322080	17512674	6541041	7085631	3595939
四川	31498333	23257449	8093046	11225322	6011930
贵州	8505343	7507689	3007807	3711778	1150104
云南	11457391	9901505	3550742	4773900	2403901
西藏	423086	353620	87086	414382	176213
陕西	20595582	19169747	8637599	5974011	4182110
甘肃	7483508	6854451	2462365	3246969	1895883
青海	739545	681510	209348	494244	386804
宁夏	954620	927629	380540	345336	217562
新疆	10192813	9133087	3431034	2672599	1661093

2-75 各地区股份制建筑业企业实收资本

单位：万元

地　区	合计	国家资本	集体资本	法人资本	个人资本	港澳台资本	外商资本
全国总计	**136334735**	**24474100**	**6123571**	**53647287**	**51958388**	**38655**	**92734**
北　京	17140316	6148331	174992	8546105	2268011		2877
天　津	4975451	1557165	115968	2494669	806732		918
河　北	5259745	744148	269504	1778643	2467450		
山　西	2121417	976171	120677	648622	375947		
内蒙古	1636354	167804	175943	472275	820332		
辽　宁	4304553	905942	285331	1496491	1605009	3990	7790
吉　林	2387586	148384	135346	890440	1212616	800	
黑龙江	2093587	278756	154860	658723	1000309		940
上　海	5328821	1631541	322456	2709123	664121	1580	
江　苏	11027965	736942	500662	3228440	6509887	60	51974
浙　江	7605859	413222	319682	2990588	3868367		14000
安　徽	3529951	428635	163317	1449756	1488243		
福　建	5649862	461919	151255	1573968	3459753	518	2450
江　西	3435345	596567	71798	720786	2045794	350	50
山　东	7238766	871151	754138	2585605	3022952	4920	
河　南	8645038	1301529	501607	2695283	4145784	210	625
湖　北	7265249	1344314	330009	3012977	2577884	65	
湖　南	3922517	493427	263183	1527228	1638679		
广　东	9616388	809373	291699	5279109	3205644	22345	8220
广　西	1112505	173387	33895	353877	550367		980
海　南	355920	85424	6800	165483	98213		
重　庆	3595939	584564	122945	1307504	1580277	100	550
四　川	6011930	1110306	231064	1993401	2672602	3572	985
贵　州	1150104	401961	52674	348130	347057	141	141
云　南	2403901	646449	108983	739421	909043	5	
西　藏	176213	33139	13581	103383	26111		
陕　西	4182110	562588	124601	2429580	1065340		
甘　肃	1895883	338718	158174	637124	761634		233
青　海	386804	109665	52195	115407	109537		
宁　夏	217562	8818	3974	98219	106552		
新　疆	1661093	403762	112259	596929	548143		

2-76 各地区股份制建筑业企业收入情况

单位：万元

地　　区	主营业务收　　入	#主营业务成　　本	#主营业务税金及附加	其他业务收　　入	#其他业务成　　本	#其他业务利　　润
全国总计	**919477731**	**815978945**	**28923123**	**9852755**	**14300390**	**953951**
北　京	75693989	69527819	1679294	353010	202918	139928
天　津	29467245	26179015	786468	240490	212464	24444
河　北	32796615	29349923	1072753	793634	894799	41371
山　西	16465618	14500419	419062	234697	242269	23226
内蒙古	6793689	5851719	240088	192116	243345	7439
辽　宁	24928983	21531309	766269	549028	1125374	19641
吉　林	11520139	10051132	396917	293385	314637	11053
黑龙江	7838886	6809877	273207	65689	165785	2386
上　海	40427379	37266290	995164	169245	95055	54441
江　苏	115813902	102016421	4075278	729067	804823	86608
浙　江	80725148	73287883	2636026	477158	678812	92867
安　徽	23226196	20696250	767393	319689	320704	15163
福　建	31005092	27546008	1131774	96409	94075	15402
江　西	22697703	20192435	825042	432509	549379	12904
山　东	49175418	42369098	1451873	599040	1738616	51470
河　南	51040964	44331565	1737188	1167832	1304245	60460
湖　北	64980540	56769498	2256245	488373	586413	29822
湖　南	30591524	27137680	1120954	208704	283614	12516
广　东	52807396	46840054	1551351	373265	286981	89195
广　西	7942032	7153374	277398	107380	104470	11475
海　南	1715445	1549740	58500	16728	14228	1809
重　庆	27661780	23546892	895035	324322	973849	32960
四　川	39805058	35331892	1241948	783509	1114348	52839
贵　州	8196039	7425516	225919	79722	176978	9044
云　南	12726261	11045545	392932	279557	413187	18332
西　藏	412030	313183	13943	2583	35984	540
陕　西	27519573	24478247	851650	104348	783621	10622
甘　肃	10332307	9099986	331761	81774	203931	16316
青　海	974344	828896	28918	107692	131855	1015
宁　夏	1197647	1073229	40031	5696	6927	2208
新　疆	12998792	11878051	382745	176106	196703	6457

2-77 各地区股份制建筑业企业费用情况

单位：万元

地区	管理费用	#税金	销售费用	财务费用	#利息收入	#利息支出
全国总计	**27945028**	**1180516**	**3092993**	**6621954**	**2385131**	**7003477**
北京	2388308	36573	122300	593166	573140	1086887
天津	1152218	21914	46328	280249	118575	368254
河北	935349	34981	67851	212963	51989	157481
山西	831845	12542	13984	101039	76790	161533
内蒙古	307340	11030	14499	45768	1759	33096
辽宁	995985	61961	47545	187673	49947	164539
吉林	401023	27666	37423	82307	5242	47753
黑龙江	299661	18212	34594	47892	6918	39767
上海	1242394	17057	55514	83484	121883	174381
江苏	3019189	198342	335812	858871	96014	672498
浙江	1483573	65628	156815	589490	127805	580511
安徽	734492	29251	69677	145614	89258	174237
福建	854536	44208	92092	155039	76801	143868
江西	546309	32968	84540	115167	9275	88521
山东	1637145	80689	157470	419941	113760	426256
河南	1747913	114948	274482	407861	122956	360733
湖北	2157021	66601	697720	391016	134934	316081
湖南	951021	48076	124329	131706	56115	125683
广东	1798013	64867	168620	482524	64134	482985
广西	249472	7374	24034	54741	5302	50325
海南	36122	1119	1539	2484	572	2154
重庆	765213	34978	65948	272881	90147	244984
四川	1203683	57743	200855	386602	134473	364740
贵州	223974	4596	8229	48829	44627	84650
云南	436642	16224	58950	199826	23377	224507
西藏	25654	320	2312	3611	644	2792
陕西	799220	36844	59767	88313	139498	227819
甘肃	305972	19847	51695	112278	10466	57075
青海	36924	2048	5174	11316	416	3104
宁夏	40543	1811	1088	8085	657	7482
新疆	338274	10098	11813	101221	37657	128784

2-78 各地区股份制建筑业企业利润及税金情况

单位：万元

地　区	利润总额	#应交所得税	税金总额	主营业务税金及附加	管理费用中的税金
全国总计	**34695704**	**7568278**	**30103639**	**28923123**	**1180516**
北　京	3553970	507383	1715867	1679294	36573
天　津	1143146	249583	808382	786468	21914
河　北	973642	253445	1107734	1072753	34981
山　西	604926	60500	431604	419062	12542
内蒙古	269147	58112	251117	240088	11030
辽　宁	628542	232531	828230	766269	61961
吉　林	531121	162664	424584	396917	27666
黑龙江	270571	66833	291418	273207	18212
上　海	1101944	166909	1012221	995164	17057
江　苏	5547109	1256982	4273620	4075278	198342
浙　江	2416802	547899	2701654	2636026	65628
安　徽	852356	162379	796644	767393	29251
福　建	1286627	391467	1175981	1131774	44208
江　西	794742	190726	858010	825042	32968
山　东	2060217	459264	1532562	1451873	80689
河　南	2123050	474564	1852136	1737188	114948
湖　北	2465318	572874	2322846	2256245	66601
湖　南	1132662	226919	1169030	1120954	48076
广　东	2177964	482210	1616218	1551351	64867
广　西	193298	71447	284772	277398	7374
海　南	69160	38900	59619	58500	1119
重　庆	1468159	266121	930013	895035	34978
四　川	1000941	260258	1299691	1241948	57743
贵　州	170774	39942	230516	225919	4596
云　南	476524	91755	409156	392932	16224
西　藏	32049	2052	14263	13943	320
陕　西	626795	108445	888493	851650	36844
甘　肃	364292	70425	351608	331761	19847
青　海	34435	5898	30966	28918	2048
宁　夏	32383	9964	41841	40031	1811
新　疆	293039	79827	392843	382745	10098

2-79 各地区股份制建筑业企业应收工程款及企业亏损情况

地区	应收工程款(万元)	企业个数(个)	#亏损企业个数	亏损企业的比重(%)
全国总计	**200633945**	**30325**	**4046**	**13.3**
北京	15185834	1038	210	20.2
天津	9594119	558	96	17.2
河北	8506639	1334	162	12.1
山西	6480446	374	82	21.9
内蒙古	2445731	466	77	16.5
辽宁	7322020	1859	351	18.9
吉林	3773937	1138	170	14.9
黑龙江	2065797	773	154	19.9
上海	8509603	534	85	15.9
江苏	25068124	2822	105	3.7
浙江	10900153	1261	135	10.7
安徽	5771518	957	112	11.7
福建	3393082	1298	151	11.6
江西	3047113	763	55	7.2
山东	15492361	2279	313	13.7
河南	8600576	2723	272	10.0
湖北	11996777	1487	146	9.8
湖南	4181719	1006	76	7.6
广东	11907590	1933	322	16.7
广西	925927	289	60	20.8
海南	269048	78	12	15.4
重庆	6832650	917	138	15.0
四川	7748369	1352	199	14.7
贵州	2172157	325	64	19.7
云南	3792986	721	123	17.1
西藏	105497	45	8	17.8
陕西	7210303	752	111	14.8
甘肃	2844097	595	101	17.0
青海	282095	115	30	26.1
宁夏	412005	89	18	20.2
新疆	3795671	444	108	24.3

2-80 各地区股份制建筑业企业主要经济效益指标

地　区	产值利润率(%)	产值利税率(%)	资本利润率(%)	资本利税率(%)	人均利润(元/人)	人均利税(元/人)	资产负债率(%)
全国总计	**3.6**	**6.6**	**25.4**	**47.5**	**12393**	**23147**	**69.7**
北　京	5.8	8.7	20.7	30.7	31834	47203	68.1
天　津	3.9	6.6	23.0	39.2	17943	30631	78.1
河　北	2.8	5.9	18.5	39.6	10559	22572	65.9
山　西	3.8	6.5	28.5	48.9	13920	23852	82.8
内蒙古	3.9	7.5	16.4	31.8	10003	19337	62.0
辽　宁	2.3	5.4	14.6	33.8	7961	18452	72.8
吉　林	4.4	8.0	22.2	40.0	10808	19448	65.1
黑龙江	3.2	6.7	12.9	26.8	6644	13799	64.2
上　海	3.6	7.0	20.7	39.7	18547	35583	81.9
江　苏	3.9	7.0	50.3	89.1	13119	23227	60.9
浙　江	2.3	4.8	31.8	67.3	7497	15877	66.4
安　徽	3.4	6.6	24.1	46.7	12872	24903	72.9
福　建	3.7	7.0	22.8	43.6	9960	19064	58.1
江　西	3.2	6.7	23.1	48.1	10303	21426	61.1
山　东	4.0	6.9	28.5	49.6	12291	21434	72.8
河　南	3.8	7.1	24.6	46.0	10851	20318	65.4
湖　北	3.7	7.3	33.9	65.9	17106	33224	71.0
湖　南	3.0	6.2	28.9	58.7	8981	18251	60.3
广　东	4.7	8.1	22.6	39.5	20167	35133	69.7
广　西	2.2	5.5	17.4	43.0	6180	15285	63.3
海　南	4.4	8.1	19.4	36.2	15854	29522	58.3
重　庆	4.8	7.8	40.8	66.7	16477	26915	73.2
四　川	2.3	5.2	16.6	38.3	7717	17736	73.7
贵　州	2.2	5.2	14.8	34.9	6766	15898	69.6
云　南	3.4	6.2	19.8	36.8	11127	20680	70.6
西　藏	7.8	11.3	18.2	26.3	31037	44850	50.5
陕　西	2.3	5.6	15.0	36.2	9873	23869	77.5
甘　肃	3.4	6.6	19.2	37.8	11499	22599	69.7
青　海	3.4	6.6	8.9	16.9	8206	15586	59.9
宁　夏	3.1	7.1	14.9	34.1	8579	19664	73.4
新　疆	2.2	5.1	17.6	41.3	6175	14452	79.2

2-81 各地区外商投资建筑业企业签订合同情况

单位：万元

地区	签订合同额	上年结转合同额	本年新签合同额
全国总计	**9602225**	**4840558**	**4761666**
北京	1827648	1235453	592195
天津	100558	21848	78711
河北	4757	4303	454
山西	71863	21325	50538
内蒙古			
辽宁	305038	134224	170814
吉林	19592	19592	
黑龙江	59185	5803	53382
上海	1967177	953049	1014128
江苏	788103	347001	441102
浙江	1367896	653988	713908
安徽	51436	3945	47491
福建	46492	11049	35442
江西	106		106
山东	73844	4351	69493
河南	27857	27	27830
湖北	514387	140312	374075
湖南	501871	195801	306070
广东	414352	308756	105596
广西			
海南			
重庆	4418	4282	136
四川	3346	714	2633
贵州			
云南	7800	1000	6800
西藏			
陕西	1297563	773630	523933
甘肃	207		207
青海	100		100
宁夏	145941		145941
新疆	691	108	583

2-82　各地区外商投资建筑业企业承包工程完成情况

单位：万元

地　区	直接从建设单位承揽工程完成的产值	自行完成施工产值	分包出去工程的产值	从建设单位以外承揽工程完成的产值
全国总计	**6216965**	**5705183**	**511782**	**357233**
北　京	489188	323690	165498	77726
天　津	65242	65242		
河　北	3637	3637		
山　西	46750	46750		
内蒙古				
辽　宁	202005	200586	1419	11567
吉　林	15742	15742		
黑龙江	47549	47549		
上　海	1080206	774055	306151	174795
江　苏	438245	406057	32188	49541
浙　江	773320	773320		32265
安　徽	48518	48121	397	397
福　建	19780	19780		3166
江　西	106	106		
山　东	45899	45877	22	5538
河　南	24755	24755		
湖　北	367455	367455		
湖　南	243512	243512		
广　东	1553538	1547944	5594	2239
广　西				
海　南				
重　庆	10760	10246	514	
四　川	3346	3346		
贵　州				
云　南	2101	2101		
西　藏				
陕　西	588931	588931		
甘　肃	207	207		
青　海	100	100		
宁　夏	145941	145941		
新　疆	134	134		

2-83 各地区外商投资建筑业总产值和竣工产值

单位：万元

地　区	建筑业总产值	#装饰装修产值	#在外省完成的产值	按构成分组			竣工产值
				建筑工程产值	安装工程产值	其他产值	
全国总计	**6062416**	**730653**	**2760617**	**5242291**	**686904**	**133221**	**2681415**
北　京	401417	62719	262900	329889	44901	26627	131544
天　津	65242	582	31136	582	54661	10000	11745
河　北	3637	3637	744			3637	
山　西	46750		2867	41643		5107	25730
内蒙古							
辽　宁	212153	84390	48151	115905	93947	2301	125003
吉　林	15742			15742			5690
黑龙江	47549		659	46929	620		1955
上　海	948850	308098	583155	701743	183826	63281	615280
江　苏	455598	27172	284644	351107	103416	1075	374748
浙　江	805585	51074	603792	777242	28240	104	639247
安　徽	48518	617	8598	28351	12905	7262	45072
福　建	22945	2354	7555	16498	82	6365	4184
江　西	106				106		92
山　东	51415	274	6813	37045	8211	6160	42919
河　南	24755	2080	2123	5238	19517		24647
湖　北	367455	36927	65962	367455			138035
湖　南	243512	101236	151146	163583	79929		112119
广　东	1550183	37495	110557	1495484	54479	221	228495
广　西							
海　南							
重　庆	10246	9163	1083	9163		1083	1083
四　川	3346	404		3346			3046
贵　州							
云　南	2101			2101			1717
西　藏							
陕　西	588931	2227	442791	587001	1930		2730
甘　肃	207	207		169	37		207
青　海	100				100		100
宁　夏	145941		145941	145941			145941
新　疆	134			134			86

2-84 各地区外商投资建筑业企业房屋建筑面积

地 区	房屋建筑施工面积(万平方米)	#本年新开工	#实行投标承包面积	房屋建筑竣工面积(万平方米)	房屋建筑面积竣工率(%)
全国总计	**1749.3**	**563.1**	**1211.7**	**555.1**	**31.7**
北 京	96.7	8.7	94.2	7.9	8.2
天 津					
河 北					
山 西	28.6	15.3	28.6	1.4	4.7
内蒙古					
辽 宁	6.6	4.5	6.6	6.6	100.0
吉 林	35.3		35.3		
黑龙江					
上 海	164.0	53.5	112.9	72.2	44.1
江 苏	202.4	49.4	103.4	49.8	24.6
浙 江	655.0	270.5	655.0	239.9	36.6
安 徽	2.0		2.0	1.9	95.0
福 建	4.2	1.9	1.9	2.2	51.8
江 西					
山 东	12.1	11.9	2.7	2.9	23.6
河 南					
湖 北	188.4	128.6	128.6	79.6	42.3
湖 南	39.8		39.8	8.6	21.5
广 东	313.4	17.8		82.2	26.2
广 西					
海 南					
重 庆					
四 川					
贵 州					
云 南	0.8	0.8	0.8		
西 藏					
陕 西					
甘 肃					
青 海					
宁 夏					
新 疆					

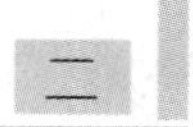

2-85 各地区按主要用途分的外商投资建筑业企业房屋建筑竣工面积

单位：万平方米

地区	总计	住宅房屋	商业及服务用房屋	商厦房屋(批发和零售用房)	宾馆用房屋(住宿用房)	餐饮用房屋(餐饮用房)
全国总计	**555.1**	**285.0**	**29.5**			
北京	7.9	4.5				
天津						
河北						
山西	1.4	1.3				
内蒙古						
辽宁	6.6					
吉林						
黑龙江						
上海	72.2					
江苏	49.8	14.4				
浙江	239.9	128.4	13.5			
安徽	1.9	1.9				
福建	2.2					
江西						
山东	2.9					
河南						
湖北	79.6	43.8	15.9			
湖南	8.6	8.6				
广东	82.2	82.2				
广西						
海南						
重庆						
四川						
贵州						
云南						
西藏						
陕西						
甘肃						
青海						
宁夏						
新疆						

2-85 续表 1

单位：万平方米

地　区			办公用房　屋	科研、教育和医疗用房屋		
	商务会展用房屋	其他商业及服务用房屋(居民服务业用房)			科学研究用房屋	教育用房　屋
全国总计		**29.5**	**26.9**	**19.4**	**2.5**	**16.9**
北　京				2.8		2.8
天　津						
河　北						
山　西				0.1		0.1
内蒙古						
辽　宁						
吉　林						
黑龙江						
上　海						
江　苏			0.6	2.5	2.5	
浙　江		13.5	9.7	14.1		14.1
安　徽						
福　建						
江　西						
山　东						
河　南						
湖　北		15.9	16.7			
湖　南						
广　东						
广　西						
海　南						
重　庆						
四　川						
贵　州						
云　南						
西　藏						
陕　西						
甘　肃						
青　海						
宁　夏						
新　疆						

2-85 续表 2　　单位：万平方米

地　区	医疗用房屋（卫生医疗用房）	文化、体育和娱乐用房屋	厂房及建筑物	#厂房	仓　库	其他未列明的房屋建筑物
全国总计		**14.6**	**179.6**	**158.5**	**0.1**	
北　京			0.6	0.6		
天　津						
河　北						
山　西						
内蒙古						
辽　宁			6.6	6.6		
吉　林						
黑龙江						
上　海			72.2	51.2		
江　苏			32.3	32.3	0.1	
浙　江		11.4	62.9	62.9		
安　徽						
福　建			2.2	2.2		
江　西						
山　东			2.9	2.9		
河　南						
湖　北		3.2				
湖　南						
广　东						
广　西						
海　南						
重　庆						
四　川						
贵　州						
云　南						
西　藏						
陕　西						
甘　肃						
青　海						
宁　夏						
新　疆						

2-86 各地区按主要用途分的外商投资建筑业企业房屋建筑竣工价值

单位：万元

地 区	总计	住宅房屋	商业及服务用房屋	商厦房屋(批发和零售用房)	宾馆用房屋(住宿用房)	餐饮用房屋(餐饮用房)
全国总计	**1450484**	**633451**	**65883**			
北 京	25905	12287				
天 津						
河 北						
山 西	1890	1776				
内蒙古						
辽 宁	10165					
吉 林						
黑龙江						
上 海	266780					
江 苏	215392	20217				
浙 江	622393	359448	38613			
安 徽	1899	1899				
福 建	4110					
江 西						
山 东	2769					
河 南						
湖 北	136351	74993	27270			
湖 南	23085	23085				
广 东	139747	139747				
广 西						
海 南						
重 庆						
四 川						
贵 州						
云 南						
西 藏						
陕 西						
甘 肃						
青 海						
宁 夏						
新 疆						

2-86 续表 1 单位：万元

地 区						
	商务会展用房屋	其他商业及服务用房屋(居民服务业用房)	办公用房 屋	科研、教育和医疗用房屋	科学研究用房屋	教育用房 屋
全国总计		**65883**	**56701**	**51670**	**3000**	**48670**
北 京				9801		9801
天 津						
河 北						
山 西				114		114
内蒙古						
辽 宁						
吉 林						
黑龙江						
上 海						
江 苏			1946	3000	3000	
浙 江		38613	26121	38754		38754
安 徽						
福 建						
江 西						
山 东						
河 南						
湖 北		27270	28634			
湖 南						
广 东						
广 西						
海 南						
重 庆						
四 川						
贵 州						
云 南						
西 藏						
陕 西						
甘 肃						
青 海						
宁 夏						
新 疆						

2-86 续表 2 单位：万元

地　区	医疗用房屋(卫生医疗用房)	文化、体育和娱乐用房屋	厂房及建筑物	#厂房	仓　库	其他未列明的房屋建筑物
全国总计		**35085**	**606999**	**528552**	**697**	
北　京			3817	3817		
天　津						
河　北						
山　西						
内蒙古						
辽　宁			10165	10165		
吉　林						
黑龙江						
上　海			266780	188343		
江　苏			189532	189522	697	
浙　江		29631	129827	129827		
安　徽						
福　建			4110	4110		
江　西						
山　东			2769	2769		
河　南						
湖　北		5454				
湖　南						
广　东						
广　西						
海　南						
重　庆						
四　川						
贵　州						
云　南						
西　藏						
陕　西						
甘　肃						
青　海						
宁　夏						
新　疆						

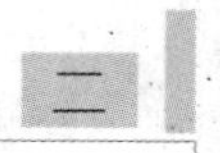

2-87 各地区外商投资建筑业企业主要生产效益指标

地　区	建筑业企业个数（个）	从事建筑业活动的平均人数（人）	按总产值计算的劳动生产率（元/人）	人均竣工产值（元/人）	人均施工面积（平方米/人）	人均竣工面积（平方米/人）
全国总计	**249**	**98277**	**616870**	**272843**	**178.0**	**56.5**
北　京	39	7800	514637	168647	124.0	10.1
天　津	8	743	878093	158081		
河　北	1	136	267390			
山　西	4	2478	188659	103835	115.6	5.4
内蒙古						
辽　宁	31	7457	284502	167632	8.8	8.8
吉　林	2	273				
黑龙江	3	1590	299049	12293		
上　海	52	18100	524227	339934	90.6	39.9
江　苏	45	11484	396724	326322	176.3	43.4
浙　江	6	18254	441320	350196	358.8	131.4
安　徽	6	998	486154	451625	20.1	19.1
福　建	4	1256	182686	33312	33.3	17.2
江　西	1	20	52900	46000		
山　东	15	1268	405480	338481	95.6	22.5
河　南	6	828	298976	297671		
湖　北	3	3809	964701	362390	494.5	208.9
湖　南	3	7813	311675	143504	50.9	10.9
广　东	7	6930	2236916	329719	452.3	118.6
广　西						
海　南						
重　庆	2	90	1138433	120278		
四　川	3	161	207832	189199		
贵　州						
云　南	1	76	276434	225895	105.3	
西　藏						
陕　西	3	5085	1158173	5368		
甘　肃	1	10	206500	206500		
青　海	1	26	38462	38462		
宁　夏	1	1587	919600	919600		
新　疆	1	5	268800			

2-88 各地区外商投资建筑业企业资产构成

单位：万元

地区	资产合计	#流动资产合计	#存货	#非流动资产合计	#固定资产合计
全国总计	**7924169**	**7013148**	**989014**	**911021**	**367831**
北京	930181	814476	136879	115705	43982
天津	82735	68233	11298	14502	12265
河北	4311	4301	2106	10	10
山西	24109	19961	186	4148	3639
内蒙古					
辽宁	499910	370942	24193	128968	68760
吉林	4679	4634	1759	45	45
黑龙江	68244	37043	17677	31201	357
上海	1610451	1559667	224684	50784	13600
江苏	825103	567489	131883	257613	56290
浙江	100986	87331	17312	13655	6785
安徽	92904	38082	6856	54822	42929
福建	37930	33840	1590	4090	3768
江西	3914	2794	280	1120	991
山东	93620	59047	4641	34573	33921
河南	72039	45241	4309	26798	15692
湖北	124793	78847	13845	45946	9912
湖南	146676	107013	9806	39663	2691
广东	2938636	2893373	376142	45263	18436
广西					
海南					
重庆	3585	3278	944	308	4
四川	11972	11225	714	746	158
贵州					
云南	4329	3352	364	977	526
西藏					
陕西	1884	1777	468	107	57
甘肃	1539	1539			
青海	322	267		55	12
宁夏	239025	199157	1048	39868	32956
新疆	294	239	32	55	46

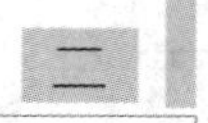

2-89 各地区外商投资建筑业企业固定资产情况

单位：万元

地区	固定资产合计	固定资产原价	固定资产折旧	#本年折旧	在建工程
全国总计	**367831**	**555609**	**236038**	**34500**	**23856**
北京	43982	77046	35225	6290	2138
天津	12265	19543	7278	1451	
河北	10	41	31	3	
山西	3639	8330	4692	447	
内蒙古					
辽宁	68760	106560	45555	7890	4721
吉林	45	51	6	6	
黑龙江	357	1542	1186	89	
上海	13600	40123	26795	2101	70
江苏	56290	71071	26491	3376	7677
浙江	6785	14542	7757	645	
安徽	42929	46737	10579	1970	5210
福建	3768	8864	5096	658	
江西	991	1673	682	86	
山东	33921	53275	21135	2094	1728
河南	15692	1296	1196	98	1243
湖北	9912	12935	3416		74
湖南	2691	5293	2602	571	
广东	18436	40572	23015	2644	94
广西					
海南					
重庆	4	33	29	1	
四川	158	418	260	33	
贵州					
云南	526	278	171	24	419
西藏					
陕西	57	36	21	5	
甘肃		64	64		
青海	12	105	93	93	
宁夏	32956	45079	12606	3913	483
新疆	46	105	59	11	

2-90 各地区外商投资建筑业企业负债及所有者权益

单位：万元

地　区	负债合计	#流动负债	#应付账款	所有者权益	#实收资本
全国总计	**5689667**	**5543592**	**1467440**	**2234502**	**817694**
北　京	648464	634751	315440	281717	159125
天　津	42510	42119	25225	40225	23025
河　北	2663	2663	435	1648	1600
山　西	18756	18756	11540	5353	3600
内蒙古					
辽　宁	469349	452648	69760	30561	88447
吉　林	3958	3958	2659	722	600
黑龙江	65534	65534	8559	2710	2192
上　海	1283117	1275690	330673	327334	130204
江　苏	428703	395850	97316	396400	158614
浙　江	54507	54550	17302	46479	21311
安　徽	61763	60370	21245	31141	14457
福　建	29476	29057	10988	8455	11864
江　西	1995	1995	1314	1919	1644
山　东	66594	58055	26269	27026	15801
河　南	54976	22165	292	17064	7913
湖　北	50488	50488	18283	74305	10319
湖　南	68851	63415	36050	77825	13961
广　东	2126474	2120884	369586	812163	115011
广　西					
海　南					
重　庆	732	732	378	2854	810
四　川	7168	7168	752	4803	2645
贵　州					
云　南	1585	1585	844	2743	2000
西　藏					
陕　西	381	381		1502	1500
甘　肃	158	158	33	1381	500
青　海	22	22		300	300
宁　夏	201328	180482	102430	37697	30000
新　疆	119	119	68	175	250

2-91 各地区外商投资建筑业企业实收资本

单位：万元

地区	合计	国家资本	集体资本	法人资本	个人资本	港澳台资本	外商资本
全国总计	**817694**	**29445**	**14639**	**229884**	**48167**	**13035**	**482524**
北京	159125	8131	375	42338	4874	412	102995
天津	23025			2796	6649		13580
河北	1600			1200			400
山西	3600			3200			400
内蒙古							
辽宁	88447	2916	5924	33266	12942	6000	27400
吉林	600			600			
黑龙江	2192	954		243		87	909
上海	130204	4173	6547	16776	4897	222	97590
江苏	158614			50168	7145	5079	96224
浙江	21311			11745	2500	869	6198
安徽	14457	8548		5797			112
福建	11864			5977			5887
江西	1644	521		1123			
山东	15801	299	594	5682	1607		7620
河南	7913			59	5939		1915
湖北	10319			2658	79		7583
湖南	13961			13961			
广东	115011	3903	1200	12500		367	97041
广西							
海南							
重庆	810				810		
四川	2645			560	410		1675
贵州							
云南	2000			500			1500
西藏							
陕西	1500				300		1200
甘肃	500			370			130
青海	300			210	15		75
宁夏	30000			18000			12000
新疆	250			156			94

2-92 各地区外商投资建筑业企业收入情况

单位：万元

地 区	主营业务收入	#主营业务成本	#主营业务税金及附加	其他业务收入	#其他业务成本	#其他业务利润
全国总计	**5917911**	**5132822**	**132267**	**45555**	**36849**	**9631**
北 京	884899	777005	19196	9197	3959	5101
天 津	63899	46229	1165	1375	4533	1043
河 北	3043	2609	102			
山 西	33924	31333	1004	2		2
内蒙古						
辽 宁	207372	167996	5071	5875	1946	-1107
吉 林	5690	5055	191			
黑龙江	17240	14881	806			
上 海	1373272	1195149	26734	22435	19017	2375
江 苏	502703	420333	11875	3443	1075	1069
浙 江	469888	440925	15711	104	106	-3
安 徽	74350	51426	1017	1432	662	
福 建	29157	26281	270	897	10	886
江 西	9157	8475	192	30	25	
山 东	61565	40106	992	155	5015	55
河 南	29916	21302	768	21	4	
湖 北	306482	277085	20			
湖 南	138548	97569	5155	6		6
广 东	1547352	1369139	39088	422	215	204
广 西						
海 南						
重 庆	1439	702	14			
四 川	4767	2743	136			
贵 州						
云 南	1721	1658	62			
西 藏						
陕 西	3766	3466	131			
甘 肃	207	170	7			
青 海	6	3				
宁 夏	147465	131143	2557	162	281	
新 疆	86	41	2			

2-93　各地区外商投资建筑业企业费用情况

单位：万元

地　区	管理费用		销售费用	财务费用		
		#税金			#利息收入	#利息支出
全国总计	**257765**	**5904**	**42228**	**32733**	**5988**	**33102**
北　京	49343	494	14201	1772	2994	4480
天　津	6987	136	3013	-62	-122	89
河　北	221	3		79	4	82
山　西	1541	220		-1		2
内蒙古						
辽　宁	20975	1168	3769	9898	205	4399
吉　林	175	34		66		66
黑龙江	1474	48	56	4	1	5
上　海	74295	477	8883	-2660	2152	-778
江　苏	36600	1437	3812	4124	1664	5580
浙　江	4993	237	233	1051	77	1219
安　徽	4366	73	5527	-13	-72	104
福　建	2380	74	136	731	46	708
江　西	361	9	64	60	1	
山　东	4953	183	742	541	8	370
河　南	2219	15	24	2	-3	
湖　北	4211			1125	26	1251
湖　南	7745	460		364	125	
广　东	24979	456	1430	12125	-1089	11846
广　西						
海　南						
重　庆	439	42	12	-4	5	1
四　川	509	7	325	-7	9	
贵　州						
云　南	204	2		82		81
西　藏						
陕　西	182	5		9		8
甘　肃	46	1				
青　海	4					
宁　夏	8527	325		3447	-44	3591
新　疆	36		3			

2-94 各地区外商投资建筑业企业利润及税金情况

单位：万元

地 区	利润总额	#应交所得税	税金总额	主营业务税金及附加	管理费用中的税金
全国总计	**331119**	**87124**	**138170**	**132267**	**5904**
北 京	25401	8579	19690	19196	494
天 津	3645	1157	1301	1165	136
河 北	32	8	105	102	3
山 西	83	20	1224	1004	220
内蒙古					
辽 宁	10515	4870	6238	5071	1168
吉 林	204	142	225	191	34
黑龙江	15	11	854	806	48
上 海	75124	22663	27211	26734	477
江 苏	40421	8727	13312	11875	1437
浙 江	6915	1834	15948	15711	237
安 徽	12382	3203	1090	1017	73
福 建	452	44	344	270	74
江 西	222	73	201	192	9
山 东	9368	2517	1174	992	183
河 南	5678	1486	783	768	15
湖 北	8449	2534	20	20	
湖 南	28086	3218	5615	5155	460
广 东	101857	25527	39545	39088	456
广 西					
海 南					
重 庆	335	30	56	14	42
四 川	1063	174	143	136	7
贵 州					
云 南	-286		65	62	2
西 藏					
陕 西	-21		136	131	5
甘 肃	-23		8	7	1
青 海	1				
宁 夏	1201	308	2881	2557	325
新 疆	4		2	2	

2-95 各地区外商投资建筑业企业应收工程款及企业亏损情况

地　区	应收工程款(万元)	企业个数(个)	#亏损企业个数	亏损企业的比重(%)
全国总计	**1580363**	**249**	**65**	**26.1**
北　京	198085	39	12	30.8
天　津	19918	8	4	50.0
河　北	1235	1		
山　西	16770	4		
内蒙古				
辽　宁	87098	31	14	45.2
吉　林		2		
黑龙江	8646	3	1	33.3
上　海	217102	52	13	25.0
江　苏	120272	45	8	17.8
浙　江	16106	6	2	33.3
安　徽	1290	6	1	16.7
福　建	9382	4	1	25.0
江　西	939	1	1	100.0
山　东	21974	15	4	26.7
河　南	1369	6		
湖　北	32591	3		
湖　南	42679	3		
广　东	641707	7		
广　西				
海　南				
重　庆	1106	2		
四　川	1914	3	1	33.3
贵　州				
云　南	2710	1	1	100.0
西　藏				
陕　西	846	3	1	33.3
甘　肃	126	1	1	100.0
青　海		1		
宁　夏	136488	1		
新　疆	11	1		

2-96 各地区外商投资建筑业企业主要经济效益指标

地　区	产值利润率 (%)	产值利税率 (%)	资本利润率 (%)	资本利税率 (%)	人均利润 (元/人)	人均利税 (元/人)	资产负债率 (%)
全国总计	**5.5**	**7.7**	**40.5**	**57.4**	**33692**	**47752**	**71.8**
北　京	6.3	11.2	16.0	28.3	32565	57808	69.7
天　津	5.6	7.6	15.8	21.5	49062	66571	51.4
河　北	0.9	3.8	2.0	8.6	2338	10074	61.8
山　西	0.2	2.8	2.3	36.3	337	5275	77.8
内蒙古							
辽　宁	5.0	7.9	11.9	18.9	14100	22466	93.9
吉　林	1.3	2.7	33.9	71.4	7458	15700	84.6
黑龙江		1.8	0.7	39.6	96	5465	96.0
上　海	7.9	10.8	57.7	78.6	41505	56539	79.7
江　苏	8.9	11.8	25.5	33.9	35197	46789	52.0
浙　江	0.9	2.8	32.4	107.3	3788	12525	54.0
安　徽	25.5	27.8	85.6	93.2	124064	134984	66.5
福　建	2.0	3.5	3.8	6.7	3595	6333	77.7
江　西	209.5	399.4	13.5	25.7	110800	211300	51.0
山　东	18.2	20.5	59.3	66.7	73878	83136	71.1
河　南	22.9	26.1	71.8	81.7	68579	78039	76.3
湖　北	2.3	2.3	81.9	82.1	22182	22234	40.5
湖　南	11.5	13.8	201.2	241.4	35948	43135	46.9
广　东	6.6	9.1	88.6	122.9	146979	204042	72.4
广　西							
海　南							
重　庆	3.3	3.8	41.3	48.2	37189	43389	20.4
四　川	31.8	36.0	40.2	45.6	66012	74863	59.9
贵　州							
云　南	-13.6	-10.6	-14.3	-11.1	-37658	-29171	36.6
西　藏							
陕　西			-1.4	7.7	-41	227	20.2
甘　肃	-11.0	-7.3	-4.5	-3.0	-22700	-15100	10.2
青　海	0.8	0.8	0.3	0.3	308	308	6.8
宁　夏	0.8	2.8	4.0	13.6	7566	25721	84.2
新　疆	2.8	4.6	1.5	2.5	7600	12400	40.4

2-97 各地区港澳台商投资建筑业企业签订合同情况

单位：万元

地　区	签订合同额	上年结转合同额	本年新签合同额
全国总计	**17138490**	**10215516**	**6922975**
北　京	1273999	653102	620897
天　津	29827	21447	8381
河　北	25532		25532
山　西	16053	2852	13201
内蒙古			
辽　宁	2202828	1869518	333310
吉　林	328157	194970	133187
黑龙江	2500		2500
上　海	1629423	949429	679995
江　苏	633446	192623	440823
浙　江	1197897	598062	599835
安　徽	13797	3964	9833
福　建	1449052	468680	980372
江　西	3042420	2077915	964505
山　东	1080195	794458	285737
河　南	58699	58451	248
湖　北	45945	12570	33375
湖　南	545264	198371	346893
广　东	3500126	2093406	1406720
广　西	2333	2103	230
海　南	1490	593	897
重　庆	30676	425	30251
四　川	27287	21256	6031
贵　州			
云　南	1187	1187	
西　藏			
陕　西	328	134	194
甘　肃			
青　海			
宁　夏			
新　疆	30		30

2-98 各地区港澳台商投资建筑业企业承包工程完成情况

单位：万元

地　区	直接从建设单位承揽工程完成的产值	自行完成施工产值	分包出去工程的产值	从建设单位以外承揽工程完成的产值
全国总计	**7450076**	**6628839**	**821237**	**304600**
北　京	695441	538391	157050	24232
天　津	20831	20831		
河　北	26940	26940		
山　西	15153	15153		
内蒙古				
辽　宁	849217	848997	220	110
吉　林	152153	152153		
黑龙江	2487	2487		
上　海	859200	750951	108250	124864
江　苏	415234	412260	2974	62130
浙　江	732291	730853	1438	32946
安　徽	11800	11800		
福　建	976747	888054	88693	9624
江　西	770999	770999		
山　东	394392	393924	468	468
河　南	1671	1671		
湖　北	33441	33438	3	2
湖　南	238314	238314		
广　东	1167532	705391	462141	43278
广　西	2160	2160		
海　南	593	593		
重　庆	58640	58640		483
四　川	22063	22063		6464
贵　州				
云　南	879	879		
西　藏				
陕　西	252	252		
甘　肃	1616	1616		
青　海				
宁　夏				
新　疆	30	30		

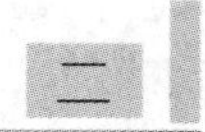

2-99 各地区港澳台商投资建筑业总产值和竣工产值

单位：万元

地　区	建筑业总产值	#装饰装修产值	#在外省完成的产值	按构成分组			竣工产值
				建筑工程产值	安装工程产值	其他产值	
全国总计	**6933439**	**2249347**	**3402043**	**5940895**	**914684**	**77861**	**3947786**
北　京	562622	360336	312745	548514	12709	1399	396424
天　津	20831	9662	120	15393	5073	365	6265
河　北	26940	23962		23962		2978	26940
山　西	15153	8077	3994	15153			12415
内蒙古							
辽　宁	849107	782340	527611	756102	49255	43751	214442
吉　林	152153	11483	123967	121620	25435	5098	113674
黑龙江	2487	2487		2487			2000
上　海	875814	339269	441872	620289	253666	1860	349880
江　苏	474390	84809	162617	390148	79297	4945	493527
浙　江	763798	68988	559774	703437	57693	2669	577608
安　徽	11800	165	1260	10834	800	165	9964
福　建	897678	91466	355765	783731	113644	303	518148
江　西	770999	9613	306672	742300	28699		377227
山　东	394392	6900	169041	387840	1447	5105	103699
河　南	1671			1671			2786
湖　北	33440	20912	8378	27695	4877	867	25042
湖　南	238314	160511	119298	237103		1212	123339
广　东	748669	263920	235110	483034	259033	6602	566360
广　西	2160	60	1150	1560	540	60	2160
海　南	593				593		593
重　庆	59123	2870	50873	43182	15458	483	3353
四　川	28527	1233	21797	22063	6464		20004
贵　州							
云　南	879			879			776
西　藏							
陕　西	252	252		252			215
甘　肃	1616			1616			916
青　海							
宁　夏							
新　疆	30	30		30			30

2-100 各地区港澳台商投资建筑业企业房屋建筑面积

地 区	房屋建筑施工面积(万平方米)	#本年新开工	#实行投标承包面积	房屋建筑竣工面积(万平方米)	房屋建筑面积竣工率(%)
全国总计	**4530.5**	**1443.5**	**4265.5**	**900.0**	**19.9**
北 京	121.4	32.5	55.9	3.7	3.0
天 津					
河 北					
山 西					
内蒙古					
辽 宁	4.0	4.0	4.0		
吉 林	17.6				
黑龙江					
上 海	98.8		98.8		
江 苏	206.8	107.3	184.6	83.8	40.5
浙 江	494.8	217.6	436.2	303.7	61.4
安 徽	8.0		8.0	4.6	58.2
福 建	1326.3	353.6	1256.6	177.3	13.4
江 西	1263.7	377.3	1263.7	162.2	12.8
山 东	17.4	6.5	8.2	5.0	28.8
河 南	11.3	2.0		2.5	22.2
湖 北	2.5	2.4		2.4	98.5
湖 南	330.1	5.7	329.8	64.5	19.5
广 东	617.8	334.4	609.7	84.9	13.7
广 西	2.6		2.6	2.6	100.0
海 南					
重 庆					
四 川	7.4		7.4	2.6	35.3
贵 州					
云 南	0.2	0.2			
西 藏					
陕 西					
甘 肃					
青 海					
宁 夏					
新 疆					

2-101 各地区按主要用途分的港澳台商投资建筑业企业房屋建筑竣工面积

单位：万平方米

地 区	总计	住宅房屋	商业及服务用房屋	商厦房屋(批发和零售用房)	宾馆用房屋(住宿用房)	餐饮用房屋(餐饮用房)
全国总计	**900.0**	**601.2**	**29.6**	**9.2**		**4.0**
北 京	3.7	3.7				
天 津						
河 北						
山 西						
内蒙古						
辽 宁						
吉 林						
黑龙江						
上 海						
江 苏	83.8	62.7				
浙 江	303.7	93.0	11.9			
安 徽	4.6	4.0				
福 建	177.3	177.3				
江 西	162.2	106.8	16.0	9.2		4.0
山 东	5.0	5.0				
河 南	2.5	2.5				
湖 北	2.4					
湖 南	64.5	64.5				
广 东	84.9	76.4	1.6			
广 西	2.6	2.6				
海 南						
重 庆						
四 川	2.6	2.6				
贵 州						
云 南						
西 藏						
陕 西						
甘 肃						
青 海						
宁 夏						
新 疆						

2-101 续表 1 单位：万平方米

地　区	商务会展用房屋	其他商业及服务用房屋(居民服务业用房)	办公用房　屋	科研、教育和医疗用房屋	科学研究用房屋	教育用房　屋
全国总计	**2.8**	**13.5**	**8.2**	**28.0**	**0.1**	**27.3**
北　京						
天　津						
河　北						
山　西						
内蒙古						
辽　宁						
吉　林						
黑龙江						
上　海						
江　苏			8.2	0.6		0.6
浙　江		11.9		5.7		5.7
安　徽				0.6		
福　建						
江　西	2.8			21.0		21.0
山　东						
河　南						
湖　北				0.1	0.1	
湖　南						
广　东		1.6				
广　西						
海　南						
重　庆						
四　川						
贵　州						
云　南						
西　藏						
陕　西						
甘　肃						
青　海						
宁　夏						
新　疆						

2-101 续表 2

单位：万平方米

地　区	医疗用房屋(卫生医疗用房)	文化、体育和娱乐用房屋	厂房及建筑物	#厂房	仓　库	其他未列明的房屋建筑物
全国总计	**0.6**		**225.9**	**178.5**	**2.1**	**5.0**
北　京						
天　津						
河　北						
山　西						
内蒙古						
辽　宁						
吉　林						
黑龙江						
上　海						
江　苏			11.1	10.6	1.1	
浙　江			188.7	165.5	1.0	3.5
安　徽	0.6					
福　建						
江　西			18.5			
山　东						
河　南						
湖　北			2.4	2.4		
湖　南						
广　东			5.2			1.6
广　西						
海　南						
重　庆						
四　川						
贵　州						
云　南						
西　藏						
陕　西						
甘　肃						
青　海						
宁　夏						
新　疆						

2-102 各地区按主要用途分的港澳台商投资建筑业企业房屋建筑竣工价值

单位：万元

地　区	总计	住宅房屋	商业及服务用房屋	商厦房屋(批发和零售用房)	宾馆用房屋(住宿用房)	餐饮用房屋(餐饮用房)
全国总计	**1538971**	**1132976**	**49512**	**7314**		**5300**
北　京	36616	36616				
天　津						
河　北						
山　西						
内蒙古						
辽　宁						
吉　林						
黑龙江						
上　海						
江　苏	148855	115213	11	11		
浙　江	491478	238090	27060			
安　徽	8999	7552				
福　建	354433	354433				
江　西	286911	181368	19903	7303		5300
山　东	4200	4200				
河　南	2587	2587				
湖　北	4876					
湖　南	86336	86336				
广　东	96050	88950	2538			
广　西	2100	2100				
海　南						
重　庆						
四　川	15531	15531				
贵　州						
云　南						
西　藏						
陕　西						
甘　肃						
青　海						
宁　夏						
新　疆						

2-102 续表 1

单位：万元

地区	商务会展用房屋	其他商业及服务用房屋(居民服务业用房)	办公用房屋	科研、教育和医疗用房屋	科学研究用房屋	教育用房屋
全国总计	**7300**	**29598**	**17189**	**44554**	**32**	**43075**
北京						
天津						
河北						
山西						
内蒙古						
辽宁						
吉林						
黑龙江						
上海						
江苏			17189	1422		1422
浙江		27060		18200		18200
安徽				1447		
福建						
江西	7300			23454		23454
山东						
河南						
湖北				32	32	
湖南						
广东		2538				
广西						
海南						
重庆						
四川						
贵州						
云南						
西藏						
陕西						
甘肃						
青海						
宁夏						
新疆						

2-102 续表 2 单位：万元

地 区	医疗用房屋(卫生医疗用房)	文化、体育和娱乐用房屋	厂房及建筑物	#厂房	仓 库	其他未列明的房屋建筑物
全国总计	**1447**		**281762**	**190753**	**4432**	**8546**
北 京						
天 津						
河 北						
山 西						
内蒙古						
辽 宁						
吉 林						
黑龙江						
上 海						
江 苏			11589	11381	3432	
浙 江			200808	174528	1000	6320
安 徽	1447					
福 建						
江 西			62187			
山 东						
河 南						
湖 北			4844	4844		
湖 南						
广 东			2335			2226
广 西						
海 南						
重 庆						
四 川						
贵 州						
云 南						
西 藏						
陕 西						
甘 肃						
青 海						
宁 夏						
新 疆						

2-103 各地区港澳台商投资建筑业企业主要生产效益指标

地区	建筑业企业个数(个)	从事建筑业活动的平均人数(人)	按总产值计算的劳动生产率(元/人)	人均竣工产值(元/人)	人均施工面积(平方米/人)	人均竣工面积(平方米/人)
全国总计	**343**	**188509**	**367804**	**209422**	**240.3**	**47.7**
北京	37	8684	647883	456500	139.8	4.2
天津	11	1511	137862	41461		
河北	3	520	518075	518075		
山西	4	674	224828	184203		
内蒙古						
辽宁	21	26890	315771	79748	1.5	
吉林	6	6769	224779	167933	26.0	
黑龙江	1	120	207250	166667		
上海	65	21056	415945	166167	46.9	
江苏	41	15722	301737	313909	131.6	53.3
浙江	17	14487	527230	398708	341.5	209.7
安徽	4	831	141992	119903	96.0	55.9
福建	24	17596	510160	294469	753.7	100.8
江西	7	36105	213544	104480	350.0	44.9
山东	16	7671	514134	135183	22.7	6.5
河南	2	92	181576	302859	1224.4	271.6
湖北	13	757	441740	330804	32.5	32.0
湖南	5	5086	468569	242507	649.0	126.8
广东	50	20935	357616	270533	295.1	40.5
广西	2	162	133333	133333	162.0	162.0
海南	1	55	107836	107836		
重庆	4	1757	336499	19081		
四川	4	788	362019	253854	93.7	33.1
贵州						
云南	2	124	70863	62540	15.4	
西藏						
陕西	1	13	194000	165385		
甘肃	1	102	158431	89784		
青海						
宁夏						
新疆	1	2	150000	150000		

2-104 各地区港澳台商投资建筑业企业资产构成

单位：万元

地区	资产合计	#流动资产合计	#存货	#非流动资产合计	#固定资产合计
全国总计	**11379782**	**9276135**	**1878488**	**2103647**	**1090368**
北京	992725	912210	261836	80515	17949
天津	55577	52586	4709	2991	1796
河北	21748	18969	5491	2779	1274
山西	25369	22951	2217	2418	2123
内蒙古					
辽宁	1558736	1352135	419274	206601	138903
吉林	296783	265412	66513	31371	18953
黑龙江	7786	6362	268	1424	990
上海	1791619	1582484	182637	209135	167792
江苏	805827	711534	155122	94294	59190
浙江	450743	375805	117530	74938	53163
安徽	74039	71029	41531	3010	2609
福建	436497	343891	93799	92606	8186
江西	1304783	1107230	117034	197553	14341
山东	859206	660657	133548	198549	54868
河南	179215	162615	17105	16601	3565
湖北	285166	180655	34560	104512	3432
湖南	77341	70735	2183	6606	1720
广东	1256304	971909	189650	284395	96561
广西	11290	7813	1046	3477	650
海南	1745	1551		194	194
重庆	822393	349358	26027	473034	432239
四川	45528	38615	6403	6913	5104
贵州	1000				
云南	13194	8445		4748	4748
西藏					
陕西	233	219	6	14	14
甘肃	4833	870		3963	
青海					
宁夏					
新疆	103	98		6	6

2-105 各地区港澳台商投资建筑业企业固定资产情况

单位：万元

地　区	固定资产合计	固定资产原价	固定资产折旧	#本年折旧	在建工程
全国总计	**1090368**	**1327515**	**443551**	**58076**	**151738**
北　京	17949	38985	21229	3254	193
天　津	1796	7732	6271	312	157
河　北	1274	3502	2228	221	
山　西	2123	7866	5744	301	
内蒙古					
辽　宁	138903	177592	84084	3179	11501
吉　林	18953	34408	16442	1016	
黑龙江	990	1551	561	20	
上　海	167792	203057	42798	6169	4092
江　苏	59190	73818	31349	4292	9729
浙　江	53163	99454	50206	4249	3915
安　徽	2609	2687	785	69	672
福　建	8186	16979	10217	985	946
江　西	14341	12397	2748	1417	1266
山　东	54868	85437	33016	3377	1811
河　南	3565	4510	944	213	
湖　北	3432	5451	2730	330	632
湖　南	1720	3579	2291	172	432
广　东	96561	140562	47272	9475	240
广　西	650	1934	1285	34	
海　南	194	323	129	29	
重　庆	432239	392505	75142	18594	114876
四　川	5104	5751	2117	351	
贵　州					
云　南	4748	7213	3759	17	1278
西　藏					
陕　西	14	143	129	1	
甘　肃					
青　海					
宁　夏					
新　疆	6	79	74		

2-106 各地区港澳台商投资建筑业企业负债及所有者权益

单位：万元

地　区	负债合计	#流动负债	#应付账款	所有者权益	#实收资本
全国总计	**8534995**	**7727065**	**2388488**	**2844787**	**1586456**
北　京	832581	815788	208824	160144	132942
天　津	38353	25155	16892	17224	15195
河　北	14133	14132	3540	7616	4814
山　西	18883	18683	4873	6487	3799
内蒙古					
辽　宁	1111255	1056200	265182	447482	282412
吉　林	225286	223428	22155	71497	24436
黑龙江	4221	4221	3653	3564	2729
上　海	1368011	1340936	551119	423608	229672
江　苏	537607	490772	143169	268221	123114
浙　江	353720	331532	67347	97023	63445
安　徽	67301	67300	336	6738	5705
福　建	289596	275796	98791	146901	68473
江　西	1103583	937803	324260	201200	117668
山　东	668096	629585	184276	191110	70738
河　南	164665	164512	14676	14551	5128
湖　北	158062	145764	36819	127105	57030
湖　南	62030	61722	29719	15311	8363
广　东	924468	892839	355553	331835	154711
广　西	2137	2137	319	9153	9096
海　南	43	43		1702	2000
重　庆	580328	211527	52723	242065	186345
四　川	11830	11830	4131	33698	13187
贵　州				1000	1000
云　南	4847	4847	2	8347	3628
西　藏					
陕　西	407	407	21	-174	661
甘　肃	-6553			11386	105
青　海					
宁　夏					
新　疆	109	109	108	-6	60

2-107 各地区港澳台商投资建筑业企业实收资本

单位：万元

地区	合计	国家资本	集体资本	法人资本	个人资本	港澳台资本	外商资本
全国总计	**1586456**	**99866**	**56857**	**463194**	**127423**	**785609**	**53507**
北京	132942	168	664	21516	8220	100891	1484
天津	15195	510		7067	420	5780	1419
河北	4814		505	993		3315	
山西	3799			3699			100
内蒙古							
辽宁	282412	18514	10000	16610	5439	229448	2400
吉林	24436			11105	52	13279	
黑龙江	2729			914		1815	
上海	229672	1500	13122	56718	8463	143720	6149
江苏	123114	2375	141	16927	28509	65566	9596
浙江	63445		353	33399	14412	14077	1204
安徽	5705			517		5180	8
福建	68473		8510	21145	9659	29159	
江西	117668	62820		1723	20922	4543	27660
山东	70738	5690	21287	23082	4385	15814	480
河南	5128		2200	2188	590	150	
湖北	57030			15208	913	40909	
湖南	8363	1275		196	5458	1434	
广东	154711	7014	75	49177	3167	93098	2181
广西	9096			596	8255	245	
海南	2000			887	1029	84	
重庆	186345			172275	1137	12933	
四川	13187			6100	5193	1066	827
贵州	1000			1000			
云南	3628				1200	2428	
西藏							
陕西	661			48		614	
甘肃	105			105			
青海							
宁夏							
新疆	60					60	

2-108 各地区港澳台商投资建筑业企业收入情况

单位：万元

地 区	主营业务收入	#主营业务成本	#主营业务税金及附加	其他业务收入	#其他业务成本	#其他业务利润
全国总计	**8218186**	**7221737**	**202081**	**187549**	**92375**	**30781**
北 京	838929	749474	20302	15052	10143	4851
天 津	34251	29726	1073	210	196	
河 北	31048	26755	665	29		29
山 西	15811	14506	652			
内蒙古						
辽 宁	1078082	878193	12959	456	45	-1288
吉 林	155574	140668	3909	171		155
黑龙江	6892	6038	216			
上 海	1408873	1200962	30619	32182	3521	23233
江 苏	505495	428005	12824	5111	7615	426
浙 江	616112	587219	16450	2391	1610	781
安 徽	12577	11395	439	1831	1213	
福 建	946630	868260	33900	2436	1389	543
江 西	598668	532828	19321	7603	212	338
山 东	747752	690703	14593	7055	6509	49
河 南	39904	40375	1390	124		124
湖 北	43368	35871	1532			
湖 南	220579	206031	8207	33	39	10
广 东	860826	730149	20599	9229	6346	1477
广 西	5056	4002	103			
海 南	1876	856	56		5	
重 庆	10098	5952	113	103558	53505	
四 川	35300	30383	1134	81	27	54
贵 州	50	45	3			
云 南	879	927	32			
西 藏						
陕 西	252	194	9			
甘 肃	3275	2206	982			
青 海						
宁 夏						
新 疆	30	17	1			

2-109 各地区港澳台商投资建筑业企业费用情况

单位：万元

地　区	管理费用		销售费用	财务费用		
		#税金			#利息收入	#利息支出
全国总计	**442555**	**16821**	**76025**	**103585**	**12296**	**84528**
北　京	47349	742	9422	3116	4040	6920
天　津	2983	107	104	122	-6	4
河　北	2427	20	882	136	12	145
山　西	950	9		305		29
内蒙古						
辽　宁	137646	4687	18964	4853	107	396
吉　林	3165	29	55	3657	5	3309
黑龙江	432	5		5		5
上　海	88575	583	9822	793	1312	7709
江　苏	25180	1022	3611	8026	-59	2085
浙　江	13013	671	3284	8305	577	9694
安　徽	1050	10	44	59	1	51
福　建	12227	553	2069	838	962	1537
江　西	9921	4877	773	25691	1291	26387
山　东	15058	483	13699	9903	2273	8273
河　南	2321	56	169	1111	1	1832
湖　北	3463	46	657	-243	776	3238
湖　南	3103	84	876	350	23	118
广　东	52833	1513	10136	10719	990	12586
广　西	88	33	1			
海　南	452	1			1	
重　庆	17593	1110	997	25347		-1
四　川	1860	173	454	198	-8	200
贵　州	2					
云　南	350	6	6	1	-3	3
西　藏						
陕　西	79	1		8		8
甘　肃	429			287		
青　海						
宁　夏						
新　疆	11	0.1				

2-110 各地区港澳台商投资建筑业企业利润及税金情况

单位：万元

地 区	利润总额	#应交所得税	税金总额	主营业务税金及附加	管理费用中的税金
全国总计	**307107**	**59152**	**218902**	**202081**	**16821**
北 京	18847	4386	21044	20302	742
天 津	333	545	1180	1073	107
河 北	334	244	685	665	20
山 西	-568	37	661	652	9
内蒙古					
辽 宁	25438	2099	17646	12959	4687
吉 林	3718	1344	3938	3909	29
黑龙江	201	51	221	216	5
上 海	106770	18447	31202	30619	583
江 苏	25817	5203	13845	12824	1022
浙 江	-12748	1754	17121	16450	671
安 徽	179	48	448	439	10
福 建	30478	8122	34453	33900	553
江 西	48214	3395	24198	19321	4877
山 东	6922	1748	15075	14593	483
河 南	3729	635	1446	1390	56
湖 北	-6237	822	1578	1532	46
湖 南	1993	423	8292	8207	84
广 东	39325	9059	22111	20599	1513
广 西	921	15	137	103	33
海 南	503	48	56	56	1
重 庆	12863	534	1223	113	1110
四 川	1063	192	1307	1134	173
贵 州			3	3	
云 南	-437	2	38	32	6
西 藏					
陕 西	-38		9	9	1
甘 肃	-515		982	982	
青 海					
宁 夏					
新 疆	1		1	1	

2-111 各地区港澳台商投资建筑业企业应收工程款及企业亏损情况

地　区	应收工程款(万元)	企业个数(个)	#亏损企业个数	亏损企业的比重(%)
全国总计	**2766344**	**343**	**92**	**26.8**
北　京	224135	37	7	18.9
天　津	18712	11	4	36.4
河　北	8487	3	1	33.3
山　西	7693	4	2	50.0
内蒙古				
辽　宁	378442	21	5	23.8
吉　林	30307	6	1	16.7
黑龙江	4757	1		
上　海	650202	65	20	30.8
江　苏	332319	41	9	22.0
浙　江	112078	17	9	52.9
安　徽	9613	4	1	25.0
福　建	132305	24	5	20.8
江　西	399831	7	2	28.6
山　东	110514	16	4	25.0
河　南	5939	2		
湖　北	35766	13	7	53.8
湖　南	6449	5	1	20.0
广　东	199876	50	9	18.0
广　西	4155	2		
海　南	1029	1		
重　庆	78308	4	1	25.0
四　川	14586	4	1	25.0
贵　州				
云　南	3	2	1	50.0
西　藏				
陕　西	90	1	1	100.0
甘　肃	671	1	1	100.0
青　海				
宁　夏				
新　疆	77	1		

2-112 各地区港澳台商投资建筑业企业主要经济效益指标

地 区	产值利润率 (%)	产值利税率 (%)	资本利润率 (%)	资本利税率 (%)	人均利润 (元/人)	人均利税 (元/人)	资产负债率 (%)
全国总计	**4.4**	**7.6**	**19.4**	**33.2**	**16291**	**27904**	**75.0**
北 京	3.3	7.1	14.2	30.0	21703	45936	83.9
天 津	1.6	7.3	2.2	10.0	2201	10009	69.0
河 北	1.2	3.8	6.9	21.2	6431	19604	65.0
山 西	-3.7	0.6	-14.9	2.5	-8426	1381	74.4
内蒙古							
辽 宁	3.0	5.1	9.0	15.3	9460	16022	71.3
吉 林	2.4	5.0	15.2	31.3	5492	11310	75.9
黑龙江	8.1	17.0	7.4	15.5	16758	35192	54.2
上 海	12.2	15.8	46.5	60.1	50708	65526	76.4
江 苏	5.4	8.4	21.0	32.2	16421	25227	66.7
浙 江	-1.7	0.6	-20.1	6.9	-8799	3019	78.5
安 徽	1.5	5.3	3.1	11.0	2156	7550	90.9
福 建	3.4	7.2	44.5	94.8	17321	36901	66.3
江 西	6.3	9.4	41.0	61.5	13354	20056	84.6
山 东	1.8	5.6	9.8	31.1	9024	28676	77.8
河 南	223.2	309.8	72.7	100.9	405272	562478	91.9
湖 北	-18.7	-13.9	-10.9	-8.2	-82396	-61556	55.4
湖 南	0.8	4.3	23.8	123.0	3919	20222	80.2
广 东	5.3	8.2	25.4	39.7	18784	29346	73.6
广 西	42.6	49.0	10.1	11.6	56840	65272	18.9
海 南	84.8	94.3	25.1	28.0	91436	101655	2.4
重 庆	21.8	23.8	6.9	7.6	73211	80173	70.6
四 川	3.7	8.3	8.1	18.0	13491	30082	26.0
贵 州							
云 南	-49.7	-45.3	-12.0	-11.0	-35202	-32121	36.7
西 藏							
陕 西	-14.9	-11.2	-5.7	-4.3	-28846	-21692	174.7
甘 肃	-31.9	28.9	-490.8	444.9	-50520	45794	-135.6
青 海							
宁 夏							
新 疆	2.7	6.0	1.3	3.0	4000	9000	106.1

三、中央和地方建筑业企业

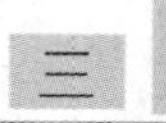

3-1 各地区中央建筑业企业签订合同情况

单位：万元

地　区	签订合同额	上年结转合同额	本年新签合同额
全国总计	**935423771**	**499043915**	**436379856**
北　京	158396055	88400418	69995637
天　津	55075207	29021668	26053539
河　北	20468881	9970181	10498700
山　西	34951678	19438162	15513517
内蒙古	2424055	1380112	1043943
辽　宁	28019098	15767353	12251745
吉　林	5733974	3658313	2075661
黑龙江	4359486	1868943	2490543
上　海	65768749	31099293	34669457
江　苏	25542995	16052190	9490805
浙　江	6737833	3597802	3140031
安　徽	27182937	14273467	12909469
福　建	16955456	9774010	7181447
江　西	8573555	5211972	3361583
山　东	39277192	20781225	18495966
河　南	52714723	27335351	25379372
湖　北	100571396	47781838	52789557
湖　南	49542247	27313004	22229243
广　东	60031259	33133614	26897646
广　西	5110352	3566119	1544233
海　南	10212	824	9388
重　庆	19400486	12428965	6971521
四　川	50793982	29458689	21335293
贵　州	17519125	8371526	9147600
云　南	10124865	6662300	3462564
西　藏			
陕　西	45465055	22115419	23349635
甘　肃	4188461	2219819	1968641
青　海	3669265	1911858	1757407
宁　夏	621077	152916	468161
新　疆	16194118	6296563	9897555

3-2 各地区中央建筑业企业承包工程完成情况

单位：万元

地　区	直接从建设单位承揽工程完成的产值			从建设单位以外承揽工程完成的产值
		自行完成施工产值	分包出去工程的产值	
全国总计	**315184501**	**297593630**	**17590871**	**16001042**
北　京	50718008	42370410	8347598	7405316
天　津	20961592	19975315	986277	1191126
河　北	7514865	7502908	11957	533988
山　西	10369750	10332522	37228	48697
内蒙古	783982	783982		26103
辽　宁	8909343	8902151	7192	51528
吉　林	2089151	2051402	37749	24262
黑龙江	1807440	1674571	132869	
上　海	19214305	18354104	860201	520237
江　苏	9762578	9413750	348828	250834
浙　江	2885978	2385274	500704	26436
安　徽	9139503	8886858	252646	153032
福　建	5113205	5104566	8639	7045
江　西	3773628	3665089	108539	19596
山　东	13786921	13350219	436702	194296
河　南	19313838	19194644	119194	392002
湖　北	35847196	35748814	98382	469213
湖　南	12947211	12947211		434453
广　东	18938270	15991805	2946465	947428
广　西	1818117	1818117		238349
海　南	4776	4776		
重　庆	5635898	5594854	41044	13992
四　川	17323958	17052416	271542	1357698
贵　州	5219321	5210519	8802	8802
云　南	3000099	2999251	848	
西　藏				
陕　西	15506492	13636533	1869959	1107302
甘　肃	2083575	2073082	10494	23978
青　海	1122741	1053357	69384	479826
宁　夏	470183	470183		
新　疆	9122580	9044951	77628	75504

3-3 各地区中央建筑业总产值和竣工产值

单位：万元

地　　区	建筑业总产值	#装饰装修产值	#在外省完成的产值	按构成分组 建筑工程产值	安装工程产值	其他产值	竣工产值
全国总计	**313594672**	**6041798**	**204489732**	**280693021**	**26968683**	**5932968**	**114871755**
北　京	49775725	2518222	43753735	47398450	2033457	343818	20477910
天　津	21166441	59804	13865510	19063467	1639432	463542	9915987
河　北	8036896	34343	5923854	6720254	1045183	271459	2679866
山　西	10381219	131222	8056413	9365451	853750	162018	4666175
内蒙古	810085	3170	335834	717988	70918	21179	242642
辽　宁	8953679	252406	4025315	7168802	1257207	527670	2957911
吉　林	2075664	200	1165962	1546533	498766	30365	861099
黑龙江	1674571	382255	481438	677372	977443	19756	923634
上　海	18874340	376877	15168888	16700546	1777079	396715	7516213
江　苏	9664584	2645	6778235	7650095	1754379	260109	4098424
浙　江	2411710	129	1324276	1467034	928261	16415	931291
安　徽	9039889	25103	6148965	8156902	741784	141203	2057736
福　建	5111611	71845	1040749	4787113	311926	12572	2907146
江　西	3684684	19683	2353214	3266480	367154	51051	1005313
山　东	13544515	53704	8654189	11275565	1844493	424456	4816468
河　南	19586645	553935	10335559	17363819	1769389	453437	4763915
湖　北	36218027	269811	25620211	32585818	2599041	1033168	7447088
湖　南	13381664	273333	10278870	12203436	822227	356001	6569053
广　东	16939233	401566	7772762	15745630	1070184	123419	8439213
广　西	2056466	1782	1146523	1532073	487341	37052	530786
海　南	4776				4776		4297
重　庆	5608845	66821	4014659	5436447	170363	2035	2295464
四　川	18410114	172535	7922616	16624640	1576353	209121	4771812
贵　州	5219321	72457	2337147	4482734	470522	266065	1236499
云　南	2999251		1268667	2934485	33010	31756	464945
西　藏							
陕　西	14743835	220408	11161119	13938085	674482	131267	5877176
甘　肃	2097060		1033982	1766044	242069	88947	466323
青　海	1533183		1282593	1230580	302603		465148
宁　夏	470183		181514	355163	105554	9467	126499
新　疆	9120456	77542	1056933	8532013	539536	48906	5355724

3-4 各地区中央建筑业企业房屋建筑面积

地 区	房屋建筑施工面积(万平方米)	#本年新开工	#实行投标承包面积	房屋建筑竣工面积(万平方米)	房屋建筑面积竣工率(%)
全国总计	**157697.1**	**36312.4**	**137856.0**	**22800.3**	**14.5**
北 京	40961.7	8794.9	39659.2	5769.6	14.1
天 津	8068.9	1862.1	7873.3	971.0	12.0
河 北	2486.8	385.4	2423.1	212.7	8.6
山 西	3385.1	889.0	3235.1	217.8	6.4
内蒙古	294.6	57.1	290.9	34.4	11.7
辽 宁	4624.2	933.3	3964.2	425.0	9.2
吉 林	317.2	192.9	265.6	31.0	9.8
黑龙江	61.6	24.4	61.5	27.7	45.0
上 海	14353.7	2735.6	14090.9	2041.2	14.2
江 苏	3734.9	977.1	3663.2	544.1	14.6
浙 江	96.6	62.8	67.6	8.1	8.4
安 徽	4776.0	936.8	4761.3	644.7	13.5
福 建	3402.1	528.8	3358.6	296.4	8.7
江 西	264.8	83.0	228.9	124.5	47.0
山 东	6250.3	1663.3	6250.3	942.4	15.1
河 南	5442.7	752.0	3996.9	338.2	6.2
湖 北	19081.2	4290.8	9728.1	2808.5	14.7
湖 南	9246.1	2486.0	9059.4	1680.2	18.2
广 东	10592.1	2400.6	6649.8	1574.4	14.9
广 西	265.0	51.0	245.0	31.7	12.0
海 南					
重 庆	1941.3	616.2	1918.0	386.0	19.9
四 川	5278.2	1558.7	4913.9	735.3	13.9
贵 州	4393.2	1330.7	3327.4	325.1	7.4
云 南	456.0	378.8	390.4	356.8	78.3
西 藏					
陕 西	2813.0	555.3	2669.1	325.0	11.6
甘 肃	136.3	16.9	118.7	58.1	42.7
青 海	81.4	46.9	81.4	16.6	20.4
宁 夏	154.2	22.1	27.2	49.6	32.2
新 疆	4737.9	1679.9	4537.0	1824.3	38.5

3-5 各地区按主要用途分的中央建筑业企业房屋建筑竣工面积

单位：万平方米

地 区	总计	住宅房屋	商业及服务用房屋	商厦房屋(批发和零售用房)	宾馆用房屋(住宿用房)	餐饮用房屋(餐饮用房)
全国总计	**22800.3**	**14459.3**	**2730.9**	**1666.4**	**176.8**	**24.8**
北 京	5769.6	3687.9	883.7	662.8	63.7	2.3
天 津	971.0	498.7	95.7	18.0		
河 北	212.7	121.5	9.5	9.5		
山 西	217.8	102.0				
内蒙古	34.4	8.2				
辽 宁	425.0	236.0	23.5	12.7		1.5
吉 林	31.0	12.6	2.1		2.1	
黑龙江	27.7					
上 海	2041.2	871.2	459.8	116.6	9.7	4.8
江 苏	544.1	304.8	28.9	25.8	2.9	0.1
浙 江	8.1					
安 徽	644.7	383.9	175.7	144.6	27.6	
福 建	296.4	212.1	9.6			6.8
江 西	124.5	78.2	15.8	13.7		
山 东	942.4	388.9	202.4	202.4		
河 南	338.2	113.6	121.8	0.8	2.1	
湖 北	2808.5	2142.0	168.2	105.3	27.1	
湖 南	1680.2	1154.3	178.9	162.4	16.5	
广 东	1574.4	1519.3	30.1			
广 西	31.7	15.8				
海 南						
重 庆	386.0	108.0	20.6	20.6		
四 川	735.3	546.1	55.8	44.8	10.0	0.1
贵 州	325.1	281.7	9.5	7.7	1.7	
云 南	356.8	99.8				
西 藏						
陕 西	325.0	212.3	1.2	0.1		
甘 肃	58.1	49.4				
青 海	16.6	15.0				
宁 夏	49.6	24.0	6.0	6.0		
新 疆	1824.3	1272.1	232.1	112.6	13.5	9.2

3-5 续表 1

单位：万平方米

地 区	商务会展用房屋	其他商业及服务用房屋(居民服务业用房)	办公用房 屋	科研、教育和医疗用房屋	科学研究用房屋	教育用房 屋
全国总计	**211.5**	**651.4**	**1562.0**	**629.9**	**100.1**	**375.2**
北 京	1.6	153.3	479.5	222.6	63.5	98.5
天 津	16.0	61.7	26.0	24.5	2.0	11.0
河 北			16.3	13.1	3.4	4.4
山 西			9.7	5.2	3.4	1.8
内蒙古			1.6			
辽 宁		9.3	1.7	10.5	1.0	8.4
吉 林						
黑龙江				8.3		8.3
上 海	182.0	146.7	43.1	44.1		39.1
江 苏	0.1		88.0	16.2	14.7	1.5
浙 江						
安 徽	0.4	3.2	2.1	16.8		3.0
福 建		2.8	23.6	10.0		10.0
江 西	2.1		1.0	0.8	0.8	
山 东			244.6	17.4	0.8	5.7
河 南		118.9	1.3	3.7		3.7
湖 北		35.8	188.8	47.3	7.1	26.2
湖 南			177.6	28.1		17.6
广 东		30.1				
广 西			7.1	0.6		
海 南						
重 庆			12.3			
四 川		0.9	29.8	23.9	0.3	16.0
贵 州			2.3	24.0		22.6
云 南			128.2			
西 藏						
陕 西	1.1		26.2	40.2		40.2
甘 肃						
青 海						
宁 夏			3.6	1.5		1.5
新 疆	8.3	88.6	47.6	71.1	3.0	55.7

3-5 续表 2 单位：万平方米

地 区	医疗用房屋(卫生医疗用房)	文化、体育和娱乐用房屋	厂房及建筑物	#厂房	仓 库	其他未列明的房屋建筑物
全国总计	**154.6**	**290.0**	**2485.3**	**1667.6**	**109.6**	**533.3**
北 京	60.6	112.8	219.9	184.1	36.2	126.9
天 津	11.5	5.8	305.6	256.1	1.9	12.7
河 北	5.3		48.6	21.1		3.8
山 西		3.8	46.9	32.2		50.1
内蒙古		4.9	19.7	19.7		
辽 宁	1.1		142.3	94.0	4.7	6.2
吉 林			16.4	16.4		
黑龙江			11.5	11.5		7.9
上 海	5.0	72.0	459.4	269.2		91.6
江 苏		21.7	71.4	68.6		13.2
浙 江			5.2	0.7	2.7	0.2
安 徽	13.9		56.4	46.6	5.9	4.0
福 建		8.3	19.8	16.6	1.5	11.5
江 西			27.6	24.6	0.4	0.6
山 东	10.9	15.3	73.7	37.9		0.2
河 南		0.3	95.0	52.6		2.4
湖 北	14.0	10.9	197.5	166.4	2.5	51.4
湖 南	10.5		90.3	56.9	13.1	37.9
广 东		4.8	17.9	7.7		2.3
广 西	0.6		4.7	4.2		3.6
海 南						
重 庆			245.2	14.7		
四 川	7.5	0.1	64.9	47.0	6.7	8.0
贵 州	1.4	1.3	6.3	2.9		
云 南			128.9	128.2		
西 藏						
陕 西		3.7	26.3	26.0	5.1	9.9
甘 肃			2.6	2.6	0.6	5.5
青 海						1.6
宁 夏		2.9	9.1	4.5	2.6	
新 疆	12.4	21.5	72.3	54.7	25.8	81.7

3-6 各地区按主要用途分的中央建筑业企业房屋建筑竣工价值

单位：万元

地 区	总计	住宅房屋	商业及服务用房屋			
				商厦房屋(批发和零售用房)	宾馆用房屋(住宿用房)	餐饮用房屋(餐饮用房)
全国总计	**47454198**	**26452517**	**6660891**	**3838882**	**589220**	**82435**
北 京	13474957	7334238	2027984	1460175	184050	11910
天 津	2045722	1009528	178875	27371		
河 北	448860	178687	16491	16491		
山 西	626639	185213				
内蒙古	67050	19753				
辽 宁	856832	352577	36956	16391		2043
吉 林	60584	18025	4308		4308	
黑龙江	72704					
上 海	5076092	1897119	1340756	216722	77600	44325
江 苏	1017919	425058	49141	36564	12316	104
浙 江	7451					
安 徽	1150939	678920	306118	254011	44151	
福 建	461152	305330	14533			12216
江 西	199757	130604	28149	22833		
山 东	2213036	607885	588512	588512		
河 南	651323	193728	249557	3001	6131	
湖 北	5018553	3155774	587865	403125	94154	
湖 南	4200389	2624256	548684	452336	96348	
广 东	3028593	2868203	96923			
广 西	27210	20650				
海 南						
重 庆	508127	190406	58579	58579		
四 川	1547287	1125938	117712	89208	19950	123
贵 州	625425	542021	45327	17023	28304	
云 南	65890	60116				
西 藏						
陕 西	838489	379477	4879	110		
甘 肃	145112	121827				
青 海	39419	34449				
宁 夏	80680	39914	9660	9660		
新 疆	2898008	1952823	349883	166771	21908	11715

3-6 续表 1　　单位：万元

地　区	商务会展用房屋	其他商业及服务用房屋(居民服务业用房)	办公用房　屋	科研、教育和医疗用房屋	科学研究用房屋	教育用房　屋
全国总计	**687213**	**1463141**	**4459449**	**1761060**	**348292**	**895177**
北　京	9597	362252	1815568	779074	230826	314251
天　津	15672	135832	83186	48471	5413	18421
河　北			28859	10460	1292	2589
山　西			18844	12101	7801	4300
内蒙古			3288			
辽　宁		18522	2157	13714	3315	7919
吉　林						
黑龙江				19288		19288
上　海	632334	369774	154029	102637		84540
江　苏	127	31	180563	76100	74124	1976
浙　江						
安　徽	738	7218	4424	27685		6279
福　建		2317	46764	21382		21382
江　西	5316		2053	1145	1021	125
山　东			681640	49828	2423	17455
河　南		240426	1939	9249		9249
湖　北		90586	615069	124078	13453	74168
湖　南			452276	158944		71428
广　东		96923				
广　西			2016	823		
海　南						
重　庆			44166			
四　川		8431	73639	48612	575	33074
贵　州			5962	18183		13269
云　南			2087			
西　藏						
陕　西	4769		124071	73979		73979
甘　肃						
青　海						
宁　夏			7554	3994		3994
新　疆	18660	130829	109296	161313	8050	117491

3-6 续表 2 单位：万元

地 区	医疗用房屋(卫生医疗用房)	文化、体育和娱乐用房屋	厂房及建筑物	#厂房	仓 库	其他未列明的房屋建筑物
全国总计	**517591**	**1192024**	**4928943**	**3212755**	**144001**	**1855313**
北 京	233998	464941	547787	467065	50737	454628
天 津	24637	23262	651757	594046	831	49814
河 北	6579		155153	69225		59210
山 西		49350	132473	101756		228658
内蒙古		15402	28607	28607		
辽 宁	2480		438762	202742	9063	3602
吉 林			38251	38251		
黑龙江			31181	31181		22235
上 海	18097	330796	1025293	466752		225463
江 苏		77813	163369	156841		45876
浙 江			2551	1164	4448	452
安 徽	21406		107563	91210	7383	18846
福 建		13362	28444	23083	2236	29102
江 西			35289	27857	670	1847
山 东	29950	77744	206947	113753		480
河 南		348	189008	99940	27	7466
湖 北	36457	32219	310527	273623	5973	187049
湖 南	87516		265554	130254	12510	138165
广 东		31251	28952	15255		3265
广 西	823		3296	2455		425
海 南						
重 庆			214975	22674		
四 川	14963	120	128002	101900	13148	40117
贵 州	4914	1777	12155	5150		
云 南			3687	2087		
西 藏						
陕 西		18800	57165	54110	2273	177845
甘 肃			5209	5209	3378	14698
青 海						4970
宁 夏		4366	11287	5627	3905	
新 疆	35772	50474	105697	80939	27420	141102

3-7 各地区中央建筑业企业主要生产效益指标

地　区	建筑业企业个数（个）	从事建筑业活动的平均人数（人）	按总产值计算的劳动生产率（元/人）	人均竣工产值（元/人）	人均施工面积（平方米/人）	人均竣工面积（平方米/人）
全国总计	**1266**	**5189407**	**604298**	**221358**	**303.9**	**43.9**
北　京	178	840318	592344	243692	487.5	68.7
天　津	58	362828	583374	273297	222.4	26.8
河　北	41	88669	906393	302233	280.5	24.0
山　西	53	245484	422888	190081	137.9	8.9
内蒙古	6	9335	867793	259927	315.6	36.9
辽　宁	108	207028	432486	142875	223.4	20.5
吉　林	37	36730	565114	234440	86.4	8.4
黑龙江	19	57767	289884	159890	10.7	4.8
上　海	50	223306	845223	336588	642.8	91.4
江　苏	36	173779	556142	235841	214.9	31.3
浙　江	19	23708	1017256	392817	40.7	3.4
安　徽	27	85432	1058139	240862	559.0	75.5
福　建	23	144833	352931	200724	234.9	20.5
江　西	20	61507	599067	163447	43.0	20.2
山　东	61	219426	617270	219503	284.8	42.9
河　南	64	262486	746198	181492	207.4	12.9
湖　北	57	361236	1002614	206156	528.2	77.7
湖　南	34	361545	370124	181694	255.7	46.5
广　东	64	261605	647512	322594	404.9	60.2
广　西	13	41642	493844	127464	63.6	7.6
海　南	2	254	188016	169165		
重　庆	24	65914	850934	348251	294.5	58.6
四　川	60	273768	672471	174301	192.8	26.9
贵　州	18	108283	482007	114191	405.7	30.0
云　南	6	26879	1115834	172977	169.6	132.8
西　藏						
陕　西	69	273636	538812	214781	102.8	11.9
甘　肃	24	33579	624515	138873	40.6	17.3
青　海	10	20630	743181	225472	39.5	8.0
宁　夏	5	15312	307068	82614	100.7	32.4
新　疆	80	302488	301515	177056	156.6	60.3

3-8 各地区中央建筑业企业资产构成

单位：万元

地区	资产合计	#流动资产合计	#存货	#非流动资产合计	#固定资产合计
全国总计	**434269344**	**329975832**	**71450896**	**104293512**	**28697775**
北京	128017951	83762234	11670511	44255717	2545623
天津	28037711	21121843	5436561	6915869	2889123
河北	8843979	7464332	1832238	1379647	780050
山西	14392395	12185885	1814498	2206511	532944
内蒙古	1238387	1040629	351101	197758	112734
辽宁	12450163	10713866	2798994	1736297	715751
吉林	1923189	1664289	460509	258899	136918
黑龙江	2358276	2108953	480484	249324	237707
上海	23318786	17883017	4807252	5435769	1303761
江苏	10369179	8612101	2317274	1757078	604682
浙江	3134239	2590800	558868	543439	232959
安徽	9656885	8310635	1649768	1346251	557209
福建	4270864	3028956	887237	1241909	996076
江西	2243123	2043366	402722	199756	123816
山东	15796259	13388470	2566945	2407789	1561306
河南	19338708	16482706	4194716	2856002	1457466
湖北	47478464	35917481	10056872	11560983	6487508
湖南	11822463	9329772	2341585	2492691	553053
广东	20894788	15739771	3621257	5155017	1588763
广西	2101191	1781953	726655	319238	226156
海南	13684	10555		3129	456
重庆	5065423	4244906	697190	820517	628471
四川	21097489	17599028	5092013	3498462	1658216
贵州	6427628	5576857	1369104	850770	247724
云南	2612691	1982173	618650	630518	381444
西藏					
陕西	18683300	15232447	2808245	3450853	910218
甘肃	2323677	1813323	303121	510354	99497
青海	1905207	1442498	383712	462709	455441
宁夏	463870	416291	70219	47579	40045
新疆	7989376	6486697	1132595	1502679	632661

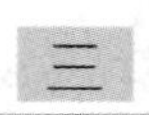

3-9 各地区中央建筑业企业固定资产情况

单位：万元

地 区	固定资产合计	固定资产原价	固定资产折旧	#本年折旧	在建工程
全国总计	**28697775**	**43321578**	**22258814**	**3615227**	**2068625**
北 京	2545623	4565052	2316021	420519	306815
天 津	2889123	4995604	2282138	339996	96522
河 北	780050	1564679	858173	113933	27616
山 西	532944	1257007	746976	119937	12868
内蒙古	112734	186057	79889	7313	6566
辽 宁	715751	1601735	942105	103977	40548
吉 林	136918	316786	186772	21024	5698
黑龙江	237707	523354	310002	19267	17285
上 海	1303761	2444471	1392542	124583	206143
江 苏	604682	1103935	548807	94526	18192
浙 江	232959	455258	237050	27057	432
安 徽	557209	916611	447208	69495	10678
福 建	996076	356972	191841	23949	28990
江 西	123816	242510	137545	22396	1569
山 东	1561306	2286560	1167713	184624	44992
河 南	1457466	2954023	1629050	246141	59524
湖 北	6487508	5483568	2639118	515506	327960
湖 南	553053	1144675	634840	132321	27985
广 东	1588763	2240722	1068214	176835	310307
广 西	226156	384197	223932	31352	33158
海 南	456	1265	809	44	
重 庆	628471	1051588	454192	108404	27065
四 川	1658216	2538334	1262244	268518	340934
贵 州	247724	422603	209051	35343	4637
云 南	381444	662469	286078	39832	5052
西 藏					
陕 西	910218	2060248	1249036	232542	64894
甘 肃	99497	221671	133327	28461	5271
青 海	455441	306682	176398	28225	22852
宁 夏	40045	67304	30800	3626	554
新 疆	632661	965638	416943	75484	13521

3-10 各地区中央建筑业企业负债及所有者权益

单位：万元

地 区	负债合计	#流动负债	#应付账款	所有者权益	#实收资本
全国总计	**339972209**	**302451002**	**138462919**	**94321081**	**45914776**
北 京	87224723	76040833	29759972	40791988	16418751
天 津	21578629	19848128	10277168	6459082	3643141
河 北	7132420	6721447	2917421	1711559	1145368
山 西	12287280	11227066	5616470	2105115	1038519
内蒙古	1068940	1040987	379603	169447	103136
辽 宁	10584509	9684519	4503092	1890840	1512894
吉 林	1716288	1660492	741290	206900	171224
黑龙江	2176033	2126205	1011301	182243	306674
上 海	18359889	16978526	8427066	4958897	3115315
江 苏	8638379	8394214	4103441	1730800	857181
浙 江	2375840	2280777	1163586	758399	375995
安 徽	8078245	7929743	3753685	1578641	823015
福 建	3554473	3427117	1725508	716391	503516
江 西	1914993	1898977	1044110	328130	229924
山 东	13686302	12377977	6181083	2109957	1154938
河 南	16181570	15312967	6924788	3157139	1817487
湖 北	39216586	34063996	17057753	8261878	2573104
湖 南	9423977	8571990	4453221	2398486	1163339
广 东	16805403	14986749	6663264	4089384	2473757
广 西	1780295	1635090	622577	320896	212983
海 南	3895	3895	1129	9789	3000
重 庆	4082624	3885532	2023321	982799	640805
四 川	17936421	11436170	5277233	3161068	1765159
贵 州	5561551	4952864	2306497	866077	462911
云 南	2159846	1909691	769030	452845	219413
西 藏					
陕 西	15729326	14546474	6744553	2953974	2000560
甘 肃	1925375	1852490	747630	398301	306677
青 海	1541693	1407934	815155	363514	124036
宁 夏	402885	402877	179038	60986	49279
新 疆	6843819	5845277	2272935	1145558	702679

3-11 各地区中央建筑业企业实收资本

单位：万元

地区	合计	国家资本	集体资本	法人资本	个人资本	港澳台资本	外商资本
全国总计	**45914776**	**22695847**	**96751**	**21596504**	**1495177**	**26995**	**3502**
北京	16418751	7544437	9839	7843023	1018451		3002
天津	3643141	1669859	2480	1785033	185769		
河北	1145368	581682	11565	546797	5325		
山西	1038519	631569	910	404939	1100		
内蒙古	103136	102346	507	26	257		
辽宁	1512894	1089445	24744	355537	43143	25	
吉林	171224	-40057	13654	195527	2100		
黑龙江	306674	296424	5875	4375			
上海	3115315	751766	4560	2358389	100		500
江苏	857181	489575	2400	346764	18442		
浙江	375995	143839	2010	230146			
安徽	823015	317776	1220	503858	161		
福建	503516	244411		249105	10000		
江西	229924	174174	3812	41257	10681		
山东	1154938	838285	941	298269	17443		
河南	1817487	1009221	354	807907	5		
湖北	2573104	2233087	1200	337047	1769		
湖南	1163339	297347		860312	5680		
广东	2473757	1096309		1350408	790	26250	
广西	212983	164612		48371			
海南	3000			3000			
重庆	640805	473369	605	154967	11865		
四川	1765159	812206	3361	873270	76322		
贵州	462911	361109		101102	700		
云南	219413	212757		6656			
西藏							
陕西	2000560	527248	3901	1433697	35715		
甘肃	306677	216800		89876			
青海	124036	29499		94537			
宁夏	49279	18299		30980			
新疆	702679	408454	2812	241332	49360	720	

3-12 各地区中央建筑业企业收入情况

单位：万元

地　　区	主营业务收　　入	#主营业务成　　本	#主营业务税金及附加	其他业务收　　入	#其他业务成　　本	#其他业务利　　润
全国总计	**353205999**	**320915026**	**8813775**	**2625591**	**3424236**	**301908**
北　京	66712225	61456034	1326365	232398	141195	82912
天　津	21529029	19024735	597938	114367	87910	16986
河　北	8092369	7308597	202321	35650	32855	4049
山　西	10555155	9243924	241846	33155	25954	6738
内蒙古	958620	857550	26844	2548	4206	-164
辽　宁	9824920	8900700	254677	108743	127742	3855
吉　林	1731256	1567173	42298	88298	107801	625
黑龙江	2068173	1970134	35669	12148	7683	3725
上　海	22918000	20852967	580954	92763	51626	39473
江　苏	10651460	9744214	285117	60653	53756	6950
浙　江	3098442	2682230	62453	14163	8046	4772
安　徽	9216395	8455258	270789	37329	31069	4685
福　建	4824764	4431039	144982	21227	21425	-1441
江　西	3452315	3223935	117102	312377	286506	329
山　东	15443810	13256304	385776	115730	1039295	17441
河　南	19837382	18038408	547466	87045	64524	13832
湖　北	43548850	38954976	1262877	672290	578747	26682
湖　南	13016343	11962062	295177	23162	17944	3634
广　东	19139125	17660984	398506	74244	76445	3315
广　西	2398238	2212868	67966	15926	13524	3893
海　南	7039	6149	107	57	35	
重　庆	5683796	5125894	168803	9444	7668	2476
四　川	19708354	18217842	501771	203254	174547	37386
贵　州	6279388	5879056	157032	22793	17962	4233
云　南	2730275	2495348	64552	8116	6704	1324
西　藏						
陕　西	17901832	16350381	508165	47131	265019	4172
甘　肃	1951730	1804807	38670	21670	29852	-1070
青　海	1776689	1624558	31221	28858	28361	5276
宁　夏	499522	463210	9689	5068	4395	956
新　疆	7650507	7143692	186645	124984	111441	4868

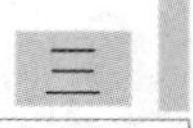

3-13 各地区中央建筑业企业费用情况

单位：万元

地 区	管理费用	#税金	销售费用	财务费用	#利息收入	#利息支出
全国总计	**11711379**	**209502**	**409535**	**2101456**	**1996935**	**3751355**
北 京	1941945	24424	51170	458186	707265	1082134
天 津	910558	12843	19137	202080	82443	263777
河 北	370663	8521	15195	73265	25273	76797
山 西	557170	4535	2559	67008	72496	131261
内蒙古	34506	2163	238	23886	333	23561
辽 宁	411180	11959	1880	59693	42180	105863
吉 林	90372	2024	2676	15478	759	14940
黑龙江	68545	4612	245	862	963	5101
上 海	735586	9436	47429	88644	117439	169624
江 苏	289120	4549	6227	14120	20339	69415
浙 江	162898	3258	3206	752	3149	8664
安 徽	307845	5949	2445	-36337	49194	30881
福 建	116554	1773	1144	24356	24354	46554
江 西	91459	3227	2225	-354	3282	12168
山 东	445934	11876	20531	81246	65615	140565
河 南	732031	10190	19904	142695	110758	206700
湖 北	1656458	20378	121575	272002	228911	442565
湖 南	400110	13376	3408	40728	78057	114914
广 东	496305	11191	6502	143138	42263	186024
广 西	65487	2106	2326	34801	1207	23760
海 南	787	31		-142	143	
重 庆	172992	3694	18159	18749	24788	32662
四 川	570741	10525	34885	182719	75215	156997
贵 州	136041	1826	824	23234	41584	60555
云 南	86968	621	2613	43953	5314	40570
西 藏						
陕 西	545455	16484	15640	29113	136999	176677
甘 肃	71438	850	2568	13458	1059	13336
青 海	54006	2009	292	14856	1135	13016
宁 夏	14022	942	708	917	-3	437
新 疆	174206	4131	3828	68351	34424	101837

3-14 各地区中央建筑业企业利润及税金情况

单位：万元

地 区	利润总额	#应交所得税	税金总额	主营业务税金及附加	管理费用中的税金
全国总计	**11202602**	**1929408**	**9023277**	**8813775**	**209502**
北 京	3844621	550703	1350789	1326365	24424
天 津	880798	121724	610780	597938	12843
河 北	126041	19570	210842	202321	8521
山 西	485954	31105	246381	241846	4535
内蒙古	7905	4499	29007	26844	2163
辽 宁	149166	31882	266636	254677	11959
吉 林	3172	7957	44322	42298	2024
黑龙江	1160	4221	40281	35669	4612
上 海	717671	108798	590390	580954	9436
江 苏	301867	50742	289666	285117	4549
浙 江	111073	24567	65711	62453	3258
安 徽	233018	32163	276738	270789	5949
福 建	108685	33980	146755	144982	1773
江 西	40727	8791	120329	117102	3227
山 东	352463	84670	397651	385776	11876
河 南	330198	77752	557657	547466	10190
湖 北	1462033	361193	1283254	1262877	20378
湖 南	413255	58100	308552	295177	13376
广 东	550600	104384	409697	398506	11191
广 西	20278	5376	70072	67966	2106
海 南	347	59	138	107	31
重 庆	167903	25988	172498	168803	3694
四 川	213976	68878	512296	501771	10525
贵 州	104192	19314	158858	157032	1826
云 南	49189	7185	65173	64552	621
西 藏					
陕 西	320352	47365	524649	508165	16484
甘 肃	29886	6326	39519	38670	850
青 海	51772	2944	33230	31221	2009
宁 夏	7418	2719	10631	9689	942
新 疆	116884	26457	190776	186645	4131

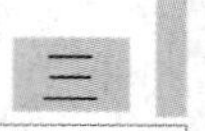

3-15 各地区中央建筑业企业应收工程款及企业亏损情况

地 区	应收工程款(万元)	企业个数(个)	#亏损企业个数	亏损企业的比重(%)
全国总计	**78374367**	**1266**	**129**	**10.2**
北 京	11847966	178	23	12.9
天 津	6314703	58	1	1.7
河 北	2355553	41	7	17.1
山 西	2702645	53	4	7.5
内蒙古	298656	6		
辽 宁	2965044	108	18	16.7
吉 林	546680	37	10	27.0
黑龙江	1082926	19	7	36.8
上 海	4729829	50	3	6.0
江 苏	2487065	36	1	2.8
浙 江	747010	19	1	5.3
安 徽	2456563	27	1	
福 建	604067	23	3	13.0
江 西	471516	20	2	10.0
山 东	4024012	61	4	6.6
河 南	4212857	64	5	7.8
湖 北	8337982	57	3	5.3
湖 南	2323066	34	2	5.9
广 东	4244514	64	3	
广 西	398729	13	1	7.7
海 南	5617	2		
重 庆	1429002	24	2	8.3
四 川	4242722	60	6	10.0
贵 州	1260899	18	2	11.1
云 南	408811	6		
西 藏				
陕 西	4519321	69	4	5.8
甘 肃	524444	24	7	29.2
青 海	453438	10	2	20.0
宁 夏	193990	5		
新 疆	2184742	80	7	8.8

3-16 各地区中央建筑业企业主要经济效益指标

地　区	产值利润率(%)	产值利税率(%)	资本利润率(%)	资本利税率(%)	人均利润(元/人)	人均利税(元/人)	资产负债率(%)
全国总计	**3.6**	**6.4**	**24.4**	**44.1**	**21587**	**38975**	**78.3**
北　京	7.7	10.4	23.4	31.6	45752	61827	68.1
天　津	4.2	7.0	24.2	40.9	24276	41110	77.0
河　北	1.6	4.2	11.0	29.4	14215	37993	80.6
山　西	4.7	7.1	46.8	70.5	19796	29832	85.4
内蒙古	1.0	4.6	7.7	35.8	8468	39541	86.3
辽　宁	1.7	4.6	9.9	27.5	7205	20084	85.0
吉　林	0.2	2.3	1.9	27.7	864	12931	89.2
黑龙江	0.1	2.5	0.4	13.5	201	7174	92.3
上　海	3.8	6.9	23.0	42.0	32138	58577	78.7
江　苏	3.1	6.1	35.2	69.0	17371	34039	83.3
浙　江	4.6	7.3	29.5	47.0	46850	74567	75.8
安　徽	2.6	5.6	28.3	61.9	27275	59668	83.7
福　建	2.1	5.0	21.6	50.7	7504	17637	83.2
江　西	1.1	4.4	17.7	70.0	6622	26185	85.4
山　东	2.6	5.5	30.5	64.9	16063	34185	86.6
河　南	1.7	4.5	18.2	48.9	12580	33825	83.7
湖　北	4.0	7.6	56.8	106.7	40473	75997	82.6
湖　南	3.1	5.4	35.5	62.0	11430	19965	79.7
广　东	3.3	5.7	22.3	38.8	21047	36708	80.4
广　西	1.0	4.4	9.5	42.4	4870	21697	84.7
海　南	7.3	10.1	11.6	16.2	13661	19083	28.5
重　庆	3.0	6.1	26.2	53.1	25473	51643	80.6
四　川	1.2	3.9	12.1	41.1	7816	26529	85.0
贵　州	2.0	5.0	22.5	56.8	9622	24293	86.5
云　南	1.6	3.8	22.4	52.1	18300	42547	82.7
西　藏							
陕　西	2.2	5.7	16.0	42.2	11707	30880	84.2
甘　肃	1.4	3.3	9.7	22.6	8900	20669	82.9
青　海	3.4	5.5	41.7	68.5	25095	41203	80.9
宁　夏	1.6	3.8	15.1	36.6	4845	11788	86.9
新　疆	1.3	3.4	16.6	43.8	3864	10171	85.7

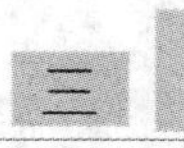

3-17 各地区地方建筑业企业签订合同情况

单位：万元

地 区	签订合同额		
		上年结转合同额	本年新签合同额
全国总计	**2442934916**	**1035928935**	**1407005981**
北 京	73760143	35866007	37894136
天 津	33926628	12921225	21005403
河 北	69941973	28624063	41317911
山 西	28378380	11298239	17080141
内蒙古	17390271	7707697	9682574
辽 宁	68634608	29077506	39557102
吉 林	28910579	10371501	18539079
黑龙江	20754237	6966926	13787311
上 海	92347786	49329653	43018133
江 苏	346458320	148259166	198199154
浙 江	387669088	172198014	215471074
安 徽	73851230	30301908	43549322
福 建	116293557	47090138	69203420
江 西	72735695	29633180	43102515
山 东	113601710	39362642	74239068
河 南	88832466	29881509	58950957
湖 北	106939549	38587066	68352483
湖 南	92760816	42900428	49860389
广 东	148633671	73621417	75012254
广 西	51280519	21190764	30089754
海 南	6119205	3158260	2960945
重 庆	79222757	34427276	44795480
四 川	127299037	51191374	76107663
贵 州	33585389	17654476	15930913
云 南	49246511	19793102	29453409
西 藏	1539558	482002	1057556
陕 西	54226485	21656482	32570002
甘 肃	25572082	9307080	16265002
青 海	5445389	2932371	2513019
宁 夏	7452562	3298557	4154005
新 疆	20124717	6838907	13285810

3-18 各地区地方建筑业企业承包工程完成情况

单位：万元

地区	直接从建设单位承揽工程完成的产值	自行完成施工产值	分包出去工程的产值	从建设单位以外承揽工程完成的产值
全国总计	**1472289419**	**1444894644**	**27394775**	**49085420**
北京	34121048	31152025	2969023	3439546
天津	23290679	22758020	532659	964570
河北	44065759	43836629	229131	652161
山西	18840352	18807441	32911	123967
内蒙古	10395953	10384439	11514	40186
辽宁	44983233	44577871	405363	606073
吉林	19749748	19693607	56141	393871
黑龙江	15122182	15103660	18522	25697
上海	39111371	31957752	7153619	5692590
江苏	225175669	224540897	634772	13652653
浙江	233617571	231621125	1996446	5773081
安徽	47229256	46897405	331852	1022059
福建	69473023	69191300	281723	1755225
江西	41414109	40860845	553264	1479391
山东	79803064	79260836	542228	1011814
河南	60134114	59834590	299524	1055242
湖北	69173228	68448969	724259	1261568
湖南	52543277	52093981	449296	832604
广东	75675243	68970255	6704988	2747357
广西	27340788	27068214	272574	409533
海南	2763795	2719777	44018	61755
重庆	56530906	55215400	1315507	1745185
四川	68089855	67042340	1047515	2229909
贵州	14181362	14117830	63532	140292
云南	29124946	28939394	185552	750640
西藏	1066821	1002660	64161	66520
陕西	32206464	31990733	215731	791579
甘肃	16294784	16199344	95440	193781
青海	2554218	2488449	65769	73427
宁夏	4777910	4743734	34176	31359
新疆	13438692	13375126	63566	61784

3-19 各地区地方建筑业总产值和竣工产值

单位：万元

地区	建筑业总产值	#装饰装修产值	#在外省完成的产值	按构成分组			竣工产值
				建筑工程产值	安装工程产值	其他产值	
全国总计	**1493980064**	**99038697**	**397415714**	**1321985998**	**122949260**	**49044806**	**986096517**
北京	34591571	8292536	13621991	32522180	1656716	412676	22392779
天津	23722590	994628	2638441	19294370	3102794	1325426	14201016
河北	44488789	2034236	9787946	36912663	4265237	3310889	25841980
山西	18931408	748395	2383618	15994014	2149804	787590	10724891
内蒙古	10424626	276072	234211	8671947	973010	779668	7385233
辽宁	45183944	4457871	3332756	37010983	6434698	1738262	29590756
吉林	20087478	747967	1380174	17084936	1981973	1020569	16355731
黑龙江	15129357	659063	1720853	12511737	2150249	467371	9192171
上海	37650342	5712757	11862746	30923059	6005650	721634	23682640
江苏	238193550	13331511	103270186	225132292	11460630	1600628	200215440
浙江	237394206	15025630	120592675	215921681	16294049	5178476	154014453
安徽	47919464	2186085	6850454	40670257	3613066	3636141	29864131
福建	70946525	3119253	26806949	65324475	4741708	880341	44402438
江西	42340236	3305714	12921185	36404603	2946446	2989186	29134346
山东	80272650	5826599	7712773	68531362	10088554	1652735	47332986
河南	60889832	3160971	7527784	52916319	5459291	2514223	39352804
湖北	69710537	4514705	10624113	61049934	6297225	2363378	46327940
湖南	52926585	2703329	11855228	45001872	3597569	4327144	34930512
广东	71717611	11482495	12543268	60510553	8320531	2886527	40212828
广西	27477747	1077144	3806192	24068031	2029124	1380591	17090174
海南	2781532	165860	83754	2362917	233074	185541	2107159
重庆	56960584	2528215	6511331	51386530	3699580	1874475	30773128
四川	69272249	2526639	10323267	60905345	5772571	2594333	44210021
贵州	14258122	350921	1855854	12825891	751420	680811	6639203
云南	29690035	995450	985203	26069055	2418477	1202503	17947665
西藏	1069180	32155	38723	878571	115307	75302	718914
陕西	32782313	1607834	4029525	28357051	3182694	1242568	16481471
甘肃	16393125	662775	1588139	14262834	1477309	652982	9821150
青海	2561876	41248	194587	2059203	299808	202865	1596318
宁夏	4775093	173106	260206	4560405	179937	34751	3912960
新疆	13436910	297537	71583	11860929	1250762	325219	9643281

3-20 各地区地方建筑业企业房屋建筑面积

地区	房屋建筑施工面积(万平方米)	#本年新开工	#实行投标承包面积	房屋建筑竣工面积(万平方米)	房屋建筑面积竣工率(%)
全国总计	**1082020.5**	**429267.1**	**831122.4**	**397984.6**	**36.8**
北京	18815.0	4711.1	16456.2	4116.7	21.9
天津	7575.8	2766.2	5901.3	2576.2	34.0
河北	33129.7	13096.2	27030.9	11400.3	34.4
山西	10558.3	3460.0	8456.0	3416.6	32.4
内蒙古	6680.0	3204.0	5284.4	3068.7	45.9
辽宁	24312.9	11228.0	16992.3	9973.0	41.0
吉林	11920.1	6584.2	8564.3	5571.6	46.7
黑龙江	5462.7	3353.7	4244.4	2940.4	53.8
上海	22306.0	6922.3	18500.1	5217.4	23.4
江苏	211857.1	74989.9	190431.4	76279.8	36.0
浙江	201445.6	74353.7	158946.4	68308.2	33.9
安徽	36700.4	15807.7	27301.0	14908.9	40.6
福建	55875.2	18945.7	37212.7	16334.9	29.2
江西	28630.6	14104.3	18484.8	14131.1	49.4
山东	63228.3	26332.0	46780.1	22714.6	35.9
河南	47689.8	22890.1	37298.8	17625.6	37.0
湖北	43123.5	27053.5	29350.3	24020.4	55.7
湖南	38258.3	15934.5	32962.6	15709.8	41.1
广东	39869.5	13401.6	24087.3	12799.0	32.1
广西	23166.9	7948.6	18772.6	7689.0	33.2
海南	2132.0	561.0	1701.9	744.6	34.9
重庆	30860.3	13452.9	17572.2	13156.5	42.6
四川	47517.2	19924.7	28141.5	19931.5	41.9
贵州	12376.4	4111.4	6787.2	2870.8	23.2
云南	14981.1	7096.7	9644.6	6584.3	44.0
西藏	295.4	200.9	166.8	173.9	58.9
陕西	21178.2	7190.9	17523.7	6762.4	31.9
甘肃	10620.8	4137.8	6985.9	4025.0	37.9
青海	827.3	459.9	560.2	333.6	40.3
宁夏	3130.7	1139.4	2842.4	1177.0	37.6
新疆	7495.3	3903.9	6138.2	3422.9	45.7

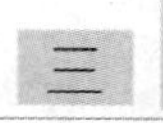

3-21 各地区按主要用途分的地方建筑业企业房屋建筑竣工面积

单位：万平方米

地区	总计	住宅房屋	商业及服务用房屋	商厦房屋(批发和零售用房)	宾馆用房屋(住宿用房)	餐饮用房屋(餐饮用房)
全国总计	**397984.6**	**269562.7**	**25991.5**	**11272.5**	**3167.2**	**1044.0**
北京	4116.7	2615.1	345.8	162.1	42.8	2.4
天津	2576.2	1483.3	195.6	59.4	5.8	2.8
河北	11400.3	8457.9	465.0	208.6	37.2	17.8
山西	3416.6	2625.1	149.1	51.0	40.4	2.5
内蒙古	3068.7	2339.2	209.9	67.5	21.1	7.0
辽宁	9973.0	7252.6	550.3	193.4	40.9	12.8
吉林	5571.6	4087.6	275.6	111.4	37.1	9.3
黑龙江	2940.4	2248.2	165.9	59.0	16.6	12.2
上海	5217.4	2604.9	701.2	210.4	54.4	7.9
江苏	76279.8	56079.6	3270.1	1342.0	582.4	216.8
浙江	68308.2	38722.4	5334.2	2520.8	690.1	296.3
安徽	14908.9	10117.9	862.5	423.7	59.4	44.3
福建	16334.9	10503.2	1141.1	498.9	126.7	23.8
江西	14131.1	9019.2	1111.0	424.3	105.8	73.8
山东	22714.6	16432.8	1204.4	578.3	49.7	30.7
河南	17625.6	12825.9	822.2	281.2	155.3	50.6
湖北	24020.4	16257.2	1646.9	748.7	452.5	34.7
湖南	15709.8	11044.1	1195.6	614.2	90.5	11.8
广东	12799.0	7812.8	985.8	502.2	99.9	17.5
广西	7689.0	4557.3	657.0	292.3	78.4	14.5
海南	744.6	490.2	81.4	53.7	5.4	7.1
重庆	13156.5	9827.5	877.6	349.6	44.1	29.5
四川	19931.5	15172.0	1556.8	656.6	121.0	45.2
贵州	2870.8	1699.1	215.9	52.9	14.2	1.6
云南	6584.3	4179.0	650.6	223.5	94.0	39.6
西藏	173.9	102.7	13.0	1.3	2.4	0.2
陕西	6762.4	5082.0	482.2	211.3	29.4	7.4
甘肃	4025.0	2782.4	330.6	141.7	32.4	8.7
青海	333.6	195.9	30.6	4.7	3.3	0.3
宁夏	1177.0	848.2	134.6	78.5	2.6	3.3
新疆	3422.9	2097.5	328.7	149.6	31.7	11.7

3-21 续表 1　　　单位：万平方米

地　区	商务会展用房屋	其他商业及服务用房屋(居民服务业用房)	办公用房屋	科研、教育和医疗用房屋	科学研究用房屋	教育用房屋
全国总计	**1690.3**	**8817.4**	**21653.3**	**15964.7**	**1535.2**	**11047.8**
北　京	21.2	117.3	394.1	277.3	57.1	125.5
天　津	12.0	115.7	102.6	218.1	5.8	147.7
河　北	37.2	164.2	519.0	472.2	34.1	350.2
山　西	5.2	50.1	159.2	146.2	9.1	107.6
内蒙古	3.6	110.6	87.4	91.3	7.5	65.7
辽　宁	19.9	283.4	345.9	162.6	6.0	133.7
吉　林	25.2	92.7	246.7	137.3	21.7	87.2
黑龙江	0.8	77.3	92.4	95.6	9.5	52.1
上　海	165.9	262.8	537.8	234.3	48.5	151.9
江　苏	659.4	469.5	3285.6	1945.3	227.0	1265.0
浙　江	296.0	1531.1	4574.2	2105.8	324.4	1334.3
安　徽	22.0	313.1	912.7	630.9	26.5	524.4
福　建	59.2	432.5	945.8	517.5	59.2	364.8
江　西	24.8	482.3	1000.5	689.9	39.6	535.9
山　东	38.2	507.6	992.4	934.3	109.6	644.7
河　南	44.7	290.4	1128.1	980.9	98.0	743.7
湖　北	27.9	383.1	1460.4	1122.8	99.9	554.8
湖　南	25.0	454.1	856.1	871.5	78.6	591.5
广　东	37.3	328.9	738.5	522.6	39.5	400.7
广　西	14.5	257.3	618.4	748.6	66.4	536.5
海　南		15.2	35.3	54.5	8.6	43.5
重　庆	34.6	419.9	441.2	393.0	13.5	301.1
四　川	39.9	694.2	560.6	608.8	33.6	452.7
贵　州	4.0	143.3	215.8	382.4	14.4	310.1
云　南	16.1	277.4	424.2	565.3	25.9	434.0
西　藏	2.0	7.1	15.2	18.4	0.4	17.9
陕　西	14.6	219.5	341.4	409.0	44.6	286.1
甘　肃	27.8	119.9	203.7	294.7	20.0	196.8
青　海	0.1	22.1	47.5	28.3		27.2
宁　夏	2.0	48.2	78.0	45.0	1.6	36.0
新　疆	9.1	126.7	292.6	260.5	4.6	224.4

3-21 续表 2

单位：万平方米

地　区	医疗用房屋(卫生医疗用房)	文化、体育和娱乐用房屋	厂房及建筑物	#厂房	仓　库	其他未列明的房屋建筑物
全国总计	**3381.7**	**4132.1**	**50089.2**	**33156.5**	**2594.0**	**7997.2**
北　京	94.7	97.0	257.8	217.1	9.8	119.8
天　津	64.6	10.8	409.7	196.9	32.7	123.4
河　北	87.8	63.9	1081.0	675.4	49.5	291.8
山　西	29.5	18.7	227.1	146.3	16.6	74.6
内蒙古	18.1	18.6	112.4	21.6	4.2	205.7
辽　宁	22.9	18.5	1275.6	792.4	75.9	291.5
吉　林	28.4	102.3	452.4	272.6	36.8	232.9
黑龙江	34.0	16.9	175.4	101.0	78.0	68.0
上　海	34.0	57.3	945.9	583.3	70.8	65.3
江　苏	453.4	982.8	9443.6	7204.7	525.4	747.4
浙　江	447.0	828.1	15089.3	11329.3	511.4	1142.8
安　徽	80.0	138.0	1894.0	926.7	120.5	232.5
福　建	93.5	131.9	2878.8	1240.2	105.4	111.1
江　西	114.4	213.9	1655.8	939.5	136.7	304.2
山　东	180.0	139.0	2488.2	1607.0	149.9	373.7
河　南	139.2	123.0	1306.7	656.3	115.1	323.6
湖　北	468.1	288.0	2551.1	1498.2	92.6	601.4
湖　南	201.4	137.2	1216.8	722.6	92.9	295.5
广　东	82.5	80.5	2189.0	1414.9	91.5	378.1
广　西	145.6	213.7	493.0	319.1	58.1	343.0
海　南	2.4	15.2	23.5	20.4	0.4	44.3
重　庆	78.4	51.6	1134.7	588.8	46.6	384.3
四　川	122.5	111.5	1490.3	922.7	58.9	372.5
贵　州	57.8	19.4	174.3	107.1	14.5	149.4
云　南	105.4	101.5	380.8	195.1	18.7	264.3
西　藏	0.1	2.5	10.6	0.1		11.6
陕　西	78.2	51.0	238.2	168.5	32.8	125.8
甘　肃	77.9	48.0	272.3	123.7	15.0	78.3
青　海	1.1	4.5	8.5	6.2	0.9	17.4
宁　夏	7.4	2.4	48.6	39.3	0.5	19.7
新　疆	31.5	44.3	163.8	119.5	32.0	203.5

3-22 各地区按主要用途分的地方建筑业企业房屋建筑竣工价值

单位：万元

地区	总计	住宅房屋	商业及服务用房屋	商厦房屋(批发和零售用房)	宾馆用房屋(住宿用房)	餐饮用房屋(餐饮用房)
全国总计	**621287104**	**419178047**	**43866848**	**18736771**	**5673997**	**1845271**
北京	10652974	5863169	1066014	458162	210655	11420
天津	5640128	3085530	491080	209752	16415	3475
河北	17443875	12082337	854530	394506	109771	28774
山西	5220595	3911592	230780	66955	56018	3438
内蒙古	4508627	3383898	291928	67964	35251	43010
辽宁	14483241	10298804	730371	332116	42306	19850
吉林	8407610	6024772	439787	118827	62114	14358
黑龙江	4532898	3368226	279168	95682	27959	20242
上海	11981785	5391338	2039412	738837	143970	20323
江苏	135296202	99337597	6163935	2645039	1092043	471930
浙江	107330816	64104225	9376498	4422954	1241469	523154
安徽	18896502	13305673	1119689	531325	104744	65421
福建	27355509	18388483	1886952	802520	263839	37059
江西	18562109	12012164	1683531	587102	157288	128940
山东	30717255	21781439	1918072	831285	102071	56961
河南	22002395	15923627	1103637	391994	211389	58565
湖北	33134000	22170202	2427267	1105855	706615	46719
湖南	21351366	14650307	1769892	824819	134164	18421
广东	22402338	13439440	1532077	610769	250255	27263
广西	11140652	6595235	1003611	447607	108554	21335
海南	1375288	930122	152680	105203	8330	12112
重庆	19361778	14628089	1295790	551256	64536	40880
四川	29369935	22468490	2483369	1031389	202740	68390
贵州	4024332	2323154	245432	67796	15602	2051
云南	10265945	6423226	1081961	384127	146224	43215
西藏	390899	237767	31762	2727	2691	480
陕西	10769349	7810493	706957	275320	44925	10796
甘肃	7096595	4543022	629471	244615	53470	23838
青海	577841	340396	58859	7701	4294	524
宁夏	1839746	1287550	218002	142153	4205	5390
新疆	5154522	3067683	554337	240413	50089	16936

3-22 续表 1 单位：万元

地　区	商务会展用房屋	其他商业及服务用房屋(居民服务业用房)	办公用房屋	科研、教育和医疗用房屋	科学研究用房屋	教育用房屋
全国总计	**3385617**	**14225191**	**37448868**	**28175784**	**2670163**	**18629789**
北　京	81026	304750	1169643	899183	174396	378335
天　津	35249	226189	264725	729177	20130	493851
河　北	48596	272883	825392	764307	66070	525789
山　西	8998	95370	267363	283655	18826	205228
内蒙古	6507	139196	185610	200164	16170	122043
辽　宁	22715	313383	565859	240087	14448	183131
吉　林	86453	158036	474400	250289	41575	136509
黑龙江	1250	134035	159803	228182	14188	134919
上　海	580927	555354	1590908	688386	132213	467915
江　苏	1125004	829919	6485849	4387714	496251	2694769
浙　江	597111	2591809	8232615	3856860	495404	2457681
安　徽	26953	391246	1160900	837703	31433	685526
福　建	118484	665050	1625035	868972	93252	593277
江　西	50451	759750	1410365	862866	41227	642830
山　东	75760	851995	1557235	1514254	134974	1054917
河　南	58346	383344	1450462	1262205	122749	957349
湖　北	45854	522223	2164242	1797604	150815	832581
湖　南	96655	695834	1223778	1267308	118586	813958
广　东	51165	592624	1422337	967395	89629	719891
广　西	12977	413138	850747	1089629	93417	756870
海　南		27036	66233	93588	15707	73146
重　庆	54003	585115	735369	575477	16347	433098
四　川	61399	1119451	881589	974244	63102	703418
贵　州	8923	151060	326570	566891	20315	450154
云　南	23289	485106	551618	1016244	35946	720773
西　藏	6000	19864	33627	46282	1650	44556
陕　西	27916	348001	695659	739264	96538	465438
甘　肃	46615	260934	411434	568893	44251	366581
青　海	192	46148	77197	47100	88	45254
宁　夏	2872	63382	148850	89834	3673	69523
新　疆	23930	222970	433457	462031	6793	400476

3-22 续表 2

单位：万元

地　区	医疗用房屋(卫生医疗用房)	文化、体育和娱乐用房屋	厂房及建筑物	#厂房	仓　库	其他未列明的房屋建筑物
全国总计	**6875828**	**8281092**	**66129137**	**44268856**	**3506997**	**14700332**
北　京	346451	426330	703021	582162	17501	508114
天　津	215195	37386	589175	247574	32171	410886
河　北	172448	139175	1941370	1326725	81720	755043
山　西	59601	33253	358793	243232	18207	116953
内蒙古	61951	41631	132689	33501	6941	265766
辽　宁	42508	29146	1746997	1072138	127106	744872
吉　林	72206	171225	613630	385426	45907	387599
黑龙江	79075	47135	263121	155433	106815	80447
上　海	88257	165035	1810792	1192385	139502	156414
江　苏	1196694	2403525	14234656	10819834	853397	1429529
浙　江	903775	1518916	17746405	13462381	587786	1907511
安　徽	120744	200742	1844640	964933	119215	307940
福　建	182443	307511	3897587	1646312	168804	212165
江　西	178808	252777	1842869	1039181	170888	326651
山　东	324363	269396	2918419	1889601	187998	570444
河　南	182107	176793	1503495	801150	89078	493098
湖　北	814209	508874	3245399	1891001	65252	755159
湖　南	334765	246977	1578876	983629	157494	456734
广　东	157870	149919	2986754	1766082	140467	1763951
广　西	239343	335554	669670	421806	78293	517912
海　南	4734	27745	35607	32919	679	68635
重　庆	126032	79804	1475092	801878	63662	508496
四　川	207724	226538	1729235	1070867	77064	529407
贵　州	96422	20378	289249	208817	22514	230144
云　南	259525	147824	570498	279930	32136	442438
西　藏	75	4109	21482	105	5	15867
陕　西	177288	131743	429984	303215	46105	209143
甘　肃	158062	79357	654364	423582	25478	184575
青　海	1757	8668	14636	11721	1850	29136
宁　夏	16638	4748	63875	53812	610	26278
新　疆	54761	88878	216756	157523	42354	289026

3-23 各地区地方建筑业企业主要生产效益指标

地区	建筑业企业个数（个）	从事建筑业活动的平均人数（人）	按总产值计算的劳动生产率（元/人）	人均竣工产值（元/人）	人均施工面积（平方米/人）	人均竣工面积（平方米/人）
全国总计	**79645**	**50595491**	**295279**	**194898**	**213.9**	**78.7**
北京	2731	784161	441128	285564	239.9	52.5
天津	1493	542532	437257	261754	139.6	47.5
河北	2334	1303601	341276	198235	254.1	87.5
山西	2232	749375	252629	143118	140.9	45.6
内蒙古	835	396552	262882	186236	168.5	77.4
辽宁	5455	1501693	300887	197049	161.9	66.4
吉林	2233	845317	237632	193486	141.0	65.9
黑龙江	1582	678194	223083	135539	80.5	43.4
上海	2729	1041015	361670	227496	214.3	50.1
江苏	8873	8159350	291927	245382	259.6	93.5
浙江	6114	7798184	304422	197500	258.3	87.6
安徽	2736	1585186	302296	188395	231.5	94.1
福建	3379	2791597	254143	159057	200.2	58.5
江西	1719	1595507	265372	182602	179.4	88.6
山东	5884	2892751	277496	163626	218.6	78.5
河南	4620	2534578	240237	155264	188.2	69.5
湖北	3161	1967062	354389	235518	219.2	122.1
湖南	1988	1851183	285907	188693	206.7	84.9
广东	4247	1982652	361726	202823	201.1	64.6
广西	1058	944957	290783	180857	245.2	81.4
海南	146	77214	360237	272899	276.1	96.4
重庆	2468	1934078	294510	159110	159.6	68.0
四川	3389	2690681	257452	164308	176.6	74.1
贵州	724	448740	317737	147952	275.8	64.0
云南	2411	1109095	267696	161823	135.1	59.4
西藏	167	34678	308317	207311	85.2	50.2
陕西	1809	1000102	327790	164798	211.8	67.6
甘肃	1240	575380	284910	170690	184.6	70.0
青海	356	107391	238556	148645	77.0	31.1
宁夏	498	181246	263459	215892	172.7	64.9
新疆	1034	491439	273420	196225	152.5	69.6

3-24 各地区地方建筑业企业资产构成

单位：万元

地 区	资产合计	#流动资产合计	#存货	#非流动资产合计	#固定资产合计
全国总计	**1207994020**	**975952669**	**206675352**	**232041350**	**115668107**
北 京	55641770	46443218	8961934	9198552	2511656
天 津	29181389	24091534	3268188	5089855	2627855
河 北	35979905	28769081	5648485	7210824	4262226
山 西	25945527	21043541	3112079	4901986	2288982
内蒙古	17486988	13668030	2048377	3818959	1878231
辽 宁	56329127	46704077	9324274	9625050	5239799
吉 林	21526008	16327005	2164359	5199004	3270783
黑龙江	14916097	11752244	1977013	3163853	1706701
上 海	63128104	55577372	10243760	7550733	2753449
江 苏	153961064	127085559	30519681	26875505	14689900
浙 江	113408321	93113746	26324081	20294576	10409245
安 徽	37678433	30162225	5505528	7516208	3763039
福 建	38393893	30885654	6546729	7508238	4130290
江 西	24741442	18840441	4026456	5901001	3110082
山 东	83410099	68169046	15094710	15241053	8828585
河 南	42363545	31811855	6827337	10551690	6624655
湖 北	41470675	33261320	7575791	8209356	5157967
湖 南	28131319	20336534	4126009	7794784	3835632
广 东	86479269	70725354	14330843	15753916	6037028
广 西	14993094	11738758	2236823	3254336	1504957
海 南	2138588	1792842	171865	345746	125994
重 庆	43975052	36018376	9249664	7956676	3572332
四 川	56557441	44567862	11707645	11989579	4402866
贵 州	19659474	16915119	4457027	2744356	1041308
云 南	34330946	25646709	3356817	8684237	4094387
西 藏	1547467	1073650	103352	473818	215828
陕 西	28020621	20394739	3243184	7625882	3212511
甘 肃	14579944	10616567	2106796	3963377	2354458
青 海	3193301	2406234	363388	787067	399038
宁 夏	6431148	5546259	1054157	884889	511486
新 疆	12393967	10467720	999001	1926248	1106836

3-25 各地区地方建筑业企业固定资产情况

单位：万元

地 区	固定资产合计	固定资产原价	固定资产折旧	#本年折旧	在建工程
全国总计	**115668107**	**144910413**	**57349304**	**8365968**	**15466734**
北 京	2511656	3904401	1920378	277157	487481
天 津	2627855	2717090	1173800	196826	572495
河 北	4262226	5475067	2131776	271784	474539
山 西	2288982	3335928	1414633	182319	236397
内蒙古	1878231	2553384	921021	116870	141624
辽 宁	5239799	8242192	3868824	486269	415649
吉 林	3270783	2849094	998402	135824	1110543
黑龙江	1706701	2355589	919094	101812	104628
上 海	2753449	4334247	2027998	239790	245490
江 苏	14689900	18266595	7284461	1082521	1817550
浙 江	10409245	14415071	5885400	878460	762021
安 徽	3763039	4741145	1736272	274854	420926
福 建	4130290	5520725	1923612	311725	313883
江 西	3110082	3470685	1144246	198126	512082
山 东	8828585	11496503	4470814	657053	673911
河 南	6624655	7755913	2657491	415444	746573
湖 北	5157967	6288791	2356315	376289	628253
湖 南	3835632	4817401	1912331	262065	495542
广 东	6037028	7843222	3335158	433603	1026564
广 西	1504957	1837539	657256	100299	195998
海 南	125994	98209	47351	6196	61847
重 庆	3572332	3754980	1357246	228864	696934
四 川	4402866	4788552	1910365	291568	985517
贵 州	1041308	848731	341800	56062	248893
云 南	4094387	4229350	1648128	252638	1097769
西 藏	215828	235528	79333	13913	8166
陕 西	3212511	3403008	1260948	202835	468545
甘 肃	2354458	2644016	781383	130603	281752
青 海	399038	528945	229605	33128	29793
宁 夏	511486	660666	272217	36321	49027
新 疆	1106836	1497849	681646	114751	156347

3-26 各地区地方建筑业企业负债及所有者权益

单位：万元

地 区	负债合计	#流动负债	#应付账款	所有者权益	#实收资本
全国总计	**761171514**	**684991487**	**207248761**	**447638208**	**239088599**
北 京	42237203	39792525	13985767	13397070	8598886
天 津	22221854	19914191	7044712	6955923	3961024
河 北	22274260	20636378	8095417	13705645	7365023
山 西	17923660	16367410	7003690	8021829	5232538
内蒙古	10990676	9532539	2392904	6496312	3243819
辽 宁	33281155	29354128	8710425	23010851	14733975
吉 林	12543604	10766211	3435361	8982405	4430357
黑龙江	9559400	8884189	2968886	5356697	3716205
上 海	48619821	46037019	11617190	14491765	8163122
江 苏	89007036	82948372	26483991	64947165	26177241
浙 江	67515196	62094358	16683154	45893126	22753239
安 徽	24003773	20607779	5998903	13631227	7252308
福 建	19609498	17757798	3632918	18784395	12161543
江 西	13774114	11767408	2727436	10967329	6565844
山 东	55161818	49664158	15390645	28248232	14250075
河 南	22153241	19751819	5466603	20210315	11709448
湖 北	23400348	19528097	7244055	18071205	10470402
湖 南	13959539	11894656	3284294	14257367	7024722
广 东	57500574	50305771	13124232	29823112	15617016
广 西	9558934	8268026	1717458	5434160	3364235
海 南	1261837	1113003	392093	876751	539085
重 庆	30510101	26402561	8262540	13464951	7041499
四 川	36792049	32854830	9001913	19765392	10896990
贵 州	13597267	11506089	2712283	6062208	2144745
云 南	22600580	19602028	5653593	11730366	6439910
西 藏	765572	637466	154238	781895	441490
陕 西	16106320	14732790	5994365	11914301	6863663
甘 肃	9399945	8307478	2805279	5180000	3156317
青 海	1832952	1676650	639151	1360350	993816
宁 夏	4460924	4180920	1525430	1970168	1202159
新 疆	8548266	8104840	3099832	3845702	2577904

3-27 各地区地方建筑业企业实收资本

单位：万元

地区	合计	国家资本	集体资本	法人资本	个人资本	港澳台资本	外商资本
全国总计	**239088599**	**24981849**	**11973540**	**70712738**	**129895795**	**859249**	**665428**
北京	8598886	1078170	339108	3592138	3383813	101303	104355
天津	3961024	386835	231345	1370366	1950781	5780	15917
河北	7365023	1007646	377228	2019671	3956763	3315	400
山西	5232538	1042335	266771	1459711	2460423	2797	500
内蒙古	3243819	622684	191650	693582	1735902		
辽宁	14733975	837774	556465	2774339	10285075	240728	39595
吉林	4430357	274678	180231	1446593	2514696	14119	40
黑龙江	3716205	582560	285084	1031454	1813356	1902	1849
上海	8163122	1245955	437124	2713788	3508469	150656	107129
江苏	26177241	1266241	789720	7314580	16554610	93750	158340
浙江	22753239	756521	503946	5915825	15537800	17744	21402
安徽	7252308	696039	322580	1925854	4302534	5180	120
福建	12161543	576471	269929	2927077	8346294	33436	8337
江西	6565844	1058933	389045	1411732	3673321	5003	27810
山东	14250075	1620775	1424714	4549721	6625248	21336	8282
河南	11709448	988535	715119	3201389	6801505	360	2540
湖北	10470402	1088786	496679	3862045	4974336	40974	7583
湖南	7024722	1271398	582477	1808679	3359982	2185	1
广东	15617016	1600358	950206	6602052	6236397	90061	137942
广西	3364235	572697	235849	1103177	1450288	1245	980
海南	539085	110014	20621	234742	173624	84	
重庆	7041499	650351	271737	2262794	3841260	13920	1437
四川	10896990	1323779	534608	3014971	6015036	4880	3716
贵州	2144745	763458	162940	625472	592593	141	141
云南	6439910	1717055	281393	1822414	2610555	6113	2380
西藏	441490	45203	18870	254189	123228		
陕西	6863663	704357	602951	2381491	3172451	614	1800
甘肃	3156317	480859	280409	1049405	1345280		363
青海	993816	174377	90129	324632	404603		75
宁夏	1202159	120894	23578	244537	801150		12000
新疆	2577904	316110	141035	774317	1344422	1623	397

3-28 各地区地方建筑业企业收入情况

单位：万元

地区	主营业务收入	#主营业务成本	#主营业务税金及附加	其他业务收入	#其他业务成本	#其他业务利润
全国总计	**1330715783**	**1164678577**	**45438260**	**20506524**	**26158634**	**1578040**
北京	42237463	37759905	1171195	387103	238145	151222
天津	21310352	19048222	567192	268445	286108	21657
河北	39695752	34970105	1353990	1000603	1443992	50399
山西	18384276	16280022	580036	491818	498949	44305
内蒙古	10149359	8595519	360487	226430	335335	10330
辽宁	45012528	38073812	1461591	4500574	2257111	37913
吉林	18792527	16099191	638003	709602	855513	16818
黑龙江	12460789	10769920	468660	134366	239391	14901
上海	49509971	45134014	1280702	378802	251063	94924
江苏	196063575	171163950	6932710	1382338	1769570	151167
浙江	179157776	162272463	6106513	717354	983791	144255
安徽	40245583	35025670	1396151	748441	1256569	26894
福建	62179533	55213602	2340915	172005	193428	32722
江西	37283155	32553181	1416542	898772	1233014	29307
山东	73851997	63754454	2342348	1195852	1632540	85374
河南	54669686	46198010	1987608	1426523	1776129	74329
湖北	66630047	56796281	2447262	544503	1035518	53875
湖南	47888746	41641866	1975828	141432	769232	36590
广东	78871567	69504207	2454870	561376	452988	147989
广西	23708491	21341116	825351	405429	570523	27188
海南	2653764	2389458	93825	61965	52864	1743
重庆	48773509	40984589	1709647	925892	1927278	50367
四川	55510397	47968997	1934715	1529956	2122218	82213
贵州	11938609	10567205	419331	315723	426197	21888
云南	24668470	20913746	845406	562122	770697	99136
西藏	1046120	846618	37610	7246	38516	2126
陕西	29336079	25171988	989355	123000	1116518	17359
甘肃	15679829	13069633	528672	288579	1080277	28620
青海	2836697	2458123	86636	151845	205313	1358
宁夏	5600892	5013028	173247	47900	69980	11332
新疆	14568245	13099684	511864	200533	269869	9742

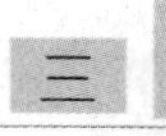

3-29 各地区地方建筑业企业费用情况

单位：万元

地区	管理费用	#税金	销售费用	财务费用	#利息收入	#利息支出
全国总计	**42154403**	**2272553**	**6207568**	**10296722**	**1776966**	**8539196**
北京	2043460	33851	308614	325353	167689	423686
天津	813773	27635	70961	139728	53974	180224
河北	1191269	47261	96567	254396	31827	164699
山西	840005	26986	88163	123582	30434	105045
内蒙古	454109	20779	19471	118785	3311	92281
辽宁	2105915	139749	168655	347793	21345	165216
吉林	669725	47110	63669	147216	10289	94238
黑龙江	528212	35698	57923	65276	9867	54084
上海	1887942	34889	142683	161207	76620	190983
江苏	5726923	336261	783591	1664672	171600	1263267
浙江	3518514	179232	436942	1269038	171046	1177212
安徽	1261725	64175	213239	385064	196191	314807
福建	1731105	120680	192353	261064	64517	201839
江西	933016	77875	210275	240515	14227	164270
山东	2538393	154008	314834	743546	96349	610464
河南	1880511	156991	380594	428311	48976	297225
湖北	2110126	125252	864117	475517	79598	307460
湖南	1534437	98713	278060	236408	44757	173646
广东	2826013	112393	326271	700140	57517	602792
广西	641912	41438	56010	172501	14039	154214
海南	59776	1781	2933	3946	594	3345
重庆	1555770	95596	211139	518881	88019	375293
四川	1845500	111724	462990	595572	184862	571212
贵州	313558	13897	19346	107810	8003	105681
云南	969208	46809	200202	352460	71406	400498
西藏	51541	1323	7827	5321	675	4141
陕西	902706	57530	108532	160113	30344	144117
甘肃	507802	33885	82637	144981	13005	76879
青海	109427	5207	8574	18759	594	6781
宁夏	155245	8212	7097	49933	1673	38114
新疆	446786	15613	23299	78835	13624	75482

3-30 各地区地方建筑业企业利润及税金情况

单位：万元

地 区	利润总额	#应交所得税	税金总额	主营业务税金及附加	管理费用中的税金
全国总计	**53309723**	**12968209**	**47710813**	**45438260**	**2272553**
北 京	949143	225759	1205046	1171195	33851
天 津	713284	274396	594827	567192	27635
河 北	1430706	376396	1401251	1353990	47261
山 西	452125	116222	607023	580036	26986
内蒙古	458254	112038	381265	360487	20779
辽 宁	1538719	530999	1601340	1461591	139749
吉 林	966408	277591	685113	638003	47110
黑龙江	464131	113556	504358	468660	35698
上 海	1226936	257930	1315591	1280702	34889
江 苏	9552079	2177007	7268970	6932710	336261
浙 江	5397703	1347616	6285745	6106513	179232
安 徽	1635715	356442	1460326	1396151	64175
福 建	2522459	789261	2461595	2340915	120680
江 西	1588183	379896	1494416	1416542	77875
山 东	3718864	809166	2496356	2342348	154008
河 南	3044446	686323	2144599	1987608	156991
湖 北	3264029	852435	2572514	2447262	125252
湖 南	1750132	379434	2074541	1975828	98713
广 东	3298150	807018	2567264	2454870	112393
广 西	522900	188024	866789	825351	41438
海 南	113679	59084	95606	93825	1781
重 庆	2901350	549031	1805243	1709647	95596
四 川	2001015	494559	2046438	1934715	111724
贵 州	351902	81971	433229	419331	13897
云 南	1186149	231124	892215	845406	46809
西 藏	78414	8626	38933	37610	1323
陕 西	966060	180642	1046885	989355	57530
甘 肃	591137	114751	562558	528672	33885
青 海	89924	17072	91843	86636	5207
宁 夏	171290	62607	181459	173247	8212
新 疆	364438	111234	527477	511864	15613

3-31 各地区地方建筑业企业应收工程款及企业亏损情况

地 区	应收工程款(万元)	企业个数(个)	#亏损企业个数	亏损企业的比重(%)
全国总计	**283258533**	**79645**	**11642**	**14.6**
北 京	10840479	2731	609	22.3
天 津	7370683	1493	293	19.6
河 北	9805114	2334	275	11.8
山 西	8871932	2232	501	22.4
内蒙古	4460559	835	157	18.8
辽 宁	14618907	5455	1039	19.0
吉 林	6371301	2233	329	14.7
黑龙江	3488707	1582	334	21.1
上 海	10948454	2729	572	21.0
江 苏	46260086	8873	464	5.2
浙 江	22141513	6114	765	12.5
安 徽	8926851	2736	301	11.0
福 建	6661254	3379	445	13.2
江 西	4949541	1719	138	8.0
山 东	22380592	5884	791	13.4
河 南	8410608	4620	472	10.2
湖 北	11768633	3161	363	11.5
湖 南	5790831	1988	193	9.7
广 东	16321355	4247	723	17.0
广 西	2485201	1058	219	20.7
海 南	434242	146	28	19.2
重 庆	10470069	2468	399	16.2
四 川	10157837	3389	519	15.3
贵 州	3215851	724	174	24.0
云 南	7687787	2411	452	18.7
西 藏	291471	167	19	11.4
陕 西	7298096	1809	345	19.1
甘 肃	4070533	1240	207	16.7
青 海	679957	356	95	26.7
宁 夏	2209940	498	126	25.3
新 疆	3870151	1034	295	28.5

3-32 各地区地方建筑业企业主要经济效益指标

地 区	产值利润率 (%)	产值利税率 (%)	资本利润率 (%)	资本利税率 (%)	人均利润 (元/人)	人均利税 (元/人)	资产负债率 (%)
全国总计	**3.6**	**6.8**	**22.3**	**42.3**	**10536**	**19966**	**63.0**
北 京	2.7	6.2	11.0	25.1	12104	27471	75.9
天 津	3.0	5.5	18.0	33.0	13147	24111	76.2
河 北	3.2	6.4	19.4	38.5	10975	21724	61.9
山 西	2.4	5.6	8.6	20.2	6033	14134	69.1
内蒙古	4.4	8.1	14.1	25.9	11556	21170	62.9
辽 宁	3.4	6.9	10.4	21.3	10247	20910	59.1
吉 林	4.8	8.2	21.8	37.3	11432	19537	58.3
黑龙江	3.1	6.4	12.5	26.1	6844	14280	64.1
上 海	3.3	6.8	15.0	31.1	11786	24424	77.0
江 苏	4.0	7.1	36.5	64.3	11707	20616	57.8
浙 江	2.3	4.9	23.7	51.3	6922	14982	59.5
安 徽	3.4	6.5	22.6	42.7	10319	19531	63.7
福 建	3.6	7.0	20.7	41.0	9036	17854	51.1
江 西	3.8	7.3	24.2	46.9	9954	19321	55.7
山 东	4.6	7.7	26.1	43.6	12856	21486	66.1
河 南	5.0	8.5	26.0	44.3	12012	20473	52.3
湖 北	4.7	8.4	31.2	55.7	16593	29671	56.4
湖 南	3.3	7.2	24.9	54.4	9454	20661	49.6
广 东	4.6	8.2	21.1	37.6	16635	29584	66.5
广 西	1.9	5.1	15.5	41.3	5534	14706	63.8
海 南	4.1	7.5	21.1	38.8	14723	27104	59.0
重 庆	5.1	8.3	41.2	66.8	15001	24335	69.4
四 川	2.9	5.8	18.4	37.1	7437	15042	65.1
贵 州	2.5	5.5	16.4	36.6	7842	17496	69.2
云 南	4.0	7.0	18.4	32.3	10695	18739	65.8
西 藏	7.3	11.0	17.8	26.6	22612	33839	49.5
陕 西	2.9	6.1	14.1	29.3	9660	20127	57.5
甘 肃	3.6	7.0	18.7	36.6	10274	20051	64.5
青 海	3.5	7.1	9.0	18.3	8373	16926	57.4
宁 夏	3.6	7.4	14.2	29.3	9451	19462	69.4
新 疆	2.7	6.6	14.1	34.6	7416	18149	69.0

四、按资质等级分组的建筑业企业

4-1 各地区总承包建筑业企业签订合同情况

单位：万元

地 区	签订合同额	上年结转合同额	本年新签合同额
全国总计	**3135832816**	**1455561826**	**1680270990**
北 京	216269368	118315763	97953605
天 津	83453200	40247649	43205551
河 北	86234609	37648180	48586429
山 西	58800989	28885663	29915327
内蒙古	18726679	8749665	9977014
辽 宁	83644079	40573529	43070550
吉 林	31863792	13314559	18549233
黑龙江	22896233	8436192	14460041
上 海	144322207	75547419	68774788
江 苏	343774037	156314674	187459363
浙 江	370632931	167731312	202901619
安 徽	94534546	42845662	51688884
福 建	124482260	53876081	70606179
江 西	76095726	32942339	43153387
山 东	142236195	58125749	84110446
河 南	132049477	55753251	76296226
湖 北	195405982	80905640	114500342
湖 南	136515085	68481090	68033995
广 东	178283309	96077252	82206057
广 西	54750335	24088024	30662311
海 南	5946021	3096600	2849420
重 庆	92196845	44235486	47961359
四 川	161487666	74456896	87030769
贵 州	50262466	25687348	24575118
云 南	55521780	25120840	30400940
西 藏	1502792	474557	1028236
陕 西	94311484	41656487	52654996
甘 肃	28661391	11319270	17342121
青 海	8732486	4767555	3964931
宁 夏	7600576	3263103	4337474
新 疆	34638273	12623993	22014281

4-2 各地区总承包建筑业企业承包工程完成情况

单位：万元

地 区	直接从建设单位承揽工程完成的产值	自行完成施工产值	分包出去工程的产值	从建设单位以外承揽工程完成的产值
全国总计	**1626865044**	**1585322045**	**41543000**	**51231606**
北 京	75070533	64332407	10738126	7962196
天 津	38809708	37847342	962366	1831784
河 北	48489649	48251214	238435	1123828
山 西	26275618	26238340	37278	84075
内蒙古	10332502	10322112	10390	58974
辽 宁	44035601	43674244	361357	504342
吉 林	19475696	19388623	87073	314456
黑龙江	15026842	14876250	150592	20734
上 海	50609316	42822305	7787012	4379310
江 苏	214389033	213467400	921634	10647911
浙 江	221012666	218741901	2270765	4287586
安 徽	51006601	50500987	505614	1052663
福 建	68823909	68647890	176019	1125002
江 西	41862929	41235292	627638	1443977
山 东	84774449	83895601	878848	1009452
河 南	72232550	71865998	366552	1118150
湖 北	98052840	97355132	697708	1584722
湖 南	61840421	61412166	428255	1217182
广 东	76659873	67828507	8831366	2831377
广 西	28293665	28048849	244816	514865
海 南	2635883	2592094	43789	61526
重 庆	58013944	56723270	1290674	1570867
四 川	78530842	77389465	1141376	3239690
贵 州	18738536	18677512	61025	120665
云 南	29581059	29419314	161744	643297
西 藏	1044492	981031	63461	65820
陕 西	44093405	42023410	2069994	1536614
甘 肃	17542382	17451006	91376	185308
青 海	3347658	3214145	133513	552530
宁 夏	4943505	4909398	34106	28596
新 疆	21318939	21188840	130099	114109

4-3 各地区总承包建筑业总产值和竣工产值

单位：万元

地区	建筑业总产值	#装饰装修产值	#在外省完成的产值	按构成分组			竣工产值
				建筑工程产值	安装工程产值	其他产值	
全国总计	**1636553651**	**48246481**	**555563987**	**1489074449**	**104278049**	**43201153**	**987078673**
北　京	72294603	5390120	51538805	69103511	2568333	622760	35821026
天　津	39679126	260730	16221788	36059054	2656305	963766	21001304
河　北	49375043	1340327	15084840	42083914	4277313	3013816	26344177
山　西	26322414	484034	9670084	23403538	2238455	680421	13414260
内蒙古	10381086	251221	530402	8915816	761236	704033	6994757
辽　宁	44178586	1680699	6278659	39025851	3745189	1407547	25346732
吉　林	19703079	426720	2437090	17371886	1406687	924506	14996285
黑龙江	14896985	569734	1636628	12159229	2356240	381515	8626490
上　海	47201614	2277441	24194021	41123267	5198006	880341	26461754
江　苏	224115310	2534233	102198431	213794465	8692373	1628472	183993090
浙　江	223029487	8732135	116893434	205420757	13112181	4496549	143772687
安　徽	51553650	1066949	11709720	46177986	2817252	2558411	28251610
福　建	69772892	1432879	25516360	65730393	3262316	780183	42887494
江　西	42679269	1770773	13947207	37486425	2858842	2334002	27754938
山　东	84905053	2825327	15171792	74260979	9204910	1439164	46506387
河　南	72984148	2064272	17025039	65825657	5003288	2155203	39388719
湖　北	98939854	2972296	34201364	89336609	7199684	2403561	49266822
湖　南	62629348	2284889	20889796	55456389	3095438	4077520	38855373
广　东	70659884	2254779	13262507	63729241	4697812	2232831	37866808
广　西	28563714	902236	4913515	25098000	2201934	1263780	16968495
海　南	2653620	147833	79310	2333757	145030	174833	2015352
重　庆	58294137	1454705	9640277	54396896	2441570	1455672	30749171
四　川	80629155	1847632	16274915	72707742	5511988	2409425	45272653
贵　州	18798177	281238	4155120	16858490	1034141	905546	7538840
云　南	30062612	659599	2090128	27549555	1491795	1021262	16517138
西　藏	1046851	30241	38668	867522	104027	75302	701077
陕　西	43560024	1348832	14479831	39636797	2823615	1099612	20423500
甘　肃	17636314	545475	2569079	15459332	1523342	653641	9724152
青　海	3766674	22684	1401258	3152903	508756	105015	1794083
宁　夏	4937994	107440	429658	4657617	240191	40186	3780013
新　疆	21302949	279009	1084261	19890870	1099800	312279	14043486

4-4 各地区总承包建筑业企业房屋建筑面积

地　区	房屋建筑施工面积(万平方米)	#本年新开工	#实行投标承包面积	房屋建筑竣工面积(万平方米)	房屋建筑面积竣工率(%)
全国总计	**1224936.9**	**457128.8**	**961571.9**	**412988.8**	**33.7**
北　京	59717.3	13494.5	56067.3	9871.2	16.5
天　津	15497.9	4593.7	13709.3	3489.9	22.5
河　北	35141.1	13259.9	29322.6	11401.0	32.4
山　西	13840.8	4280.1	11675.3	3575.6	25.8
内蒙古	6960.2	3250.3	5560.9	3065.0	44.0
辽　宁	28428.9	11761.5	20691.9	10149.5	35.7
吉　林	11225.7	5966.6	8156.3	5409.6	48.2
黑龙江	5486.8	3354.9	4299.7	2959.2	53.9
上　海	36364.7	9473.6	32479.0	7196.3	19.8
江　苏	214812.5	75683.5	193591.8	76528.1	35.6
浙　江	198017.2	72444.5	157161.8	65721.7	33.2
安　徽	41118.5	16487.4	31814.3	15286.2	37.2
福　建	58635.3	19093.3	40271.6	16411.4	28.0
江　西	28428.6	13930.1	18515.9	14094.0	49.6
山　东	68212.0	27256.3	52452.2	22935.0	33.6
河　南	52275.1	23108.5	40881.9	17477.3	33.4
湖　北	61467.1	30911.1	38677.2	26385.7	42.9
湖　南	47306.7	18321.6	41889.6	17288.9	36.5
广　东	49865.7	15454.5	30424.4	14205.4	28.5
广　西	23326.9	7947.0	18971.6	7677.8	32.9
海　南	2128.9	560.2	1701.9	742.3	34.9
重　庆	32297.9	13800.5	19385.6	13253.8	41.0
四　川	51954.5	21006.6	32763.5	20100.1	38.7
贵　州	16754.7	5428.3	10105.6	3185.2	19.0
云　南	15051.2	7240.8	9876.7	6722.2	44.7
西　藏	290.8	197.0	163.0	170.0	58.5
陕　西	23578.3	7563.7	19977.8	6926.9	29.4
甘　肃	10658.7	4069.6	7078.9	4026.4	37.8
青　海	886.3	491.6	640.4	342.8	38.7
宁　夏	3280.2	1157.5	2865.7	1224.7	37.3
新　疆	11926.2	5539.9	10398.4	5165.5	43.3

4-5 各地区按主要用途分的总承包建筑业企业房屋建筑竣工面积

单位：万平方米

地区	总计	住宅房屋	商业及服务用房屋	商厦房屋(批发和零售用房)	宾馆用房屋(住宿用房)	餐饮用房屋(餐饮用房)
全国总计	**412988.8**	**281820.3**	**28307.5**	**12782.4**	**3296.5**	**1030.9**
北京	9871.2	6302.6	1228.5	824.8	105.8	4.7
天津	3489.9	1970.7	274.2	62.1	5.8	2.6
河北	11401.0	8418.5	474.3	218.1	37.2	17.8
山西	3575.6	2710.6	148.5	51.0	40.1	2.5
内蒙古	3065.0	2340.0	209.9	67.5	21.1	7.0
辽宁	10149.5	7391.2	566.8	206.0	39.0	14.0
吉林	5409.6	4024.6	219.4	85.4	25.4	3.3
黑龙江	2959.2	2240.1	165.9	59.0	16.6	12.2
上海	7196.3	3465.2	1158.5	325.4	64.1	12.7
江苏	76528.1	56236.8	3280.8	1365.5	583.8	216.8
浙江	65721.7	38628.7	5265.2	2480.0	690.0	277.1
安徽	15286.2	10415.0	1030.2	560.4	86.9	44.3
福建	16411.4	10701.2	1146.0	497.5	126.0	30.6
江西	14094.0	9037.8	1117.3	434.4	104.5	72.9
山东	22935.0	16628.1	1387.5	773.3	49.5	29.7
河南	17477.3	12845.7	912.4	274.3	149.4	46.4
湖北	26385.7	18169.5	1799.6	853.4	472.5	31.7
湖南	17288.9	12142.1	1350.2	775.7	107.0	11.8
广东	14205.4	9247.4	993.8	483.9	98.4	17.2
广西	7677.8	4538.1	656.4	291.7	78.4	14.5
海南	742.3	490.2	79.1	53.7	3.1	7.1
重庆	13253.8	9874.1	870.7	361.9	43.2	29.3
四川	20100.1	15393.6	1578.6	695.3	125.4	43.3
贵州	3185.2	1980.1	225.0	60.6	15.5	1.6
云南	6722.2	4194.4	620.6	219.9	93.8	39.6
西藏	170.0	101.1	12.4	1.3	2.4	0.2
陕西	6926.9	5143.4	479.4	208.7	28.2	7.4
甘肃	4026.4	2817.8	327.2	140.3	32.1	8.2
青海	342.8	207.5	27.8	4.7	3.3	0.3
宁夏	1224.7	872.2	140.6	84.5	2.6	3.3
新疆	5165.5	3291.9	560.8	262.1	45.2	20.9

4-5 续表 1　　　　单位：万平方米

地　区	商务会展用房屋	其他商业及服务用房屋(居民服务业用房)	办公用房屋	科研、教育和医疗用房屋	科学研究用房屋	教育用房屋
全国总计	**1877.1**	**9320.6**	**22981.0**	**16438.8**	**1623.9**	**11307.4**
北　京	22.8	270.4	872.4	498.4	120.0	223.1
天　津	28.0	175.8	128.6	242.3	7.8	158.5
河　北	37.2	164.0	529.5	485.2	37.5	354.5
山　西	4.8	50.1	168.8	151.1	12.5	109.0
内蒙古	3.6	110.6	89.0	91.3	7.5	65.7
辽　宁	19.9	287.9	345.0	171.1	6.9	140.3
吉　林	16.8	88.6	232.3	119.3	18.7	72.5
黑龙江	0.8	77.3	92.2	103.4	9.5	59.9
上　海	347.9	408.5	580.9	275.8	46.0	190.8
江　苏	658.7	456.0	3365.9	1949.0	241.7	1254.5
浙　江	292.6	1525.4	4545.4	2099.4	324.2	1332.7
安　徽	22.4	316.2	888.4	641.5	24.6	523.6
福　建	57.7	434.1	968.9	524.8	59.2	372.1
江　西	26.3	479.1	994.9	688.0	40.1	535.3
山　东	38.1	496.9	1225.2	934.5	110.0	643.3
河　南	41.1	401.2	1115.6	982.2	97.0	746.2
湖　北	27.2	414.8	1610.9	1146.8	107.0	561.5
湖　南	25.0	430.7	1032.1	895.4	78.6	605.1
广　东	36.2	358.1	733.0	520.4	39.3	400.2
广　西	14.5	257.3	623.9	749.1	66.4	536.5
海　南		15.2	35.3	54.5	8.6	43.5
重　庆	34.5	401.8	451.1	374.6	13.5	282.8
四　川	36.5	678.1	573.6	624.6	33.0	462.8
贵　州	4.0	143.3	218.0	406.2	14.4	332.6
云　南	16.1	251.2	517.8	554.8	25.9	425.5
西　藏	2.0	6.5	14.7	17.2	0.4	16.7
陕　西	15.7	219.5	366.8	447.8	44.6	325.1
甘　肃	27.4	119.3	191.8	286.1	19.9	188.7
青　海		19.4	47.1	28.0		26.9
宁　夏	2.0	48.2	81.6	46.5	1.6	37.5
新　疆	17.3	215.3	340.2	329.5	7.6	279.7

4-5 续表 2

单位：万平方米

地　区	医疗用房屋(卫生医疗用房)	文化、体育和娱乐用房屋	厂房及建筑物	#厂房	仓　库	其他未列明的房屋建筑物
全国总计	**3507.4**	**4186.3**	**48562.8**	**32117.8**	**2604.7**	**8087.4**
北　京	155.3	209.0	469.6	399.4	46.0	244.7
天　津	76.1	15.7	691.4	446.0	34.3	132.5
河　北	93.1	61.5	1090.6	668.0	47.9	293.5
山　西	29.5	22.4	233.8	150.1	16.6	123.8
内蒙古	18.1	23.5	101.8	41.3	4.2	205.3
辽　宁	24.0	18.2	1285.8	795.9	79.1	292.1
吉　林	28.2	96.5	452.5	274.4	35.0	230.0
黑龙江	34.0	16.9	186.9	112.5	78.0	75.8
上　海	39.0	129.3	1359.3	847.1	70.5	156.9
江　苏	452.8	998.7	9428.7	7203.6	523.6	744.6
浙　江	442.4	657.2	13121.5	9789.1	485.0	919.3
安　徽	93.3	134.1	1820.6	877.1	124.8	231.6
福　建	93.5	135.6	2708.6	1193.4	103.9	122.5
江　西	112.6	196.1	1621.8	908.5	136.8	301.3
山　东	181.2	148.7	2118.7	1350.2	130.0	362.4
河　南	138.9	121.4	1106.5	567.3	84.0	309.5
湖　北	478.2	293.9	2675.2	1618.4	92.0	597.9
湖　南	211.7	137.2	1293.8	773.0	105.8	332.2
广　东	80.9	84.3	2167.6	1396.4	91.5	367.4
广　西	146.2	213.7	492.5	320.7	58.1	346.0
海　南	2.4	15.2	23.5	20.4	0.4	44.3
重　庆	78.3	51.6	1257.9	569.1	46.1	327.7
四　川	128.7	107.4	1381.2	854.3	63.0	378.2
贵　州	59.1	20.7	177.5	107.1	14.5	143.3
云　南	103.4	100.3	456.9	293.4	18.4	258.9
西　藏	0.1	2.5	10.6	0.1		11.5
陕　西	78.1	54.7	263.9	194.5	37.9	133.0
甘　肃	77.5	44.3	265.8	123.9	15.7	77.7
青　海	1.1	4.5	8.4	6.2	0.9	18.6
宁　夏	7.4	5.3	55.7	43.8	3.0	19.7
新　疆	42.2	65.8	234.3	172.5	57.8	285.2

4-6 各地区按主要用途分的总承包建筑业企业房屋建筑竣工价值

单位：万元

地　区	总计	住宅房屋	商业及服务用房屋	商厦房屋(批发和零售用房)	宾馆用房屋(住宿用房)	餐饮用房屋(餐饮用房)
全国总计	**661403224**	**442887673**	**50125208**	**22474702**	**6214149**	**1901521**
北　京	24096757	13197117	3092127	1918337	393017	23330
天　津	7636916	4079121	660854	230247	16410	3139
河　北	17724169	12141309	870708	410997	109771	28774
山　西	5812312	4091225	230584	66955	55974	3438
内蒙古	4559192	3391581	291928	67964	35251	43010
辽　宁	15115657	10560294	751327	348357	40560	21807
吉　林	8246403	5936063	386943	117741	58703	6858
黑龙江	4593845	3357969	279168	95682	27959	20242
上　海	16967211	7260394	3375785	952227	221570	64649
江　苏	135927369	99581837	6172163	2678224	1100830	472009
浙　江	105471362	64012693	9335639	4394093	1241359	517874
安　徽	19815841	13883499	1418475	778239	148895	65329
福　建	27623082	18678605	1894773	799464	263436	49275
江　西	18612090	12068467	1699213	604043	155775	127951
山　东	32317517	22161970	2480443	1414402	101895	55560
河　南	22295596	16006027	1326014	388593	209099	55301
湖　北	37420636	25002143	2994479	1507620	794354	42779
湖　南	25416333	17197226	2285465	1274365	230512	18421
广　东	25313913	16243063	1622795	606576	249242	27177
广　西	11104626	6563248	1002944	446940	108554	21335
海　南	1372155	930122	149547	105203	5197	12112
重　庆	19711120	14802221	1345361	608116	64334	40743
四　川	30188476	23099595	2568842	1115200	212836	66093
贵　州	4630918	2864465	290459	84819	43606	2051
云　南	10094455	6345657	1054976	377786	145967	43215
西　藏	385884	235667	30762	2727	2691	480
陕　西	11367545	7962570	704577	270512	42773	10727
甘　肃	7142432	4640709	625273	242576	53084	23280
青　海	602923	369848	51704	7701	4294	524
宁　夏	1919178	1327464	227662	151813	4205	5390
新　疆	7917314	4895506	904220	407183	71997	28650

4-6 续表 1

单位：万元

地　区	商务会展用房屋	其他商业及服务用房屋(居民服务业用房)	办公用房屋	科研、教育和医疗用房屋	科学研究用房屋	教育用房屋
全国总计	**4025206**	**15509630**	**41656054**	**29711322**	**3002994**	**19355089**
北　京	90622	666820	2984096	1674983	404098	690436
天　津	50917	360142	347760	777598	25543	512222
河　北	48596	272569	847602	774688	67362	528299
山　西	8847	95370	286102	295289	26627	209061
内蒙古	6507	139196	188898	200164	16170	122043
辽　宁	22715	317888	565708	252063	17563	189512
吉　林	53918	149724	456715	243945	37075	135315
黑龙江	1250	134035	159613	246165	14187	152905
上　海	1213261	924078	1744865	786133	127501	552278
江　苏	1123455	797645	6653628	4434779	570375	2669110
浙　江	595157	2587155	8215890	3848067	495082	2456005
安　徽	27691	398321	1136107	859239	30730	687089
福　建	117684	664915	1671269	884381	93252	608685
江　西	54978	756466	1406278	861135	41922	642435
山　东	75665	832922	2231395	1549565	136524	1065184
河　南	55214	617807	1436986	1269467	121848	965687
湖　北	45678	604049	2713370	1872919	164268	865001
湖　南	96655	665512	1670425	1418171	118586	877755
广　东	50682	689118	1418334	965699	89165	719436
广　西	12977	413138	850459	1090452	93417	756870
海　南		27036	66233	93588	15707	73146
重　庆	53831	578338	776969	553944	16328	411645
四　川	56656	1118057	929859	1011225	62613	727599
贵　州	8923	151060	332422	584815	20315	463248
云　南	22964	465044	548177	999164	35809	706168
西　藏	6000	18864	33427	44582	1650	42856
陕　西	32685	347881	818228	811870	96538	538254
甘　肃	46152	260181	389473	553314	44136	351646
青　海	66	39120	76611	46668	88	44823
宁　夏	2872	63382	156404	93828	3673	73517
新　疆	42591	353799	542753	613426	14843	516861

4-6 续表 2 单位：万元

地区	医疗用房屋(卫生医疗用房)	文化、体育和娱乐用房屋	厂房及建筑物	#厂房	仓库	其他未列明的房屋建筑物
全国总计	**7353235**	**9149056**	**68338527**	**45657557**	**3589989**	**15945394**
北京	580449	888533	1237287	1047167	68238	954377
天津	239832	58141	1231109	838450	32908	449424
河北	179027	134041	2065382	1370986	81033	809408
山西	59601	82603	465259	328589	18207	343045
内蒙古	61951	57033	157595	62108	6941	265052
辽宁	44988	28812	2087453	1209851	133399	736600
吉林	71556	168835	623023	398832	44367	386513
黑龙江	79073	47134	294301	186615	106812	102682
上海	106354	495831	2783285	1651939	139041	381877
江苏	1195294	2453822	14325228	10921284	851994	1453918
浙江	896981	1303531	16521877	12461354	580266	1653400
安徽	141420	195873	1883484	1013443	125808	313356
福建	182443	315723	3767511	1622681	169555	241267
江西	176777	242183	1841599	1033210	169761	323453
山东	347856	332255	2845929	1812284	175704	540258
河南	181933	175242	1520253	826948	73536	488072
湖北	843651	525195	3470145	2108222	65664	776721
湖南	421831	246977	1834909	1110497	169261	593900
广东	157094	180611	2987665	1762404	140458	1755289
广西	240166	335554	665769	421695	78293	517907
海南	4734	27745	35607	32919	679	68635
重庆	125972	79704	1598073	797519	63427	491422
四川	221013	220875	1704164	1082880	87242	566676
贵州	101252	22155	291950	204808	22514	222138
云南	257187	146503	535668	256947	31505	432807
西藏	75	4109	21482	105	5	15851
陕西	177078	150531	486490	357325	48379	384900
甘肃	157533	72383	645512	427163	28856	186910
青海	1757	8668	14441	11721	1850	33131
宁夏	16638	9114	73914	59439	4514	26278
新疆	81722	139342	322164	238173	69775	430128

4-7 各地区总承包建筑业企业主要生产效益指标

地区	建筑业企业个数（个）	从事建筑业活动的平均人数（人）	按总产值计算的劳动生产率（元/人）	人均竣工产值（元/人）	人均施工面积（平方米/人）	人均竣工面积（平方米/人）
全国总计	**49656**	**50129349**	**326466**	**196906**	**244.4**	**82.4**
北 京	917	1336070	541099	268107	447.0	73.9
天 津	484	788829	503013	266234	196.5	44.2
河 北	1666	1293895	381600	203604	271.6	88.1
山 西	1130	841954	312635	159323	164.4	42.5
内蒙古	685	378478	274285	184813	183.9	81.0
辽 宁	2403	1391461	317498	182159	204.3	72.9
吉 林	1320	795681	247625	188471	141.1	68.0
黑龙江	1070	636961	233876	135432	86.1	46.5
上 海	1310	1038673	454442	254765	350.1	69.3
江 苏	5163	7480052	299617	245978	287.2	102.3
浙 江	4050	7292525	305833	197151	271.5	90.1
安 徽	1894	1514232	340461	186574	271.5	101.0
福 建	2263	2696167	258785	159068	217.5	60.9
江 西	1425	1418872	300797	195613	200.4	99.3
山 东	4004	2842880	298659	163589	239.9	80.7
河 南	2579	2484225	293790	158555	210.4	70.4
湖 北	2054	2118068	467123	232603	290.2	124.6
湖 南	1532	2086248	300201	186245	226.8	82.9
广 东	2525	1735442	407158	218197	287.3	81.9
广 西	809	952105	300006	178221	245.0	80.6
海 南	111	73479	361140	274276	289.7	101.0
重 庆	1628	1867615	312131	164644	172.9	71.0
四 川	2445	2732406	295085	165688	190.1	73.6
贵 州	576	534340	351802	141087	313.6	59.6
云 南	1624	991408	303231	166603	151.8	67.8
西 藏	151	33161	315688	211416	87.7	51.3
陕 西	1539	1156305	376717	176627	203.9	59.9
甘 肃	888	576972	305670	168538	184.7	69.8
青 海	259	112559	334640	159390	78.7	30.5
宁 夏	351	183768	268708	205695	178.5	66.6
新 疆	801	744518	286131	188625	160.2	69.4

4-8 各地区总承包建筑业企业资产构成

单位：万元

地区	资产合计	#流动资产合计	#存货	#非流动资产合计	#固定资产合计
全国总计	**1452020175**	**1153556853**	**250153701**	**298463322**	**125527884**
北京	167004740	116482595	18639920	50522145	3721029
天津	48387164	39166785	7677615	9220379	4197507
河北	40870654	33267932	6898985	7602722	4547107
山西	35905311	29559590	4285979	6345721	2305645
内蒙古	17411134	13838802	2282868	3572332	1845102
辽宁	55792192	47174279	10509313	8617913	4697219
吉林	20365629	15581275	2377568	4784354	3061363
黑龙江	15062119	12105160	2037924	2956959	1738413
上海	76321877	64571195	13095774	11750682	3377319
江苏	140951539	116552471	29664120	24399068	13161687
浙江	100289802	82947443	24054043	17342359	8922058
安徽	42478884	34671393	6512599	7807490	3809942
福建	36501191	28860162	6407009	7641029	4478952
江西	24903742	19332714	4030782	5571028	2955125
山东	89293339	73719035	16161433	15574304	9049940
河南	54338450	43057179	10039327	11281271	6930374
湖北	82372114	63854721	16478426	18517392	10821091
湖南	36991160	27318139	6066688	9673021	4019227
广东	84758877	67693488	14107805	17065390	6535167
广西	16012240	12598920	2811310	3413321	1652710
海南	1932429	1630422	138849	302007	115853
重庆	43795773	35758582	9180476	8037191	3750176
四川	71321037	56987680	15650604	14333357	5486097
贵州	24603457	21392843	5701664	3210614	1192256
云南	33741268	25144788	3624993	8596480	4021398
西藏	1499643	1035797	100300	463846	208913
陕西	43709244	33147226	5617208	10562018	3805204
甘肃	15567286	11385488	2256292	4181798	2290301
青海	4776116	3604026	720458	1172090	802217
宁夏	6274723	5470919	1049385	803804	474740
新疆	18787043	15645805	1973986	3141238	1553754

4-9 各地区总承包建筑业企业固定资产情况

单位：万元

地区	固定资产合计	固定资产原价	固定资产折旧	#本年折旧	在建工程
全国总计	**125527884**	**161127180**	**67789300**	**10290714**	**15524403**
北京	3721029	6528406	3380549	601863	580177
天津	4197507	5576743	2559795	412928	621948
河北	4547107	6354821	2672184	346843	419619
山西	2305645	3774866	1786230	252961	205430
内蒙古	1845102	2506758	900614	111920	140998
辽宁	4697219	7856695	3864754	481859	376527
吉林	3061363	2667057	969682	127272	1080802
黑龙江	1738413	2577838	1095751	103989	110133
上海	3377319	5662372	2878386	293841	364318
江苏	13161687	16288794	6500089	973778	1652630
浙江	8922058	12220716	4951084	734494	619785
安徽	3809942	4976822	1901803	299742	383719
福建	4478952	4929782	1724967	278284	291031
江西	2955125	3429636	1167382	199517	441409
山东	9049940	11947771	4901768	731940	602431
河南	6930374	9426482	3866032	598964	670264
湖北	10821091	10749380	4556143	812120	761564
湖南	4019227	5484215	2340934	356874	490341
广东	6535167	8428906	3655335	510563	1249922
广西	1652710	2075766	803377	119964	223870
海南	115853	83313	39969	5475	60165
重庆	3750176	4159165	1546099	290740	682340
四川	5486097	6461356	2754697	513168	1249253
贵州	1192256	1175595	508180	76892	220889
云南	4021398	4289088	1664625	243987	1044693
西藏	208913	226745	76121	13532	7439
陕西	3805204	5104152	2338055	412202	465798
甘肃	2290301	2614879	791181	126203	262410
青海	802217	762469	375303	57055	47701
宁夏	474740	598405	243249	31944	44389
新疆	1553754	2188189	974962	169800	152412

4-10 各地区总承包建筑业企业负债及所有者权益

单位：万元

地 区	负债合计	#流动负债	#应付账款	所有者权益	#实收资本
全国总计	**985506350**	**881742632**	**308564294**	**466527889**	**241832635**
北 京	117957879	104745364	39452459	49045622	21234588
天 津	39044325	35505219	15558771	9342839	5692287
河 北	27335680	25389128	10370774	13534974	7547657
山 西	27462962	24968443	11423305	8442349	5014165
内蒙古	11386890	9940466	2550148	6024244	3155143
辽 宁	35870211	32305971	11366946	19916387	13451874
吉 林	12745783	11030978	3709131	7619846	3753807
黑龙江	10486352	9820836	3658152	4575767	3463112
上 海	60482740	56753501	17687436	15828504	9303892
江 苏	84413540	78726890	25342859	56531881	22161616
浙 江	59994291	55009795	14770281	40295510	19624212
安 徽	29193526	25965908	8967301	13245865	6977085
福 建	19865848	18143020	4548780	16635343	10761749
江 西	14458162	12564389	3487191	10445580	6279748
山 东	62957913	56850490	19786938	26335426	13292183
河 南	35199990	32272621	11345019	19138460	10870695
湖 北	58478736	49859913	22845259	23894255	10403476
湖 南	21650680	18821003	7148806	15426067	7482153
广 东	59034998	52328800	15565661	25714557	14582351
广 西	10691644	9314036	2182775	5320597	3274421
海 南	1136535	993308	372600	795894	473200
重 庆	30933881	27254832	9448014	12861892	6821963
四 川	50549866	40374005	12952359	20771170	11368669
贵 州	18017908	15392820	4754499	6585549	2362635
云 南	22894519	19802117	6016893	10846749	5840928
西 藏	739098	612553	148436	760545	423351
陕 西	29884544	27384706	11999215	13824700	8184862
甘 肃	10570051	9476156	3290755	4997236	3071065
青 海	3187375	2918729	1354807	1588741	1007984
宁 夏	4533100	4274937	1588436	1741624	1066730
新 疆	14347326	12941699	4870288	4439717	2885037

4-11 各地区总承包建筑业企业实收资本

单位：万元

地区	合计	国家资本	集体资本	法人资本	个人资本	港澳台资本	外商资本
全国总计	**241832635**	**44132968**	**10114010**	**77823789**	**108985194**	**373959**	**402714**
北京	21234588	8042599	300648	10377177	2428616	37426	48121
天津	5692287	1733496	206930	2753703	995684	180	2295
河北	7547657	1512901	330534	2294180	3410042		
山西	5014165	1592598	208427	1410001	1802238	800	100
内蒙古	3155143	703192	170190	657168	1624593		
辽宁	13451874	1701760	420484	2331439	8966300	11490	20401
吉林	3753807	182637	139891	1373145	2044730	13404	
黑龙江	3463112	824068	250543	857327	1530235		940
上海	9303892	1827229	388695	4419925	2494215	96532	77296
江苏	22161616	1572383	615702	6102729	13732934	57898	79970
浙江	19624212	837839	377704	4824966	13560789	8394	14520
安徽	6977085	890577	241710	2100385	3739633	4668	112
福建	10761749	771138	185890	2621080	7159627	17141	6873
江西	6279748	1168834	322397	1274257	3482800	3650	27810
山东	13292183	2356361	1219982	4160973	5536589	18096	182
河南	10870695	1922969	630791	3070194	5245348	200	1193
湖北	10403476	3087716	414192	2589734	4282160	22131	7543
湖南	7482153	1454349	514552	2502566	3009235	1449	1
广东	14582351	2426807	856402	6587611	4556085	57244	98201
广西	3274421	692484	217790	1067382	1295785		980
海南	473200	109931	18363	214857	129965	84	
重庆	6821963	1052789	218606	2136637	3399284	13710	937
四川	11368669	1973784	407604	3537944	5445110	3814	414
贵州	2362635	1024171	148157	684922	505103	141	141
云南	5840928	1864970	252158	1546681	2170254	4484	2380
西藏	423351	44591	18870	244676	115215		
陕西	8184862	1120054	590363	3561069	2913376		
甘肃	3071065	651574	251329	997996	1170165	0.1	0.1
青海	1007984	195229	72391	389253	351111		
宁夏	1066730	109822	23578	256937	664392		12000
新疆	2885037	684115	99136	876877	1223582	1023	303

4-12 各地区总承包建筑业企业收入情况

单位：万元

地区	主营业务收入	#主营业务成本	#主营业务税金及附加	其他业务收入	#其他业务成本	#其他业务利润
全国总计	**1511987170**	**1340682444**	**49099951**	**16424682**	**25711251**	**1492855**
北京	93644021	85835037	2065491	428529	265821	157554
天津	37341737	33552973	1042472	228438	212364	25238
河北	44580604	39565619	1458020	1001166	1427879	51620
山西	25936594	22999612	742727	435592	419765	36114
内蒙古	10384490	8875689	365731	201511	293437	7879
辽宁	44837841	38818562	1439005	1032901	2040592	27243
吉林	17944335	15582763	601260	753144	876913	13127
黑龙江	12895386	11410783	453179	112310	200295	12306
上海	61673756	56677302	1566934	326905	170840	120231
江苏	183805149	161790585	6467120	1120684	1378717	117585
浙江	167305151	152100757	5756991	570837	858122	123209
安徽	44629683	39479442	1518229	677003	1140731	25061
福建	60945659	54547898	2281036	146887	166466	22662
江西	37676462	33149265	1414628	1163274	1480460	25502
山东	80636431	69849546	2489006	1084487	2361321	87305
河南	67660897	58851448	2310723	1231023	1505991	74187
湖北	103044261	89735540	3474442	1175042	1535826	72445
湖南	57298785	50557634	2140804	146518	775874	36890
广东	77726982	69923058	2261117	376078	315795	99714
广西	25134954	22720370	863685	380027	543050	29475
海南	2525522	2279393	89775	60654	52450	1644
重庆	50315695	42619667	1748472	468737	1478172	42755
四川	69143115	60923053	2245857	1521996	2013801	100809
贵州	17499343	15848512	554114	327268	437430	23108
云南	24988773	21447868	839680	496486	688048	88388
西藏	1019681	827028	36695	6246	37516	2126
陕西	44000351	38757064	1399812	166441	1306508	19966
甘肃	16692452	14089361	535607	275831	1081937	20742
青海	4233405	3749890	107268	176551	231568	6286
宁夏	5682639	5124401	170266	39398	63988	9290
新疆	20783018	18992324	659805	292720	349574	12396

4-13 各地区总承包建筑业企业费用情况

单位：万元

地 区	管理费用	#税金	销售费用	财务费用	#利息收入	#利息支出
全国总计	**43348231**	**2063068**	**4858334**	**11142502**	**3563286**	**11237292**
北 京	3064344	44993	105214	714539	844227	1421256
天 津	1337095	26517	39307	322080	121991	422561
河 北	1224184	48872	92728	305114	54055	221669
山 西	1151810	25491	54126	174573	101184	222294
内蒙古	425944	20905	17991	135430	3601	109657
辽 宁	1665568	102390	79672	323516	61025	237495
吉 林	557551	35196	51432	149738	9770	101566
黑龙江	478361	34049	45914	61147	7220	52401
上 海	1919398	31977	77764	207158	187990	328891
江 苏	4766001	286793	553759	1522016	177892	1209552
浙 江	2893997	139231	315364	1093456	152444	1005463
安 徽	1286587	57584	150218	317818	240071	325302
福 建	1456685	105211	127580	251566	82436	222641
江 西	891419	64472	192333	224140	16681	168539
山 东	2494254	139925	246874	748322	154315	686229
河 南	2190569	141027	303065	524954	158240	479258
湖 北	3378151	130143	905381	690721	289919	692304
湖 南	1711860	104046	249327	261912	121053	278408
广 东	2243992	96417	148791	662324	57801	623572
广 西	631331	41529	49262	202196	14965	173202
海 南	52060	1408	2872	2802	778	2630
重 庆	1452025	85450	188720	494271	99413	373160
四 川	2123752	111679	451175	719718	256601	688924
贵 州	395865	13413	17348	112873	45721	146555
云 南	879777	41400	163083	361762	74799	416831
西 藏	48362	1256	7716	5278	675	4138
陕 西	1295503	70117	110405	182471	165228	312772
甘 肃	518912	31630	76738	151351	13072	83669
青 海	141049	6510	7190	32486	1642	19730
宁 夏	138106	7757	6482	44855	1535	34628
新 疆	533721	15683	20505	141918	46944	171997

4-14 各地区总承包建筑业企业利润及税金情况

单位：万元

地区	利润总额	#应交所得税	税金总额	主营业务税金及附加	管理费用中的税金
全国总计	**56320435**	**13079762**	**51163019**	**49099951**	**2063068**
北京	4476769	695123	2110485	2065491	44993
天津	1115398	317996	1068989	1042472	26517
河北	1406345	358601	1506892	1458020	48872
山西	846740	121835	768218	742727	25491
内蒙古	431506	107372	386637	365731	20905
辽宁	1232584	443389	1541394	1439005	102390
吉林	828110	253517	636456	601260	35196
黑龙江	360060	98411	487228	453179	34049
上海	1610482	283865	1598912	1566934	31977
江苏	8575811	1952338	6753913	6467120	286793
浙江	4872796	1223234	5896222	5756991	139231
安徽	1584784	337566	1575812	1518229	57584
福建	2334637	753811	2386246	2281036	105211
江西	1480578	350800	1479100	1414628	64472
山东	3538655	780698	2628931	2489006	139925
河南	2759992	640360	2451750	2310723	141027
湖北	4423098	1139648	3604585	3474442	130143
湖南	1994193	399187	2244850	2140804	104046
广东	2864408	680126	2357534	2261117	96417
广西	523087	186499	905214	863685	41529
海南	107704	56947	91183	89775	1408
重庆	2817916	539760	1833922	1748472	85450
四川	2040049	515704	2357537	2245857	111679
贵州	426139	93937	567527	554114	13413
云南	1131487	216193	881080	839680	41400
西藏	75810	8272	37951	36695	1256
陕西	1162785	208585	1469929	1399812	70117
甘肃	567266	110866	567236	535607	31630
青海	130556	18360	113777	107268	6510
宁夏	164225	60278	178023	170266	7757
新疆	436466	126485	675489	659805	15683

4-15 各地区总承包建筑业企业应收工程款及企业亏损情况

地　区	应收工程款(万元)	企业个数(个)		亏损企业的比重(%)
			#亏损企业个数	
全国总计	**311582712**	**49656**	**6025**	**12.1**
北　京	18717679	917	181	19.7
天　津	11705238	484	67	13.8
河　北	11258504	1666	176	10.6
山　西	10348722	1130	207	18.3
内蒙古	4481509	685	119	17.4
辽　宁	14513659	2403	437	18.2
吉　林	6046916	1320	184	13.9
黑龙江	4100393	1070	198	18.5
上　海	13002103	1310	223	17.0
江　苏	40501724	5163	179	3.5
浙　江	18542817	4050	423	10.4
安　徽	10230224	1894	197	10.4
福　建	5900499	2263	251	11.1
江　西	4990721	1425	90	6.3
山　东	23826196	4004	495	12.4
河　南	10999409	2579	187	7.3
湖　北	18327820	2054	166	8.1
湖　南	7371203	1532	122	8.0
广　东	14238134	2525	374	14.8
广　西	2689303	809	149	18.4
海　南	392524	111	19	17.1
重　庆	10834826	1628	200	12.3
四　川	12686641	2445	305	12.5
贵　州	4157674	576	129	22.4
云　南	7444043	1624	235	14.5
西　藏	279730	151	16	10.6
陕　西	11051593	1539	270	17.5
甘　肃	4216158	888	99	11.1
青　海	1022583	259	60	23.2
宁　夏	2222377	351	70	19.9
新　疆	5481789	801	197	24.6

4-16 各地区总承包建筑业企业主要经济效益指标

地　区	产值利润率 (%)	产值利税率 (%)	资本利润率 (%)	资本利税率 (%)	人均利润 (元/人)	人均利税 (元/人)	资产负债率 (%)
全国总计	**3.4**	**6.6**	**23.3**	**44.4**	**11235**	**21441**	**67.9**
北　京	6.2	9.1	21.1	31.0	33507	49303	70.6
天　津	2.8	5.5	19.6	38.4	14140	27692	80.7
河　北	2.8	5.9	18.6	38.6	10869	22515	66.9
山　西	3.2	6.1	16.9	32.2	10057	19181	76.5
内蒙古	4.2	7.9	13.7	25.9	11401	21617	65.4
辽　宁	2.8	6.3	9.2	20.6	8858	19936	64.3
吉　林	4.2	7.4	22.1	39.0	10408	18406	62.6
黑龙江	2.4	5.7	10.4	24.5	5653	13302	69.6
上　海	3.4	6.8	17.3	34.5	15505	30899	79.2
江　苏	3.8	6.8	38.7	69.2	11465	20494	59.9
浙　江	2.2	4.8	24.8	54.9	6682	14767	59.8
安　徽	3.1	6.1	22.7	45.3	10466	20873	68.7
福　建	3.3	6.8	21.7	43.9	8659	17510	54.4
江　西	3.5	6.9	23.6	47.1	10435	20859	58.1
山　东	4.2	7.3	26.6	46.4	12447	21695	70.5
河　南	3.8	7.1	25.4	47.9	11110	20979	64.8
湖　北	4.5	8.1	42.5	77.2	20883	37901	71.0
湖　南	3.2	6.8	26.7	56.7	9559	20319	58.5
广　东	4.1	7.4	19.6	35.8	16505	30090	69.7
广　西	1.8	5.0	16.0	43.6	5494	15002	66.8
海　南	4.1	7.5	22.8	42.0	14658	27067	58.8
重　庆	4.8	8.0	41.3	68.2	15088	24908	70.6
四　川	2.5	5.5	17.9	38.7	7466	16094	70.9
贵　州	2.3	5.3	18.0	42.1	7975	18596	73.2
云　南	3.8	6.7	19.4	34.5	11413	20300	67.9
西　藏	7.2	10.9	17.9	26.9	22861	34306	49.3
陕　西	2.7	6.0	14.2	32.2	10056	22768	68.4
甘　肃	3.2	6.4	18.5	36.9	9832	19663	67.9
青　海	3.5	6.5	13.0	24.2	11599	21707	66.7
宁　夏	3.3	6.9	15.4	32.1	8937	18624	72.2
新　疆	2.0	5.2	15.1	38.5	5862	14935	76.4

4-17 各地区按资质等级划分的总承包建筑业企业单位数

单位：个

地区	合计	特级	一级	二级	三级及以下
全国总计	**49656**	**298**	**5650**	**17701**	**26007**
北京	917	36	257	259	365
天津	484	9	120	149	206
河北	1666	7	198	699	762
山西	1130	5	98	339	688
内蒙古	685	1	70	226	388
辽宁	2403	20	223	671	1489
吉林	1320	3	75	361	881
黑龙江	1070	3	113	450	504
上海	1310	13	159	475	663
江苏	5163	37	582	1804	2740
浙江	4050	42	754	1188	2066
安徽	1894	4	187	717	986
福建	2263	3	196	567	1497
江西	1425	2	144	566	713
山东	4004	15	358	1542	2089
河南	2579	17	293	1009	1260
湖北	2054	11	271	812	960
湖南	1532	12	198	539	783
广东	2525	17	336	629	1543
广西	809	3	65	249	492
海南	111	1	21	47	42
重庆	1628	2	191	623	812
四川	2445	12	238	1175	1020
贵州	576	2	44	180	350
云南	1624	3	80	529	1012
西藏	151	1	2	94	54
陕西	1539	6	225	912	396
甘肃	888	5	59	319	505
青海	259	1	12	123	123
宁夏	351	1	14	141	195
新疆	801	4	67	307	423

4-18 各地区按资质等级划分的总承包建筑业企业从业人员

单位：人

地区	合计	特级	一级	二级	三级及以下
全国总计	**45864396**	**6000688**	**18739134**	**12707795**	**8416779**
北京	422552	128464	227443	36653	29992
天津	683268	204609	320039	108083	50537
河北	1213416	176599	379890	458057	198870
山西	622798	59602	291545	151270	120381
内蒙古	273089	3735	87517	109734	72103
辽宁	1176670	88099	338951	360919	388701
吉林	550010	9716	95476	229844	214974
黑龙江	384728	38108	157793	95892	92935
上海	908396	200682	400577	219193	87944
江苏	6833950	1438982	2553928	1750927	1090113
浙江	7319309	1654586	3757458	1250899	656366
安徽	1535854	53966	699077	495087	287724
福建	2713713	72620	1415755	665914	559424
江西	1358994	33464	646226	426728	252576
山东	2749804	308443	1061688	818350	561323
河南	2297835	295733	679094	802731	520277
湖北	2208091	315743	727502	601985	562861
湖南	1982130	336620	737637	539417	368456
广东	1713446	120173	855909	389757	347607
广西	925397	132545	442466	204068	146318
海南	70735	36	36789	22669	11241
重庆	1791153	18084	700383	600346	472340
四川	2548529	120277	800047	1091369	536836
贵州	537769	77752	238280	128549	93188
云南	875847	28594	231672	330152	285429
西藏	26590	45	227	20658	5660
陕西	1045877	16979	543917	364793	120188
甘肃	532632	43821	161164	184001	143646
青海	96644	14740	8912	52298	20694
宁夏	115998	3980	29896	55730	26392
新疆	349172	3891	111876	141722	91683

4-19 各地区按资质等级划分的总承包建筑业总产值

单位：万元

地 区	合计	特级	一级	二级	三级及以下
全国总计	**1636553651**	**308331803**	**767950312**	**345904828**	**214366708**
北 京	72294603	32323335	35582138	2476827	1912303
天 津	39679126	11138602	18072884	7071082	3396559
河 北	49375043	7525305	24475894	12187639	5186205
山 西	26322414	4099237	15646315	3769012	2807850
内蒙古	10381086	381182	4170830	3388422	2440651
辽 宁	44178586	3823101	16088895	11891327	12375263
吉 林	19703079	600216	6505620	6615303	5981939
黑龙江	14896985	1739115	6730178	3347092	3080600
上 海	47201614	16225382	20468274	7805919	2702039
江 苏	224115310	61237867	88373808	45609519	28894116
浙 江	223029487	56573029	118361539	32145159	15949761
安 徽	51553650	4256104	28306002	12436232	6555312
福 建	69772892	2265123	38186328	16470989	12850452
江 西	42679269	666957	24879199	10898778	6234335
山 东	84905053	10870248	42219495	20043250	11772061
河 南	72984148	18414229	26867661	16286343	11415915
湖 北	98939854	26071262	45694442	19336311	7837839
湖 南	62629348	13856374	26611354	13019333	9142288
广 东	70659884	7311490	42791934	10769518	9786942
广 西	28563714	3852248	14867978	5550806	4292683
海 南	2653620	647	1439300	731334	482339
重 庆	58294137	841170	26461572	18171694	12819701
四 川	80629155	13070803	26961626	26939042	13657683
贵 州	18798177	1937395	11497418	2610642	2752722
云 南	30062612	2874833	10658938	9274594	7254246
西 藏	1046851	439	36434	865798	144180
陕 西	43560024	2716259	27555404	9722490	3565870
甘 肃	17636314	1793264	7957428	4415316	3470307
青 海	3766674	1297111	551999	1441420	476144
宁 夏	4937994	112430	1566119	2158644	1100802
新 疆	21302949	457047	8363308	8454994	4027601

4-20 各地区按资质等级划分的总承包建筑业企业签订合同额

单位：万元

地区	合计	特级	一级	二级	三级及以下
全国总计	**3135832816**	**780837183**	**1549946457**	**521426981**	**283622195**
北京	216269368	119457416	87876627	5330857	3604468
天津	83453200	29999785	38242758	11057425	4153232
河北	86234609	14835608	48488985	16206558	6703458
山西	58800989	12686246	37180163	5326742	3607839
内蒙古	18726679	1765787	7577566	5897425	3485902
辽宁	83644079	11362235	34844031	19413283	18024531
吉林	31863792	1238801	12101214	10531289	7992488
黑龙江	22896233	3810818	11437210	4285223	3362983
上海	144322207	71020422	55341928	13136511	4823346
江苏	343774037	102468228	145804122	60563729	34937959
浙江	370632931	99705663	197488084	48596994	24842191
安徽	94534546	15568731	53141923	17443804	8380088
福建	124482260	5072365	75893396	25556655	17959844
江西	76095726	2874083	47968661	17438186	7814797
山东	142236195	19043422	80860412	27572226	14760135
河南	132049477	40750469	55053359	23467567	12778082
湖北	195405982	61974741	96104728	27752082	9574430
湖南	136515085	52321094	52697160	20380545	11116286
广东	178283309	31507160	110649742	20662589	15463818
广西	54750335	9313749	29459195	8742394	7234997
海南	5946021	811	3512406	1844882	587923
重庆	92196845	2237333	50723192	24236689	14999631
四川	161487666	33678506	62562434	48325479	16921247
贵州	50262466	8263895	32431220	5194431	4372921
云南	55521780	9581365	22889220	13802304	9248890
西藏	1502792	439	52309	1259016	191028
陕西	94311484	12317724	65260865	12716458	4016436
甘肃	28661391	3343212	14316973	6497344	4503862
青海	8732486	3202019	1474133	3395921	660414
宁夏	7600576	262638	2354332	3251016	1732590
新疆	34638273	1172418	16158114	11541358	5766383

4-21 各地区按资质等级划分的总承包建筑业企业竣工产值

单位：万元

地 区	合计	特级	一级	二级	三级及以下
全国总计	**987078673**	**156318796**	**433673559**	**241222067**	**155864251**
北 京	35821026	14520637	18360042	1794138	1146209
天 津	21001304	5737832	8782301	3467387	3013785
河 北	26344177	4122112	11025438	7612606	3584022
山 西	13414260	1115614	7921338	2487279	1890029
内蒙古	6994757	196043	2243745	2477835	2077134
辽 宁	25346732	1470581	8372313	7458799	8045039
吉 林	14996285	296928	4489289	5327742	4882326
黑龙江	8626490	740780	2874094	2286415	2725202
上 海	26461754	9900747	10234542	4544325	1782139
江 苏	183993090	45093529	72253497	41132339	25513725
浙 江	143772687	34321744	75947146	22176312	11327486
安 徽	28251610	1035630	13991463	8298400	4926117
福 建	42887494	1218038	23217700	10446526	8005230
江 西	27754938	366639	14500464	7914604	4973232
山 东	46506387	5011556	20693638	13079703	7721490
河 南	39388719	6029794	13375636	11889753	8093536
湖 北	49266822	7207502	21960717	13964385	6134219
湖 南	38855373	7588688	14579191	9703495	6983999
广 东	37866808	2273667	22188408	7176014	6228719
广 西	16968495	2468560	7575690	4003918	2920328
海 南	2015352	627	1076888	579616	358220
重 庆	30749171	280191	11885082	9831814	8752083
四 川	45272653	2230916	16152270	17737326	9152141
贵 州	7538840	288698	3760710	1737874	1751558
云 南	16517138	576722	4235309	6212421	5492686
西 藏	701077	439	25695	542762	132182
陕 西	20423500	763523	12631207	5529912	1498858
甘 肃	9724152	878464	3401098	3110674	2333917
青 海	1794083	300654	217857	842976	432596
宁 夏	3780013	44967	955546	1927386	852115
新 疆	14043486	236974	4745248	5927333	3133932

4-22 各地区按资质等级划分的总承包建筑业企业房屋施工面积

单位：万平方米

地区	合计	特级	一级	二级	三级及以下
全国总计	**1224936.9**	**285625.5**	**567426.1**	**237273.7**	**134611.6**
北京	59717.3	31051.0	27201.9	939.1	525.3
天津	15497.9	3337.8	9181.0	2163.6	815.6
河北	35141.1	6639.9	15272.8	9802.6	3425.7
山西	13840.8	1745.5	8698.2	2090.7	1306.5
内蒙古	6960.2	290.9	2634.2	2177.2	1858.0
辽宁	28428.9	4016.7	8436.9	7303.8	8671.5
吉林	11225.7	484.4	2988.5	3654.3	4098.5
黑龙江	5486.8	675.7	1870.8	1518.1	1422.2
上海	36364.7	18376.4	13414.8	3711.1	862.4
江苏	214812.5	68173.1	83193.9	39345.3	24100.3
浙江	198017.2	63320.0	100781.7	23751.4	10164.0
安徽	41118.5	3290.9	23322.0	9894.7	4610.9
福建	58635.3	2766.5	36881.7	11885.4	7101.7
江西	28428.6	1202.5	15129.5	7446.8	4649.9
山东	68212.0	11006.6	31016.4	16647.0	9542.1
河南	52275.1	14216.9	20279.9	11100.7	6677.5
湖北	61467.1	15475.3	27623.0	13703.3	4665.4
湖南	47306.7	14365.4	15927.2	10197.1	6816.9
广东	49865.7	8052.8	27694.2	8082.8	6035.9
广西	23326.9	4864.7	11638.6	4165.0	2658.7
海南	2128.9		1417.5	451.7	259.6
重庆	32297.9	829.3	17327.8	8749.5	5391.2
四川	51954.5	7274.3	19838.3	17436.6	7405.3
贵州	16754.7	691.7	12371.8	1923.2	1768.0
云南	15051.2	841.8	6508.5	4183.8	3517.1
西藏	290.8	0.1	1.4	249.0	40.4
陕西	23578.3	1110.7	15727.6	5374.3	1365.7
甘肃	10658.7	874.6	5266.4	2856.8	1660.9
青海	886.3	21.5	200.2	506.6	158.0
宁夏	3280.2	138.2	673.5	1729.0	739.5
新疆	11926.2	490.5	4905.9	4233.2	2296.7

4-23 各地区按资质等级划分的总承包建筑业企业房屋竣工面积

单位：万平方米

地区	合计	特级	一级	二级	三级及以下
全国总计	**412988.8**	**61945.2**	**168070.4**	**111371.2**	**71601.9**
北京	9871.2	4849.0	4713.1	254.1	55.1
天津	3489.9	339.5	2060.6	697.8	392.0
河北	11401.0	1251.9	4046.7	4258.5	1843.9
山西	3575.6	249.4	1708.9	934.1	683.3
内蒙古	3065.0	30.7	744.3	1118.9	1171.1
辽宁	10149.5	505.6	2992.9	3335.4	3315.6
吉林	5409.6	175.6	1185.3	1921.1	2127.7
黑龙江	2959.2	101.7	648.8	967.5	1241.2
上海	7196.3	3047.9	2704.3	1105.8	338.2
江苏	76528.1	18681.8	28102.0	18116.9	11627.4
浙江	65721.7	16555.0	34610.2	9942.1	4614.3
安徽	15286.2	247.8	7172.7	5063.3	2802.4
福建	16411.4	671.4	9037.1	4128.6	2574.3
江西	14094.0	156.2	5542.9	4961.6	3433.2
山东	22935.0	2387.6	8665.7	7139.5	4742.2
河南	17477.3	2256.3	5195.3	5822.7	4203.1
湖北	26385.7	4719.6	10875.2	7637.2	3153.7
湖南	17288.9	2415.4	5237.7	5153.6	4482.2
广东	14205.4	598.0	7470.7	3242.8	2893.8
广西	7677.8	752.7	3313.9	1984.0	1627.3
海南	742.3		324.9	266.2	151.2
重庆	13253.8	89.6	5237.0	4481.3	3445.9
四川	20100.1	923.1	6193.3	8567.7	4416.0
贵州	3185.2	106.0	1364.9	807.4	906.9
云南	6722.2	147.6	1964.7	2435.6	2174.3
西藏	170.0	0.1	1.4	135.8	32.8
陕西	6926.9	206.9	3589.1	2492.5	638.4
甘肃	4026.4	322.8	1542.2	1220.3	941.1
青海	342.8		71.2	175.6	96.1
宁夏	1224.7	12.9	186.6	746.0	279.2
新疆	5165.5	143.0	1567.0	2257.5	1198.1

4-24 各地区按资质等级划分的总承包建筑业企业实收资本

单位：万元

地 区	合计	特级	一级	二级	三级及以下
全国总计	**241832635**	**34593816**	**87001895**	**75532263**	**44704662**
北 京	21234588	12177800	7069902	1109726	877160
天 津	5692287	2174100	2181734	936329	400124
河 北	7547657	334600	3708773	2356456	1147828
山 西	5014165	688020	1894922	1290435	1140789
内蒙古	3155143	68329	1041756	1002600	1042458
辽 宁	13451874	581099	2589291	8112390	2169094
吉 林	3753807	102250	1053838	1352072	1245648
黑龙江	3463112	282114	1126600	1371036	683363
上 海	9303892	2347225	3648854	2270267	1037546
江 苏	22161616	1678661	7732387	7733041	5017527
浙 江	19624212	1825317	8861839	5166745	3770311
安 徽	6977085	585540	2261777	2513997	1615770
福 建	10761749	301918	3832954	3241498	3385379
江 西	6279748	168856	2476053	2294147	1340693
山 东	13292183	1061070	4996931	4418177	2816005
河 南	10870695	1393001	3548730	3622077	2306887
湖 北	10403476	1671044	3729698	3238021	1764714
湖 南	7482153	1244763	2564453	2210767	1462170
广 东	14582351	1982088	6806874	3299278	2494111
广 西	3274421	264027	1111736	1128484	770175
海 南	473200	30000	215533	163849	63819
重 庆	6821963	200300	2830489	2377880	1413294
四 川	11368669	1519684	3428005	4594244	1826736
贵 州	2362635	301565	917232	648956	494882
云 南	5840928	229420	2058964	1942695	1609850
西 藏	423351		3922	341298	78131
陕 西	8184862	894675	3342358	3300519	647310
甘 肃	3071065	194555	777885	1248044	850581
青 海	1007984	94300	153084	579864	180736
宁 夏	1066730	28218	160302	594275	283935
新 疆	2885037	169277	875019	1073101	767639

4-25 各地区按资质等级划分的总承包建筑业企业资产

单位：万元

地区	合计	特级	一级	二级	三级及以下
全国总计	**1452020175**	**367081522**	**629898116**	**291066486**	**163974050**
北京	167004740	105950782	51851281	5146388	4056290
天津	48387164	15613301	22679539	7360663	2733661
河北	40870654	3849269	23659496	9088180	4273709
山西	35905311	10254627	17849416	4488206	3313061
内蒙古	17411134	764227	6843274	5774189	4029444
辽宁	55792192	5190016	20913238	19837001	9851937
吉林	20365629	953881	7080095	6233461	6098193
黑龙江	15062119	2427543	6473555	4275431	1885591
上海	76321877	20744810	37665727	12931400	4979940
江苏	140951539	26122132	57876856	35433700	21518851
浙江	100289802	24117840	46820150	17848410	11503401
安徽	42478884	8125603	20178869	8904449	5269962
福建	36501191	3234953	16696319	9431303	7138615
江西	24903742	1428566	12938785	6914019	3622372
山东	89293339	12997218	43470911	21516486	11308724
河南	54338450	14157419	22104086	11338122	6738824
湖北	82372114	37748732	27341855	12313718	4967809
湖南	36991160	10473595	14009795	7074440	5433329
广东	84758877	15714877	46097978	12753365	10192658
广西	16012240	1985150	7019719	4543204	2464167
海南	1932429	122632	980736	561682	267379
重庆	43795773	2924837	22717439	11928222	6225275
四川	71321037	21741418	23830994	18104875	7643750
贵州	24603457	4313131	14575823	2846879	2867623
云南	33741268	2959488	15246347	9739372	5796062
西藏	1499643	1339	18319	1315709	164276
陕西	43709244	8845859	24483677	8300932	2078777
甘肃	15567286	1348735	7222616	4043972	2951964
青海	4776116	1614097	740067	1811985	609967
宁夏	6274723	124743	1714603	3019891	1415486
新疆	18787043	1230704	8796552	6186831	2572956

4-26 各地区按资质等级划分的总承包建筑业企业所有者权益

单位：万元

地 区	合计	特级	一级	二级	三级及以下
全国总计	**466527889**	**95041250**	**169618663**	**125995583**	**75872393**
北 京	49045622	35820648	10522312	1494182	1208480
天 津	9342839	2954457	3424749	2127794	835839
河 北	13534974	1194881	6340030	4113251	1886811
山 西	8442349	2024777	2909125	1935189	1573258
内蒙古	6024244	96352	2085863	1983942	1858087
辽 宁	19916387	1437285	4659863	10222769	3596470
吉 林	7619846	188903	2133828	2366367	2930749
黑龙江	4575767	298154	1559267	1770792	947554
上 海	15828504	3922208	6476259	3736344	1693693
江 苏	56531881	9299344	20797225	16303808	10131505
浙 江	40295510	7329423	18776444	8636864	5552780
安 徽	13245865	1339122	5116051	4215623	2575069
福 建	16635343	699162	6483422	4930386	4522373
江 西	10445580	301172	4186578	3868178	2089652
山 东	26335426	2862599	10629673	8167022	4676132
河 南	19138460	2826484	6629451	5877932	3804594
湖 北	23894255	7570486	7610757	5938656	2774357
湖 南	15426067	2673185	5360142	3971461	3421280
广 东	25714557	4178642	12352770	5125112	4058034
广 西	5320597	492551	1779838	1851592	1196616
海 南	795894	36027	361210	297751	100905
重 庆	12861892	377733	5424218	4613962	2445978
四 川	20771170	3683236	5921906	7569596	3596432
贵 州	6585549	570824	3505419	973352	1535955
云 南	10846749	610486	3722018	3747267	2766977
西 藏	760545	1339	3922	633203	122081
陕 西	13824700	1322196	7302066	4273318	927120
甘 肃	4997236	299925	1376819	1909675	1410817
青 海	1588741	322134	219296	810253	237057
宁 夏	1741624	34009	328456	942218	436940
新 疆	4439717	273508	1619687	1587726	958796

4-27 各地区按资质等级划分的总承包建筑业企业负债

单位：万元

地 区	合计	特级	一级	二级	三级及以下
全国总计	**985506350**	**272040272**	**460357410**	**165043565**	**88065103**
北 京	117957879	70130133	41328969	3652207	2846571
天 津	39044325	12658844	19254790	5232869	1897822
天 津	27335680	2654388	17319466	4974929	2386898
山 西	27462962	8229850	14940291	2553017	1739804
内蒙古	11386890	667875	4757412	3790246	2171357
辽 宁	35870211	3752732	16266179	9606232	6245068
吉 林	12745783	764977	4946267	3867094	3167444
黑龙江	10486352	2129389	4914288	2504639	938037
上 海	60482740	16822602	31189468	9185017	3285653
江 苏	84413540	16822789	37079631	19129892	11381228
浙 江	59994291	16788417	28043706	9211547	5950621
安 徽	29193526	6786482	15042386	4685053	2679606
福 建	19865848	2535791	10212898	4500918	2616241
江 西	14458162	1127393	8752207	3045841	1532721
山 东	62957913	10134620	32841238	13349464	6632592
河 南	35199990	11330935	15474635	5460190	2934230
湖 北	58478736	30178246	19731097	6375062	2194330
湖 南	21650680	7800411	8735241	3102979	2012049
广 东	59034998	11536235	33745209	7622727	6130828
广 西	10691644	1492599	5239881	2691613	1267551
海 南	1136535	86605	619526	263931	166473
重 庆	30933881	2547104	17293221	7314261	3779296
四 川	50549866	18058182	17909087	10535279	4047318
贵 州	18017908	3742307	11070404	1873528	1331669
云 南	22894519	2349002	11524328	5992105	3029084
西 藏	739098		14397	682506	42195
陕 西	29884544	7523663	17181610	4027614	1151657
甘 肃	10570051	1048810	5845797	2134297	1541146
青 海	3187375	1291963	520770	1001732	372910
宁 夏	4533100	90734	1386147	2077674	978545
新 疆	14347326	957197	7176865	4599105	1614160

4-28 各地区按资质等级划分的总承包建筑业企业营业收入

单位：万元

地 区	合计	特级	一级	二级	三级及以下
全国总计	**1528411853**	**326050619**	**705903658**	**316969632**	**179487943**
北 京	94072550	45431381	42363862	3550561	2726746
天 津	37570175	11577394	18522741	5789964	1680077
河 北	45581770	6749732	23331066	11005962	4495010
山 西	26372186	4149794	15753317	3844194	2624881
内蒙古	10586001	531667	4399531	3357141	2297662
辽 宁	45870742	3348553	16585689	15595642	10340859
吉 林	18697479	863746	6043628	6370311	5419794
黑龙江	13007695	1705526	5524688	2903599	2873882
上 海	62000662	23137730	24343408	10468461	4051062
江 苏	184925833	50372790	74404651	37522926	22625466
浙 江	167875988	40756546	87002058	26487825	13629559
安 徽	45306686	4611161	24549080	10891165	5255281
福 建	61092546	4279400	32076191	14278253	10458702
江 西	38839736	1345674	22413175	9820559	5260328
山 东	81720918	11032561	41194015	19044435	10449907
河 南	68891919	17147597	27659969	14757021	9327333
湖 北	104219303	37421589	40558336	19571954	6667423
湖 南	57445304	13809773	24468612	11602052	7564866
广 东	78103060	10414736	47018760	11292101	9377462
广 西	25514981	3691091	13724365	4852353	3247172
海 南	2586176	88871	1367560	733323	396423
重 庆	50784432	1421698	24180473	15038749	10143511
四 川	70665111	15254852	24200867	21911298	9298094
贵 州	17826611	3703882	9800951	2318634	2003144
云 南	25485259	2916836	9773630	7518919	5275874
西 藏	1025927	439	35598	858661	131229
陕 西	44166792	6130487	26846323	8286867	2903115
甘 肃	16968283	1815036	7659738	4272850	3220659
青 海	4409955	1489759	714620	1653111	552465
宁 夏	5722037	114166	1695199	2621644	1291028
新 疆	21075738	736153	7691559	8749095	3898931

4-29 各地区按资质等级划分的总承包建筑业企业利税总额

单位：万元

地　区	合计	特级	一级	二级	三级及以下
全国总计	**107483453**	**21825194**	**42764042**	**25814459**	**17079759**
北　京	6587253	4074766	2223878	213384	75226
天　津	2184387	711498	882943	412163	177782
河　北	2913237	383292	1273317	839494	417134
山　西	1614958	445101	690537	276666	202654
内蒙古	818143	22215	254744	288689	252495
辽　宁	2773978	218820	713077	1085462	756620
吉　林	1464566	30090	361802	536472	536202
黑龙江	847288	42502	238110	232281	334395
上　海	3209393	1107672	1290864	598943	211915
江　苏	15329724	4131548	5814076	3222917	2161182
浙　江	10769018	2445595	5381453	1882137	1059833
安　徽	3160596	311134	1501289	853802	494372
福　建	4720883	279402	2208413	1222747	1010322
江　西	2959678	121689	1380977	905321	551691
山　东	6167586	648376	2693292	1712605	1113313
河　南	5211742	912305	1700729	1422364	1176344
湖　北	8027683	2693464	2844985	1741390	747846
湖　南	4239042	794424	1675435	996724	772458
广　东	5221941	786494	2590837	929917	914694
广　西	1428301	150005	664926	360993	252377
海　南	198887	7818	95047	52998	43024
重　庆	4651838	58317	1759280	1549321	1284919
四　川	4397585	677000	1229809	1613474	877302
贵　州	993665	130036	540169	161514	161947
云　南	2012567	135730	647506	702216	527115
西　藏	113761	137	1896	87933	23796
陕　西	2632714	285425	1342356	752046	252888
甘　肃	1134502	81199	313557	405680	334067
青　海	244334	75244	35231	101685	32173
宁　夏	342248	3590	82657	180923	75079
新　疆	1111955	60308	330850	472201	248596

4-30 各地区按资质等级划分的总承包建筑业企业利润总额

单位：万元

地区	合计	特级	一级	二级	三级及以下
全国总计	**56320435**	**12421649**	**20248871**	**13965451**	**9684463**
北京	4476769	3189092	1183123	111951	-7397
天津	1115398	348976	406315	234696	125412
河北	1406345	161048	581143	427028	237127
山西	846740	368768	224968	144108	108896
内蒙古	431506	4638	100806	159451	166611
辽宁	1232584	115463	196391	549158	371573
吉林	828110	6381	180778	322384	318568
黑龙江	360060	6568	64736	107883	180874
上海	1610482	569123	649867	286446	105046
江苏	8575811	2255547	3229504	1803027	1287734
浙江	4872796	1058340	2346599	924186	543671
安徽	1584784	161232	691485	444762	287305
福建	2334637	136291	1043674	616791	537881
江西	1480578	71160	624699	487620	297099
山东	3538655	381704	1424493	1028486	703972
河南	2759992	359914	830467	832254	737358
湖北	4423098	1533929	1460522	984340	444308
湖南	1994193	428252	701873	480557	383510
广东	2864408	541958	1276187	519908	526354
广西	523087	33196	226596	160904	102392
海南	107704	4707	49872	27282	25842
重庆	2817916	35870	991895	961912	828239
四川	2040049	294135	449630	809886	486398
贵州	426139	45597	235616	73002	71924
云南	1131487	65406	346614	422135	297333
西藏	75810	115	685	56764	18246
陕西	1162785	121038	465593	433358	142796
甘肃	567266	30886	92473	242263	201644
青海	130556	50755	13125	52269	14407
宁夏	164225	-193	32413	100045	31960
新疆	436466	41754	126730	160600	107382

4-31 各地区按资质等级划分的总承包建筑业企业税金总额

单位：万元

地 区	合计	特级	一级	二级	三级及以下
全国总计	**51163019**	**9403545**	**22515171**	**11849008**	**7395295**
北 京	2110485	885674	1040755	101434	82623
天 津	1068989	362523	476628	177468	52371
河 北	1506892	222244	692174	412467	180007
山 西	768218	76332	465570	132558	93758
内蒙古	386637	17577	153938	129238	85884
辽 宁	1541394	103357	516686	536305	385047
吉 林	636456	23709	181025	214088	217635
黑龙江	487228	35934	173374	124398	153521
上 海	1598912	538549	640997	312497	106869
江 苏	6753913	1876001	2584573	1419890	873449
浙 江	5896222	1387255	3034854	957952	516162
安 徽	1575812	149902	809804	409040	207067
福 建	2386246	143112	1164739	605956	472440
江 西	1479100	50529	756277	417701	254593
山 东	2628931	266672	1268799	684119	409341
河 南	2451750	552391	870263	590111	438986
湖 北	3604585	1159534	1384463	757050	303538
湖 南	2244850	366172	973562	516167	388949
广 东	2357534	244535	1314650	410009	388340
广 西	905214	116810	438330	200089	149985
海 南	91183	3110	45175	25716	17181
重 庆	1833922	22447	767385	587409	456680
四 川	2357537	382865	780179	803589	390904
贵 州	567527	84439	304554	88511	90023
云 南	881080	70325	300892	280081	229782
西 藏	37951	21	1212	31169	5550
陕 西	1469929	164387	876763	318688	110092
甘 肃	567236	50314	221084	163416	132423
青 海	113777	24489	22106	49416	17767
宁 夏	178023	3782	50244	80878	43119
新 疆	675489	18555	204120	311601	141214

4-32 各地区按资质等级划分的总承包建筑业企业主营业务收入

单位：万元

地区	合计	特级	一级	二级	三级及以下
全国总计	**1511987170**	**324070099**	**698927059**	**312314748**	**176675265**
北京	93644021	45239192	42193324	3514055	2697450
天津	37341737	11518207	18453786	5710071	1659674
河北	44580604	6726185	22706481	10885082	4262856
山西	25936594	4115685	15491715	3770262	2558932
内蒙古	10384490	529933	4268264	3339312	2246981
辽宁	44837841	3332631	16441585	15029306	10034319
吉林	17944335	850057	5744246	6062832	5287199
黑龙江	12895386	1703243	5498596	2840191	2853357
上海	61673756	23052915	24233489	10381882	4005471
江苏	183805149	49983990	73971808	37349679	22499672
浙江	167305151	40575392	86821746	26320976	13587038
安徽	44629683	4579559	24139397	10789199	5121529
福建	60945659	4277746	32003666	14260401	10403847
江西	37676462	1338382	21541060	9660590	5136430
山东	80636431	10990021	40598860	18714224	10333325
河南	67660897	17093824	27092117	14355481	9119475
湖北	103044261	36868350	40349968	19312303	6513641
湖南	57298785	13787911	24491425	11491020	7528429
广东	77726982	10357695	46799267	11237490	9332529
广西	25134954	3686611	13611365	4603938	3233040
海南	2525522	88766	1365702	676004	395051
重庆	50315695	1402603	24035230	14899496	9978366
四川	69143115	15142664	23638134	21381571	8980746
贵州	17499343	3691936	9618215	2285557	1903635
云南	24988773	2888810	9621939	7321353	5156671
西藏	1019681	439	34299	855449	129494
陕西	44000351	6117331	26736144	8249859	2897017
甘肃	16692452	1814775	7482698	4205810	3189169
青海	4233405	1465321	711388	1543388	513308
宁夏	5682639	114166	1686053	2600299	1282120
新疆	20783018	735761	7545093	8667667	3834497

4-33 各地区按资质等级划分的总承包建筑业企业管理费用

单位：万元

地区	合计	特级	一级	二级	三级及以下
全国总计	**43348231**	**7728524**	**17647884**	**10693093**	**7278730**
北京	3064344	1237657	1412650	206724	207313
天津	1337095	500716	582771	180296	73311
河北	1224184	75520	709561	299051	140052
山西	1151810	222077	640024	166777	122933
内蒙古	425944	19014	146508	140662	119760
辽宁	1665568	83564	569974	573050	438981
吉林	557551	21632	137697	200872	197351
黑龙江	478361	32278	188049	150911	107125
上海	1919398	674205	681779	352734	210680
江苏	4766001	778151	1815943	1220550	951357
浙江	2893997	391656	1328601	689147	484594
安徽	1286587	203516	564575	310376	208121
福建	1456685	55785	536102	423835	440963
江西	891419	15295	409540	273213	193370
山东	2494254	294718	1129037	638207	432291
河南	2190569	517028	763679	546924	362939
湖北	3378151	1226352	1015592	852648	283559
湖南	1711860	384039	608793	409658	309371
广东	2243992	212028	1231254	410594	390116
广西	631331	59080	274195	155865	142192
海南	52060	2481	22920	18531	8129
重庆	1452025	25380	527279	537163	362202
四川	2123752	303887	722102	716389	381375
贵州	395865	44013	211498	79017	61337
云南	879777	84184	266471	301151	227972
西藏	48362	12	3191	36501	8658
陕西	1295503	163184	701799	330613	99907
甘肃	518912	35918	186405	146620	149969
青海	141049	42896	23127	49496	25530
宁夏	138106	2526	39079	58535	37967
新疆	533721	19734	197693	216986	99308

4-34 各地区按资质等级划分的总承包建筑业企业财务费用

单位：万元

地区	合计	特级	一级	二级	三级及以下
全国总计	**11142502**	**2467583**	**5264049**	**2249848**	**1161023**
北京	714539	493284	200313	621	20321
天津	322080	134757	176274	15374	-4323
河北	305114	20361	191365	56741	36647
山西	174573	47317	85013	29808	12435
内蒙古	135430	17607	57103	36269	24450
辽宁	323516	2976	152539	109763	58238
吉林	149738	6411	64436	45862	33029
黑龙江	61147	4576	35216	10593	10763
上海	207158	54545	100212	31172	21229
江苏	1522016	352755	657986	349909	161366
浙江	1093456	269659	591075	171343	61379
安徽	317818	8699	199988	73458	35672
福建	251566	19876	148610	47250	35830
江西	224140	28863	119397	47808	28072
山东	748322	117963	388629	164654	77076
河南	524954	133904	218148	98618	74284
湖北	690721	244185	281833	108093	56610
湖南	261912	49274	111154	56079	45404
广东	662324	140563	368148	98504	55109
广西	202196	58460	83801	45047	14888
海南	2802	-139	2010	396	534
重庆	494271	33954	263372	126823	70122
四川	719718	159260	250227	228336	81895
贵州	112873	23113	67932	12280	9547
云南	361762	49004	163849	91901	57008
西藏	5278	1	-11	5014	273
陕西	182471	-17310	119352	60381	20049
甘肃	151351	1538	56566	56929	36319
青海	32486	13161	7604	10520	1201
宁夏	44855	-29	8825	26116	9943
新疆	141918	-1004	93083	34188	15651

4-35 各地区按资质等级划分的总承包建筑业企业应收工程款

单位：万元

地 区	合计	特级	一级	二级	三级及以下
全国总计	**311582712**	**59755238**	**150008173**	**66276753**	**35542548**
北 京	18717679	8063466	9307129	653553	693531
天 津	11705238	2651248	6973903	1528333	551755
河 北	11258504	1600506	6751977	2072796	833225
山 西	10348722	1115445	7064383	1263434	905460
内蒙古	4481509	271859	2113165	1277663	818822
辽 宁	14513659	1453141	5583876	5201285	2275357
吉 林	6046916	383744	2452034	1754081	1457057
黑龙江	4100393	926924	1684983	986106	502380
上 海	13002103	4075695	6104015	1607986	1214408
江 苏	40501724	7323202	17190072	10411656	5576794
浙 江	18542817	5294875	7971472	3125571	2150899
安 徽	10230224	2067160	4884063	2193017	1085984
福 建	5900499	387185	2592496	1508147	1412671
江 西	4990721	458033	2867178	1083509	582000
山 东	23826196	3812881	11631572	5711133	2670611
河 南	10999409	2582347	5222986	2019625	1174452
湖 北	18327820	6623158	7394340	3212597	1097725
湖 南	7371203	1446018	3247013	1730604	947568
广 东	14238134	1613585	8528389	2162644	1933516
广 西	2689303	366571	1273697	669367	379669
海 南	392524	3438	193682	135176	60229
重 庆	10834826	575380	5600088	3136196	1523163
四 川	12686641	2615632	5114589	3431423	1524997
贵 州	4157674	373774	2629794	625346	528760
云 南	7444043	700368	3759981	1881430	1102264
西 藏	279730	439	2841	235668	40782
陕 西	11051593	1849793	6894683	1885920	421197
甘 肃	4216158	373904	1948214	1146407	747633
青 海	1022583	319257	149766	438924	114636
宁 夏	2222377	10198	564398	1205426	442355
新 疆	5481789	416013	2311395	1981732	772650

4-36 各地区专业承包建筑业企业签订合同情况

单位：万元

地 区	签订合同额	上年结转合同额	本年新签合同额
全国总计	**242525871**	**79411024**	**163114847**
北 京	15886830	5950662	9936168
天 津	5548635	1695245	3853390
河 北	4176246	946064	3230182
山 西	4529069	1850738	2678331
内蒙古	1087646	338144	749502
辽 宁	13009626	4271329	8738297
吉 林	2780762	715255	2065507
黑龙江	2217489	399677	1817812
上 海	13794329	4881527	8912802
江 苏	28227279	7996682	20230597
浙 江	23773990	8064504	15709486
安 徽	6499620	1729713	4769907
福 建	8766754	2988066	5778687
江 西	5213524	1902813	3310711
山 东	10642707	2018118	8624589
河 南	9497712	1463609	8034103
湖 北	12104963	5463264	6641699
湖 南	5787978	1732342	4055637
广 东	30381621	10677779	19703843
广 西	1640536	668859	971677
海 南	183396	62483	120913
重 庆	6426398	2620756	3805642
四 川	16605354	6193167	10412187
贵 州	842048	338654	503394
云 南	3849596	1334563	2515033
西 藏	36766	7445	29321
陕 西	5380055	2115414	3264641
甘 肃	1099151	207629	891522
青 海	382168	76675	305494
宁 夏	473063	188371	284692
新 疆	1680561	511477	1169084

4-37 各地区专业承包建筑业企业承包工程完成情况

单位：万元

地区	直接从建设单位承揽工程完成的产值	自行完成施工产值	分包出去工程的产值	从建设单位以外承揽工程完成的产值
全国总计	**160608875**	**157166229**	**3442646**	**13854856**
北京	9768522	9190027	578495	2882666
天津	5442563	4885993	556570	323913
河北	3090975	3088322	2653	62321
山西	2934484	2901623	32861	88590
内蒙古	847433	846309	1124	7316
辽宁	9856976	9805778	51198	153259
吉林	2363203	2356386	6817	103678
黑龙江	1902779	1901980	799	4963
上海	7716359	7489551	226808	1833517
江苏	20549214	20487247	61967	3255576
浙江	15490883	15264499	226384	1511930
安徽	5362158	5283275	78883	122428
福建	5762319	5647975	114344	637268
江西	3324807	3290642	34165	55009
山东	8815535	8715453	100082	196658
河南	7215402	7163236	52167	329094
湖北	6967584	6842651	124933	146059
湖南	3650067	3629026	21041	49875
广东	17953640	17133552	820088	863409
广西	865240	837482	27758	133017
海南	132688	132458	229	229
重庆	4152860	4086983	65877	188309
四川	6882972	6705290	177681	347918
贵州	662147	650838	11309	28428
云南	2543986	2519331	24655	107343
西藏	22329	21629	700	700
陕西	3619552	3603856	15696	362268
甘肃	835978	821420	14558	32451
青海	329301	327661	1640	724
宁夏	304589	304519	70	2763
新疆	1242332	1231237	11095	23179

4-38 各地区专业承包建筑业总产值和竣工产值

单位：万元

地　区	建筑业总产值	#装饰装修产值	#在外省完成的产值	按构成分组			竣工产值
				建筑工程产值	安装工程产值	其他产值	
全国总计	**171021085**	**56834015**	**46341460**	**113604570**	**45639895**	**11776621**	**113889599**
北　京	12072693	5420639	5836921	10817119	1121840	133734	7049663
天　津	5209905	793703	282163	2298783	2085921	825202	3115699
河　北	3150643	728252	626960	1549004	1033108	568532	2177668
山　西	2990213	395582	769947	1955927	765099	269187	1976806
内蒙古	853625	28021	39643	474120	282691	96814	633118
辽　宁	9959036	3029578	1079413	5153934	3946716	858386	7201935
吉　林	2460064	321446	109047	1259582	1074053	126428	2220545
黑龙江	1906943	471584	565662	1029880	771452	105611	1489316
上　海	9323068	3812192	2837613	6500337	2584723	238008	4737099
江　苏	23742824	10799922	7849990	18987922	4522636	232265	20320775
浙　江	16776429	6293625	5023517	11967958	4110129	698342	11173058
安　徽	5405704	1144239	1289699	2649172	1537598	1218934	3670258
福　建	6285243	1758219	2331338	4381195	1791317	112731	4422091
江　西	3345651	1554625	1327193	2184658	454758	706235	2384721
山　东	8912112	3054976	1195170	5545949	2728137	638026	5643068
河　南	7492330	1650634	838305	4454481	2225392	812457	4728000
湖　北	6988711	1812221	2042960	4299144	1696582	992985	4508206
湖　南	3678901	691774	1244302	1748919	1324358	605624	2644191
广　东	17996961	9629281	7053523	12526943	4692903	777116	10785232
广　西	970499	176689	39200	502104	314531	153864	652464
海　南	132688	18027	4444	29161	92819	10708	96103
重　庆	4275292	1140330	885712	2426081	1428372	420839	2319421
四　川	7053208	851542	1970968	4822243	1836936	394029	3709180
贵　州	679266	142140	37880	450135	187801	41331	336861
云　南	2626674	335851	163742	1453985	959692	212998	1895472
西　藏	22329	1914	55	11049	11280		17837
陕　西	3966123	479409	710814	2658339	1033561	274223	1935147
甘　肃	853870	117300	53042	569546	196036	88288	563320
青　海	328384	18564	75922	136879	93655	97850	267383
宁　夏	307282	65666	12063	257951	45299	4032	259446
新　疆	1254416	96070	44255	502072	690499	61845	955519

4-39 各地区专业承包建筑业企业房屋建筑面积

地　区	房屋建筑施工面积(万平方米)	#本年新开工	#实行投标承包面积	房屋建筑竣工面积(万平方米)	房屋建筑面积竣工率(%)
全国总计	**14780.7**	**8450.7**	**7406.4**	**7796.2**	**52.7**
北　京	59.4	11.6	48.1	15.1	25.4
天　津	146.7	34.6	65.3	57.3	39.1
河　北	475.4	221.7	131.4	211.9	44.6
山　西	102.6	68.9	15.8	58.8	57.3
内蒙古	14.4	10.8	14.4	38.1	264.1
辽　宁	508.2	399.7	264.6	248.5	48.9
吉　林	1011.5	810.4	673.6	193.0	19.1
黑龙江	37.5	23.3	6.2	8.8	23.6
上　海	295.1	184.4	112.0	62.4	21.2
江　苏	779.5	283.5	502.9	295.8	37.9
浙　江	3525.0	1972.0	1852.3	2594.6	73.6
安　徽	358.0	257.2	247.9	267.4	74.7
福　建	642.0	381.3	299.7	219.9	34.3
江　西	466.7	257.1	197.7	161.6	34.6
山　东	1266.5	738.9	578.1	722.0	57.0
河　南	857.4	533.6	413.9	486.4	56.7
湖　北	737.6	433.2	401.1	443.2	60.1
湖　南	197.7	99.0	132.4	101.1	51.1
广　东	595.9	347.7	312.7	168.0	28.2
广　西	105.0	52.5	46.1	42.9	40.8
海　南	3.1	0.8		2.3	74.0
重　庆	503.7	268.6	104.6	288.7	57.3
四　川	840.8	476.7	291.9	566.7	67.4
贵　州	14.9	13.9	9.0	10.6	71.3
云　南	385.9	234.8	158.4	218.9	56.7
西　藏	4.6	3.9	3.7	3.9	85.0
陕　西	412.9	182.5	214.9	160.5	38.9
甘　肃	98.4	85.1	25.7	56.8	57.7
青　海	22.4	15.2	1.1	7.4	32.9
宁　夏	4.7	3.9	3.9	1.9	40.3
新　疆	307.0	43.9	276.9	81.6	26.6

4-40 各地区按主要用途分的专业承包建筑业企业房屋建筑竣工面积

单位：万平方米

地　区	总计	住宅房屋	商业及服务用房屋			
				商厦房屋(批发和零售用房)	宾馆用房屋(住宿用房)	餐饮用房屋(餐饮用房)
全国总计	**7796.2**	**2201.7**	**414.9**	**156.5**	**47.5**	**37.9**
北　京	15.1	0.4	0.9		0.7	
天　津	57.3	11.3	17.1	15.4	0.1	0.2
河　北	211.9	160.8	0.2			
山　西	58.8	16.5	0.7		0.2	
内蒙古	38.1	7.4				
辽　宁	248.5	97.4	7.0	0.1	1.8	0.3
吉　林	193.0	75.5	58.3	25.9	13.8	6.0
黑龙江	8.8	8.1				
上　海	62.4	10.9	2.5	1.6		
江　苏	295.8	147.6	18.2	2.3	1.4	
浙　江	2594.6	93.7	69.1	40.8		19.2
安　徽	267.4	86.8	8.0	7.8		
福　建	219.9	14.1	4.8	1.5	0.6	
江　西	161.6	59.6	9.6	3.6	1.3	0.9
山　东	722.0	193.6	19.3	7.3	0.2	1.0
河　南	486.4	93.8	31.6	7.6	8.1	4.2
湖　北	443.2	229.7	15.5	0.6	7.0	3.1
湖　南	101.1	56.3	24.3	0.9		
广　东	168.0	84.7	22.1	18.3	1.5	0.3
广　西	42.9	34.9	0.7	0.7		
海　南	2.3		2.3		2.3	
重　庆	288.7	61.4	27.5	8.2	0.8	0.2
四　川	566.7	324.5	34.1	6.2	5.6	1.9
贵　州	10.6	0.7	0.4		0.4	
云　南	218.9	84.3	29.9	3.6	0.1	
西　藏	3.9	1.6	0.6			
陕　西	160.5	150.8	4.1	2.8	1.2	0.1
甘　肃	56.8	14.0	3.3	1.4	0.3	0.5
青　海	7.4	3.4	2.8			
宁　夏	1.9					
新　疆	81.6	77.8				

4-40 续表 1 单位：万平方米

地　区	商务会展用房屋	其他商业及服务用房屋(居民服务业用房)	办公用房　屋	科研、教育和医疗用房屋	科学研究用房屋	教育用房　屋
全国总计	**24.8**	**148.2**	**234.4**	**155.8**	**11.4**	**115.6**
北　京		0.2	1.1	1.5	0.7	0.9
天　津	0.1	1.5		0.2		0.2
河　北		0.2	5.8	0.1		0.1
山　西	0.4		0.1	0.3		0.3
内蒙古						
辽　宁		4.8	2.6	1.9	0.2	1.8
吉　林	8.4	4.2	14.5	18.0	3.0	14.8
黑龙江			0.2	0.5		0.5
上　海		1.0		2.6	2.5	0.1
江　苏	0.8	13.6	7.6	12.5		11.9
浙　江	3.3	5.7	28.8	6.4	0.2	1.6
安　徽		0.2	26.3	6.2	1.9	3.8
福　建	1.5	1.2	0.6	2.7		2.7
江　西	0.6	3.2	6.6	2.7	0.2	0.7
山　东	0.1	10.7	11.8	17.1	0.4	7.0
河　南	3.6	8.1	13.8	2.5	1.0	1.2
湖　北	0.7	4.1	38.3	23.3		19.4
湖　南		23.4	1.6	4.2		3.9
广　东	1.1	1.0	5.5	2.3	0.2	0.5
广　西			1.5			
海　南						
重　庆	0.2	18.1	2.3	18.4		18.3
四　川	3.4	17.0	16.8	8.1	1.0	5.9
贵　州			0.1	0.2		0.2
云　南		26.2	34.5	10.5	0.1	8.5
西　藏		0.6	0.5	1.2		1.2
陕　西			0.9	1.3		1.2
甘　肃	0.5	0.6	11.9	8.6	0.1	8.1
青　海	0.1	2.7	0.4	0.3		0.3
宁　夏						
新　疆				2.1		0.4

4-40 续表 2

单位：万平方米

地　区	医疗用房屋(卫生医疗用房)	文化、体育和娱乐用房屋	厂房及建筑物	#厂房	仓　库	其他未列明的房屋建筑物
全国总计	**28.8**	**235.9**	**4011.6**	**2706.3**	**98.9**	**443.1**
北　京		0.8	8.2	1.8		2.1
天　津		0.9	23.9	7.0	0.3	3.6
河　北		2.4	39.0	28.5	1.6	2.1
山　西			40.2	28.4		0.9
内蒙古			30.3			0.4
辽　宁		0.2	132.1	90.5	1.5	5.6
吉　林	0.2	5.8	16.2	14.5	1.8	2.9
黑龙江						
上　海			46.0	5.3	0.3	
江　苏	0.6	5.8	86.3	69.6	1.8	16.0
浙　江	4.6	170.9	1973.0	1540.8	29.1	223.7
安　徽	0.5	3.9	129.8	96.1	1.6	4.8
福　建		4.7	190.0	63.5	3.0	
江　西	1.8	17.9	61.6	55.5	0.2	3.5
山　东	9.7	5.6	443.2	294.8	19.9	11.5
河　南	0.2	1.9	295.1	141.7	31.1	16.5
湖　北	3.9	5.0	73.4	46.1	3.1	54.9
湖　南	0.3		13.3	6.5	0.2	1.2
广　东	1.6	1.0	39.4	26.2		13.0
广　西			5.2	2.6		0.6
海　南						
重　庆	0.1		122.1	34.3	0.5	56.6
四　川	1.2	4.3	174.0	115.4	2.6	2.3
贵　州	0.1		3.1	2.9		6.2
云　南	2.0	1.1	52.8	29.8	0.3	5.4
西　藏						
陕　西	0.1		0.7			2.7
甘　肃	0.3	3.6	9.1	2.5		6.2
青　海			0.1			0.3
宁　夏			1.9			
新　疆	1.7		1.7	1.7		

4-41　各地区按主要用途分的专业承包建筑业企业房屋建筑竣工价值

单位：万元

地　区	总计	住宅房屋	商业及服务用房屋			
				商厦房屋(批发和零售用房)	宾馆用房屋(住宿用房)	餐饮用房屋(餐饮用房)
全国总计	**7338078**	**2742891**	**402531**	**100951**	**49069**	**26185**
北　京	31173	291	1871		1689	
天　津	48934	15936	9101	6876	5	336
河　北	168566	119715	314			
山　西	34922	5580	196		45	
内蒙古	16485	12070				
辽　宁	224416	91087	16000	150	1747	86
吉　林	221791	106734	57152	1086	7719	7500
黑龙江	11757	10257				
上　海	90666	28062	4383	3333		
江　苏	386751	180818	40912	3378	3529	25
浙　江	1866904	91532	40859	28861	110	5281
安　徽	231599	101093	7332	7097		92
福　建	193579	15208	6711	3056	403	
江　西	149777	74301	12467	5892	1513	990
山　东	612774	227354	26141	5396	176	1401
河　南	358122	111327	27181	6402	8421	3264
湖　北	731917	323833	20653	1361	6415	3940
湖　南	135422	77336	33111	2790		
广　东	117018	64580	6204	4193	1013	86
广　西	63236	52638	667	667		
海　南	3133		3133		3133	
重　庆	158785	16275	9008	1720	203	137
四　川	728746	494833	32239	5397	9854	2421
贵　州	18839	710	300		300	
云　南	237379	137685	26985	6341	257	
西　藏	5015	2100	1000			
陕　西	240294	227400	7260	4918	2152	69
甘　肃	99276	24140	4198	2039	386	557
青　海	14337	4997	7154			
宁　夏	1248					
新　疆	135216	125000				

4-41 续表 1　　　　单位：万元

地　区	商务会展用房屋	其他商业及服务用房屋(居民服务业用房)	办公用房屋	科研、教育和医疗用房屋	科学研究用房屋	教育用房屋
全国总计	**47624**	**178702**	**252263**	**225521**	**15461**	**169877**
北　京		182	1115	3274	1124	2150
天　津	5	1879	150	50		50
河　北		314	6648	79		79
山　西	151		106	467		467
内蒙古						
辽　宁		14018	2308	1738	200	1538
吉　林	32535	8312	17686	6344	4500	1194
黑龙江			190	1305	1	1302
上　海		1050	71	4890	4712	178
江　苏	1675	32305	12784	29035		27635
浙　江	1954	4653	16725	8793	323	1676
安　徽		143	29217	6149	703	4716
福　建	800	2452	530	5974		5974
江　西	788	3285	6139	2876	325	520
山　东	95	19073	7480	14517	873	7188
河　南	3132	5963	15415	1987	901	911
湖　北	176	8761	65942	48763		41748
湖　南		30321	5630	8081		7631
广　东	484	429	4003	1696	464	455
广　西			2304			
海　南						
重　庆	172	6777	2566	21533	19	21453
四　川	4743	9825	25369	11631	1063	8894
贵　州			110	259		175
云　南	325	20063	5528	17080	138	14604
西　藏		1000	200	1700		1700
陕　西		120	1502	1373		1164
甘　肃	463	752	21960	15579	115	14935
青　海	126	7028	585	431		431
宁　夏						
新　疆				9917		1106

4-41 续表 2 单位：万元

地　区	医疗用房屋(卫生医疗用房)	文化、体育和娱乐用房屋	厂房及建筑物	#厂房	仓　库	其他未列明的房屋建筑物
全国总计	**40184**	**324060**	**2719552**	**1824054**	**61008**	**610251**
北　京		2738	13521	2061		8364
天　津		2507	9822	3170	93	11275
河　北		5134	31142	24964	688	4846
山　西			26007	16400		2567
内蒙古			3701			714
辽　宁		334	98305	65028	2770	11874
吉　林	650	2390	28859	24845	1540	1087
黑龙江	2	1	1		3	
上　海			52800	7198	461	
江　苏	1399	27516	72797	55391	1403	21487
浙　江	6794	215386	1227080	1002192	11968	254563
安　徽	730	4869	68719	42700	789	13430
福　建		5150	158519	46714	1486	
江　西	2031	10594	36559	33828	1796	5045
山　东	6456	14885	279438	191069	12294	30666
河　南	175	1900	172251	74142	15569	12492
湖　北	7015	15898	85780	56402	5561	165487
湖　南	450		9521	3386	743	1000
广　东	777	559	28041	18934	9	11926
广　西			7197	2566		430
海　南						
重　庆	60	100	91995	27032	235	17074
四　川	1674	5783	153074	89887	2969	2848
贵　州	84		9455	9159		8006
云　南	2338	1321	38518	25071	631	9631
西　藏						15
陕　西	210	13	659			2087
甘　肃	529	6974	14062	1628		12363
青　海			195			975
宁　夏			1248			
新　疆	8811	10	289	289		

4-42 各地区专业承包建筑业企业主要生产效益指标

地　区	建筑业企业个数（个）	从事建筑业活动的平均人数（人）	按总产值计算的劳动生产率（元/人）	人均竣工产值（元/人）	人均施工面积（平方米/人）	人均竣工面积（平方米/人）
全国总计	**31255**	**5655549**	**302395**	**201377**	**26.1**	**13.8**
北　京	1992	288409	418596	244433	2.1	0.5
天　津	1067	116531	447083	267371	12.6	4.9
河　北	709	98375	320269	221364	48.3	21.5
山　西	1155	152905	195560	129283	6.7	3.8
内蒙古	156	27409	311440	230989	5.3	13.9
辽　宁	3160	317260	313908	227004	16.0	7.8
吉　林	950	86366	284842	257109	117.1	22.3
黑龙江	531	99000	192621	150436	3.8	0.9
上　海	1469	225648	413169	209933	13.1	2.8
江　苏	3746	853077	278320	238206	9.1	3.5
浙　江	2083	529367	316915	211064	66.6	49.0
安　徽	869	156386	345664	234692	22.9	17.1
福　建	1139	240263	261598	184052	26.7	9.2
江　西	314	238142	140490	100139	19.6	6.8
山　东	1941	269297	330940	209548	47.0	26.8
河　南	2105	312839	239495	151132	27.4	15.5
湖　北	1164	210230	332432	214442	35.1	21.1
湖　南	490	126480	290868	209060	15.6	8.0
广　东	1786	508815	353703	211968	11.7	3.3
广　西	262	34494	281353	189153	30.4	12.4
海　南	37	3989	332634	240921	7.8	5.8
重　庆	864	132377	322963	175213	38.0	21.8
四　川	1004	232043	303961	159849	36.2	24.4
贵　州	166	22683	299460	148508	6.6	4.7
云　南	793	144566	181694	131115	26.7	15.1
西　藏	16	1517	147191	117581	30.3	25.8
陕　西	339	117433	337735	164787	35.2	13.7
甘　肃	376	31987	266943	176109	30.8	17.8
青　海	107	15462	212382	172929	14.5	4.8
宁　夏	152	12790	240252	202851	3.7	1.5
新　疆	313	49409	253884	193390	62.1	16.5

4-43 各地区专业承包建筑业企业资产构成

单位：万元

地区	资产合计	#流动资产合计	#存货	#非流动资产合计	#固定资产合计
全国总计	**190243188**	**152371648**	**27972547**	**37871540**	**18837998**
北京	16654981	13722856	1992525	2932124	1336250
天津	8831936	6046591	1027135	2785345	1319470
河北	3953231	2965481	581738	987749	495169
山西	4432612	3669836	640599	762776	516281
内蒙古	1314242	869857	116610	444385	145863
辽宁	12987097	10243664	1613955	2743434	1258331
吉林	3083567	2410019	247300	673549	346339
黑龙江	2212254	1756036	419574	456218	205995
上海	10125013	8889193	1955239	1235819	679890
江苏	23378704	19145189	3172836	4233515	2132895
浙江	16252759	12757102	2828907	3495657	1720146
安徽	4856435	3801466	642697	1054969	510306
福建	6163567	5054448	1026957	1109119	647415
江西	2080823	1551093	398396	529730	278773
山东	9913019	7838482	1500221	2074538	1339951
河南	7363803	5237382	982725	2126421	1151747
湖北	6577026	5324080	1154238	1252946	824384
湖南	2962622	2348168	400906	614454	369459
广东	22615180	18771637	3844295	3843542	1090623
广西	1082044	921792	152168	160253	78403
海南	219843	172975	33016	46867	10597
重庆	5244702	4504700	766378	740002	450628
四川	6333894	5179210	1149054	1154684	574986
贵州	1483645	1099133	124467	384512	96777
云南	3202369	2484093	350474	718276	454433
西藏	47824	37852	3052	9972	6916
陕西	2994677	2479960	434221	514717	317525
甘肃	1336335	1044402	153625	291933	163654
青海	322393	244707	26642	77686	52262
宁夏	620295	491631	74991	128663	76791
新疆	1596301	1308612	157609	287688	185742

4-44 各地区专业承包建筑业企业固定资产情况

单位：万元

地　区	固定资产合计	固定资产原价	固定资产折旧	#本年折旧	在建工程
全国总计	**18837998**	**27104811**	**11818818**	**1690481**	**2010956**
北　京	1336250	1941047	855850	95813	214119
天　津	1319470	2135951	896143	123894	47068
河　北	495169	684924	317765	38873	82536
山　西	516281	818069	375379	49294	43834
内蒙古	145863	232683	100296	12263	7192
辽　宁	1258331	1987232	946175	108387	79670
吉　林	346339	498823	215492	29577	35439
黑龙江	205995	301105	133346	17090	11781
上　海	679890	1116345	542154	70533	87314
江　苏	2132895	3081735	1333179	203268	183112
浙　江	1720146	2649613	1171366	171023	142668
安　徽	510306	680934	281678	44607	47885
福　建	647415	947915	390486	57391	51842
江　西	278773	283559	114409	21005	72242
山　东	1339951	1835292	736758	109737	116471
河　南	1151747	1283453	420508	62622	135833
湖　北	824384	1022979	439291	79675	194648
湖　南	369459	477862	206236	37512	33186
广　东	1090623	1655038	748037	99875	86948
广　西	78403	145970	77811	11687	5286
海　南	10597	16161	8191	765	1682
重　庆	450628	647403	265340	46528	41659
四　川	574986	865531	417912	46918	77198
贵　州	96777	95739	42672	14513	32642
云　南	454433	602731	269581	48483	58128
西　藏	6916	8783	3211	380	727
陕　西	317525	359104	171929	23174	67642
甘　肃	163654	250808	123529	32860	24613
青　海	52262	73158	30700	4298	4943
宁　夏	76791	129566	59768	8003	5192
新　疆	185742	275299	123627	20435	17456

4-45 各地区专业承包建筑业企业负债及所有者权益

单位：万元

地　区	负债合计	#流动负债	#应付账款	所有者权益	#实收资本
全国总计	**115637373**	**105699857**	**37147386**	**75431400**	**43170739**
北　京	11504047	11087994	4293280	5143436	3783049
天　津	4756159	4257100	1763109	4072166	1911877
河　北	2071001	1968696	642064	1882230	962734
山　西	2747978	2626033	1196855	1684596	1256891
内蒙古	672726	633061	222359	641516	191811
辽　宁	7995453	6732677	1846571	4985304	2794995
吉　林	1514109	1395725	467520	1569459	847774
黑龙江	1249081	1189558	322035	963174	559767
上　海	6496970	6262044	2356819	3622157	1974545
江　苏	13231874	12615696	5244574	10146084	4872807
浙　江	9896745	9365339	3076458	6356014	3505021
安　徽	2888492	2571614	785288	1964003	1098237
福　建	3298123	3041896	809646	2865443	1903310
江　西	1230945	1101996	284355	849878	516020
山　东	5890206	5191645	1784790	4022763	2112831
河　南	3134820	2792165	1046372	4228993	2656240
湖　北	4138198	3732181	1456550	2438827	2640030
湖　南	1732836	1645644	588709	1229786	705909
广　东	15270979	12963720	4221835	8197939	3508423
广　西	647586	589080	157260	434459	302797
海　南	129197	123590	20621	90646	68885
重　庆	3658844	3033261	837848	1585858	860341
四　川	4178604	3916995	1326787	2155290	1293480
贵　州	1140910	1066134	264280	342735	245021
云　南	1865907	1709602	405730	1336462	818395
西　藏	26474	24914	5802	21350	18139
陕　西	1951102	1894558	739703	1043575	679361
甘　肃	755269	683812	262155	581065	391929
青　海	187270	165855	99499	135123	109868
宁　夏	330709	308860	116032	289530	184708
新　疆	1044758	1008418	502479	551542	395546

4-46 各地区专业承包建筑业企业实收资本

单位：万元

地区	合计	国家资本	集体资本	法人资本	个人资本	港澳台资本	外商资本
全国总计	**43170739**	**3544727**	**1958279**	**14485453**	**22405777**	**510287**	**266216**
北京	3783049	580008	48299	1057983	1973647	63877	59235
天津	1911877	323199	26895	401696	1140865	5600	13622
河北	962734	76427	58259	272287	552046	3315	400
山西	1256891	81306	61252	454649	659285		400
内蒙古	191811	21838	21967	36440	111566		
辽宁	2794995	225459	160725	798437	1361918	229263	19194
吉林	847774	51983	53994	268975	472066	715	40
黑龙江	559767	54916	40417	178503	283120	1902	909
上海	1974545	170493	52989	652252	1014354	54124	30333
江苏	4872807	183433	176418	1558615	2840118	35852	78370
浙江	3505021	62521	128252	1321006	1977012	9350	6882
安徽	1098237	123238	82090	329327	563063	512	8
福建	1903310	49744	84038	555102	1196667	16295	1464
江西	516020	64273	70461	178733	201201	1353	
山东	2112831	102699	205674	687016	1106102	3239	8100
河南	2656240	74786	84682	939102	1556162	160	1347
湖北	2640030	234157	83687	1609358	693945	18843	39
湖南	705909	114396	67926	166425	356426	736	
广东	3508423	269860	93804	1364850	1681102	59066	39741
广西	302797	44825	18059	84166	154503	1245	
海南	68885	83	2258	22885	43659		
重庆	860341	70931	53735	281124	453841	210	500
四川	1293480	162201	130365	350298	646248	1066	3302
贵州	245021	100396	14784	41652	88190		
云南	818395	64842	29235	282389	440301	1628	
西藏	18139	612		9513	8014		
陕西	679361	111550	16488	254119	294790	614	1800
甘肃	391929	46085	29080	141285	175115		363
青海	109868	8647	17738	29916	53493		75
宁夏	184708	29372		18579	136757		
新疆	395546	40449	44711	138772	170201	1320	94

4-47 各地区专业承包建筑业企业收入情况

单位：万元

地　区	主营业务收　入	#主营业务成　本	#主营业务税金及附加	其他业务收　入	#其他业务成　本	#其他业务利　润
全国总计	**171934612**	**144911158**	**5152084**	**6707432**	**3871620**	**387093**
北　京	15305667	13380902	432069	190973	113519	76581
天　津	5497643	4519984	122657	154373	161654	13405
河　北	3207517	2713083	98290	35087	48967	2828
山　西	3002837	2524334	79155	89381	105139	14929
内蒙古	723489	577379	21600	27467	46104	2286
辽　宁	9999608	8155950	277263	3576415	344261	14525
吉　林	2579448	2083601	79041	44756	86401	4315
黑龙江	1633576	1329271	51151	34204	46779	6319
上　海	10754215	9309679	294722	144660	131850	14165
江　苏	22909886	19117579	750707	322307	444610	40532
浙　江	14951066	12853936	411975	160680	133715	25818
安　徽	4832294	4001486	148711	108767	146907	6518
福　建	6058638	5096744	204862	46345	48387	8619
江　西	3059009	2627852	119015	47875	39060	4133
山　东	8659376	7161211	239118	227095	310514	15509
河　南	6846171	5384970	224351	282545	334662	13974
湖　北	7134636	6015716	235696	41751	78439	8113
湖　南	3606304	3046293	130201	18076	11303	3334
广　东	20283711	17242132	592260	259541	213637	51590
广　西	971774	833615	29632	41329	40997	1605
海　南	135281	116214	4157	1368	449	99
重　庆	4141610	3490816	129978	466599	456774	10088
四　川	6075636	5263786	190628	211215	282963	18790
贵　州	718655	597748	22249	11248	6730	3013
云　南	2409973	1961227	70278	73752	89353	12072
西　藏	26439	19590	915	1000	1000	
陕　西	3237560	2765305	97707	3690	75028	1564
甘　肃	939107	785079	31735	34418	28191	6808
青　海	379981	332790	10590	4152	2106	349
宁　夏	417774	351837	12669	13570	10387	2998
新　疆	1435733	1251051	38703	32796	31736	2214

4-48 各地区专业承包建筑业企业费用情况

单位：万元

地　区	管理费用	#税金	销售费用	财务费用	#利息收入	#利息支出
全国总计	**10517551**	**418987**	**1758769**	**1255675**	**210615**	**1053259**
北　京	921061	13282	254570	69000	30726	84564
天　津	387237	13961	50792	19728	14426	21440
河　北	337748	6911	19034	22548	3045	19827
山　西	245365	6030	36596	16017	1746	14012
内蒙古	62671	2036	1717	7240	43	6185
辽　宁	851527	49319	90864	83971	2500	33585
吉　林	202545	13938	14913	12956	1278	7612
黑龙江	118395	6261	12254	4990	3610	6784
上　海	704129	12348	112348	42693	6070	31716
江　苏	1250041	54016	236058	156777	14047	123130
浙　江	787415	43259	124783	176335	21751	180413
安　徽	282983	12540	65465	30910	5313	20385
福　建	390974	17242	65917	33854	6435	25753
江　西	133056	16630	20167	16022	827	7899
山　东	490073	25959	88491	76470	7649	64800
河　南	421974	26155	97433	46052	1494	24668
湖　北	388433	15487	80311	56799	18590	57721
湖　南	222687	8043	32142	15224	1761	10152
广　东	1078326	27168	183982	180954	41979	165244
广　西	76068	2015	9074	5105	280	4772
海　南	8504	404	61	1002	-41	715
重　庆	276737	13840	40578	43358	13394	34795
四　川	292489	10570	46701	58573	3476	39284
贵　州	53734	2311	2822	18171	3866	19681
云　南	176400	6030	39731	34651	1921	24237
西　藏	3179	67	111	44		4
陕　西	152658	3897	13767	6755	2114	8022
甘　肃	60328	3106	8467	7088	991	6547
青　海	22384	706	1676	1129	87	68
宁　夏	31161	1398	1323	5995	134	3923
新　疆	87271	4061	6623	5268	1104	5322

4-49　各地区专业承包建筑业企业利润及税金情况

单位：万元

地　区	利润总额	#应交所得税	税金总额	主营业务税金及附加	管理费用中的税金
全国总计	**8191890**	**1817856**	**5571071**	**5152084**	**418987**
北　京	316996	81340	445350	432069	13282
天　津	478684	78124	136618	122657	13961
河　北	150403	37366	105201	98290	6911
山　西	91339	25492	85185	79155	6030
内蒙古	34653	9166	23636	21600	2036
辽　宁	455301	119491	326582	277263	49319
吉　林	141470	32031	92979	79041	13938
黑龙江	105231	19367	57412	51151	6261
上　海	334125	82863	307069	294722	12348
江　苏	1278135	275411	804723	750707	54016
浙　江	635979	148949	455234	411975	43259
安　徽	283949	51039	161251	148711	12540
福　建	296507	69430	222104	204862	17242
江　西	148332	37888	135645	119015	16630
山　东	532672	113137	265077	239118	25959
河　南	614652	123714	250506	224351	26155
湖　北	302963	73980	251183	235696	15487
湖　南	169194	38347	138243	130201	8043
广　东	984342	231276	619428	592260	27168
广　西	20090	6900	31647	29632	2015
海　南	6322	2195	4561	4157	404
重　庆	251338	35259	143818	129978	13840
四　川	174942	47733	201198	190628	10570
贵　州	29956	7349	24560	22249	2311
云　南	103851	22115	76308	70278	6030
西　藏	2604	354	982	915	67
陕　西	123628	19422	101604	97707	3897
甘　肃	53757	10211	34841	31735	3106
青　海	11139	1655	11295	10590	706
宁　夏	14483	5048	14067	12669	1398
新　疆	44856	11206	42764	38703	4061

4-50 各地区专业承包建筑业企业应收工程款及企业亏损情况

地 区	应收工程款(万元)	企业个数(个)	#亏损企业个数	亏损企业的比重(%)
全国总计	**50050188**	**31255**	**5746**	**18.4**
北 京	3970765	1992	451	22.6
天 津	1980148	1067	227	21.3
河 北	902163	709	106	15.0
山 西	1225856	1155	298	25.8
内蒙古	277706	156	38	24.4
辽 宁	3070292	3160	620	19.6
吉 林	871065	950	155	16.3
黑龙江	471240	531	143	26.9
上 海	2676180	1469	352	24.0
江 苏	8245427	3746	286	7.6
浙 江	4345705	2083	343	16.5
安 徽	1153190	869	105	12.1
福 建	1364822	1139	197	17.3
江 西	430336	314	50	15.9
山 东	2578408	1941	300	15.5
河 南	1624055	2105	290	13.8
湖 北	1778795	1164	200	17.2
湖 南	742694	490	73	14.9
广 东	6327735	1786	352	19.7
广 西	194626	262	71	27.1
海 南	47335	37	9	24.3
重 庆	1064245	864	201	23.3
四 川	1713917	1004	220	21.9
贵 州	319076	166	47	28.3
云 南	652555	793	217	27.4
西 藏	11741	16	3	18.8
陕 西	765823	339	79	23.3
甘 肃	378819	376	115	30.6
青 海	110812	107	37	34.6
宁 夏	181553	152	56	36.8
新 疆	573103	313	105	33.5

4-51 各地区专业承包建筑业企业主要经济效益指标

地　区	产值利润率(%)	产值利税率(%)	资本利润率(%)	资本利税率(%)	人均利润(元/人)	人均利税(元/人)	资产负债率(%)
全国总计	**4.8**	**8.0**	**19.0**	**31.9**	**14485**	**24335**	**60.8**
北　京	2.6	6.3	8.4	20.2	10991	26433	69.1
天　津	9.2	11.8	25.0	32.2	41078	52802	53.9
河　北	4.8	8.1	15.6	26.5	15289	25983	52.4
山　西	3.1	5.9	7.3	14.0	5974	11545	62.0
内蒙古	4.1	6.8	18.1	30.4	12643	21266	51.2
辽　宁	4.6	7.9	16.3	28.0	14351	24645	61.6
吉　林	5.8	9.5	16.7	27.7	16380	27146	49.1
黑龙江	5.5	8.5	18.8	29.1	10629	16428	56.5
上　海	3.6	6.9	16.9	32.5	14807	28416	64.2
江　苏	5.4	8.8	26.2	42.7	14983	24416	56.6
浙　江	3.8	6.5	18.1	31.1	12014	20614	60.9
安　徽	5.3	8.2	25.9	40.5	18157	28468	59.5
福　建	4.7	8.3	15.6	27.2	12341	21585	53.5
江　西	4.4	8.5	28.7	55.0	6229	11925	59.2
山　东	6.0	9.0	25.2	37.8	19780	29623	59.4
河　南	8.2	11.5	23.1	32.6	19648	27655	42.6
湖　北	4.3	7.9	11.5	21.0	14411	26359	62.9
湖　南	4.6	8.4	24.0	43.6	13377	24307	58.5
广　东	5.5	8.9	28.1	45.7	19346	31520	67.5
广　西	2.1	5.3	6.6	17.1	5824	14999	59.8
海　南	4.8	8.2	9.2	15.8	15848	27281	58.8
重　庆	5.9	9.2	29.2	45.9	18987	29851	69.8
四　川	2.5	5.3	13.5	29.1	7539	16210	66.0
贵　州	4.4	8.0	12.2	22.2	13206	24034	76.9
云　南	4.0	6.9	12.7	22.0	7184	12462	58.3
西　藏	11.7	16.1	14.4	19.8	17167	23637	55.4
陕　西	3.1	5.7	18.2	33.2	10527	19180	65.2
甘　肃	6.3	10.4	13.7	22.6	16806	27698	56.5
青　海	3.4	6.8	10.1	20.4	7204	14510	58.1
宁　夏	4.7	9.3	7.8	15.5	11324	22322	53.3
新　疆	3.6	7.0	11.3	22.2	9078	17734	65.4

4-52 各地区按资质等级划分的专业承包建筑业企业单位数

单位：个

地　区	合计	一级	二级	三级及以下
全国总计	**31255**	**3853**	**8975**	**18427**
北　京	1992	368	512	1112
天　津	1067	119	261	687
河　北	709	98	217	394
山　西	1155	56	344	755
内蒙古	156	16	53	87
辽　宁	3160	238	577	2345
吉　林	950	68	220	662
黑龙江	531	75	209	247
上　海	1469	225	381	863
江　苏	3746	439	927	2380
浙　江	2083	358	511	1214
安　徽	869	92	263	514
福　建	1139	143	488	508
江　西	314	42	114	158
山　东	1941	181	614	1146
河　南	2105	224	765	1116
湖　北	1164	169	445	550
湖　南	490	56	107	327
广　东	1786	325	441	1020
广　西	262	37	72	153
海　南	37	13	12	12
重　庆	864	130	273	461
四　川	1004	104	358	542
贵　州	166	12	59	95
云　南	793	71	275	447
西　藏	16	1	10	5
陕　西	339	119	121	99
甘　肃	376	35	170	171
青　海	107	3	37	67
宁　夏	152	9	59	84
新　疆	313	27	80	206

4-53 各地区按资质等级划分的专业承包建筑业企业从业人员

单位：人

地区	合计	一级	二级	三级及以下
全国总计	**5072272**	**1994784**	**1509074**	**1568414**
北京	163139	73284	38185	51670
天津	103373	31434	23219	48720
河北	91108	30767	27342	32999
山西	141681	25217	47859	68605
内蒙古	22037	4517	7838	9682
辽宁	305971	87263	72678	146030
吉林	79718	13462	21966	44290
黑龙江	84142	8246	46561	29335
上海	199395	95776	45059	58560
江苏	690890	300000	164343	226547
浙江	512578	308333	98922	105323
安徽	151053	53446	56884	40723
福建	234436	101632	64950	67854
江西	62781	21050	24393	17338
山东	251550	75584	81871	94095
河南	297261	117039	85784	94438
湖北	406502	56296	285494	64712
湖南	116425	37217	34178	45030
广东	487803	331865	63709	92229
广西	31051	9780	9762	11509
海南	3548	2127	719	702
重庆	136384	54296	37668	44420
四川	187810	47000	67885	72925
贵州	23449	5789	8697	8963
云南	96960	27560	28540	40860
西藏	1448	5	1105	338
陕西	104102	56680	34613	12809
甘肃	32094	7606	11009	13479
青海	12118	2006	4483	5629
宁夏	10033	1936	5132	2965
新疆	31432	7571	8226	15635

4-54 各地区按资质等级划分的专业承包建筑业总产值

单位：万元

地 区	合计	一级	二级	三级及以下
全国总计	**171021085**	**87536755**	**39289992**	**44194338**
北 京	12072693	8254679	1983297	1834717
天 津	5209905	2517617	1060997	1631291
河 北	3150643	1283397	964962	902284
山 西	2990213	808759	1178148	1003307
内蒙古	853625	185424	348351	319850
辽 宁	9959036	3048096	2454884	4456056
吉 林	2460064	506078	726730	1227256
黑龙江	1906943	236422	845569	824953
上 海	9323068	5738169	1593973	1990926
江 苏	23742824	12958937	5164814	5619073
浙 江	16776429	10916641	2653722	3206066
安 徽	5405704	2321480	1645902	1438321
福 建	6285243	2930761	1677522	1676961
江 西	3345651	2014752	878977	451922
山 东	8912112	3486218	2612682	2813212
河 南	7492330	2788292	2259210	2444828
湖 北	6988711	3549272	1656306	1783133
湖 南	3678901	1220178	1149718	1309005
广 东	17996961	12877754	2078427	3040780
广 西	970499	393078	249641	327780
海 南	132688	86568	24890	21230
重 庆	4275292	1915743	1205610	1153939
四 川	7053208	3237832	1830970	1984406
贵 州	679266	306378	199797	173091
云 南	2626674	950131	667729	1008814
西 藏	22329	116	17214	5000
陕 西	3966123	2194466	1243174	528483
甘 肃	853870	249225	292867	311779
青 海	328384	103060	93497	131827
宁 夏	307282	86503	129402	91376
新 疆	1254416	370732	401013	482672

4-55 各地区按资质等级划分的专业承包建筑业企业签订合同额

单位：万元

地　区	合计	一级	二级	三级及以下
全国总计	**242525871**	**136102518**	**50307224**	**56116129**
北　京	15886830	11214540	2595592	2076698
天　津	5548635	2275930	1317645	1955060
河　北	4176246	1907402	1280025	988819
山　西	4529069	1589012	1811829	1128228
内蒙古	1087646	304467	406304	376875
辽　宁	13009626	4879983	3075153	5054491
吉　林	2780762	492190	854872	1433700
黑龙江	2217489	360627	949224	907638
上　海	13794329	8795305	2169701	2829322
江　苏	28227279	16507805	5652194	6067279
浙　江	23773990	15762501	3596101	4415389
安　徽	6499620	2727090	2065615	1706915
福　建	8766754	4034496	2373153	2359104
江　西	5213524	3621927	1058877	532719
山　东	10642707	4486864	3064618	3091225
河　南	9497712	4250680	2567293	2679739
湖　北	12104963	5429739	1958549	4716675
湖　南	5787978	2479567	1419950	1888462
广　东	30381621	22347751	3521602	4512268
广　西	1640536	789213	428316	423007
海　南	183396	90255	49519	43623
重　庆	6426398	3800534	1147618	1478247
四　川	16605354	11700620	2723453	2181281
贵　州	842048	315644	284968	241436
云　南	3849596	1236860	1390765	1221972
西　藏	36766	134	30874	5758
陕　西	5380055	3607637	1254648	517770
甘　肃	1099151	293347	418643	387162
青　海	382168	107180	99815	175173
宁　夏	473063	161620	191771	119673
新　疆	1680561	531599	548538	600425

4-56 各地区按资质等级划分的专业承包建筑业企业竣工产值

单位：万元

地区	合计	一级	二级	三级及以下
全国总计	**113889599**	**53337837**	**27956483**	**32595279**
北京	7049663	4574979	1148623	1326061
天津	3115699	1244946	711562	1159191
河北	2177668	722007	771923	683738
山西	1976806	474031	646565	856210
内蒙古	633118	38631	332245	262241
辽宁	7201935	1794700	1957876	3449359
吉林	2220545	473109	640055	1107381
黑龙江	1489316	170292	709043	609980
上海	4737099	2454096	900650	1382353
江苏	20320775	11123867	4310110	4886798
浙江	11173058	6850104	1963575	2359379
安徽	3670258	1430131	1286046	954081
福建	4422091	1846952	1244765	1330374
江西	2384721	1527957	488640	368124
山东	5643068	1886279	1727177	2029612
河南	4728000	1482694	1633284	1612022
湖北	4508206	2153953	1334398	1019856
湖南	2644191	751490	850852	1041849
广东	10785232	7463904	1441956	1879373
广西	652464	225495	191978	234991
海南	96103	72662	15099	8342
重庆	2319421	826088	643383	849951
四川	3709180	1078172	1347758	1283250
贵州	336861	79789	176322	80750
云南	1895472	652927	458110	784435
西藏	17837	116	12986	4735
陕西	1935147	1402642	326412	206093
甘肃	563320	171857	176231	215232
青海	267383	103060	53707	110615
宁夏	259446	90482	95159	73804
新疆	955519	170425	359994	425100

4-57 各地区按资质等级划分的专业承包建筑业企业房屋施工面积

单位：万平方米

地区	合计	一级	二级	三级及以下
全国总计	**14780.7**	**5391.7**	**4709.6**	**4679.4**
北京	59.4	47.4	6.4	5.6
天津	146.7	9.1	95.0	42.6
河北	475.4	78.0	292.8	104.6
山西	102.6	6.4	35.9	60.3
内蒙古	14.4		14.4	
辽宁	508.2	100.8	230.9	176.5
吉林	1011.5	45.0	129.7	836.8
黑龙江	37.5	4.8	16.5	16.2
上海	295.1	151.7	51.7	91.6
江苏	779.5	289.3	97.7	392.5
浙江	3525.0	2555.9	604.5	364.5
安徽	358.0	116.3	158.6	83.1
福建	642.0	554.4	72.1	15.5
江西	466.7	2.2	409.2	55.3
山东	1266.5	322.4	425.4	518.8
河南	857.4	150.2	435.5	271.7
湖北	737.6	181.3	290.2	266.1
湖南	197.7	7.0	47.6	143.1
广东	595.9	125.3	70.3	400.3
广西	105.0	39.9	60.3	4.9
海南	3.1	3.1		
重庆	503.7	139.4	165.5	198.8
四川	840.8	176.0	332.3	332.6
贵州	14.9	2.7		12.2
云南	385.9	76.5	162.2	147.3
西藏	4.6		4.1	0.5
陕西	412.9	159.2	201.5	52.2
甘肃	98.4	39.7	22.8	35.9
青海	22.4		21.0	1.5
宁夏	4.7		2.8	1.9
新疆	307.0	7.8	252.6	46.6

4-58 各地区按资质等级划分的专业承包建筑业企业房屋竣工面积

单位：万平方米

地　区	合计	一级	二级	三级及以下
全国总计	**7796.2**	**3287.0**	**2410.0**	**2099.2**
北　京	15.1	11.5	0.9	2.7
天　津	57.3	3.4	26.6	27.3
河　北	211.9	27.8	127.1	57.0
山　西	58.8	0.8	24.9	33.1
内蒙古	38.1		38.1	
辽　宁	248.5	63.0	72.3	113.2
吉　林	193.0	26.0	32.4	134.5
黑龙江	8.8		6.5	2.4
上　海	62.4	40.3	13.9	8.3
江　苏	295.8	83.7	60.1	152.0
浙　江	2594.6	1930.2	461.2	203.2
安　徽	267.4	106.2	96.6	64.7
福　建	219.9	165.0	49.2	5.7
江　西	161.6		116.0	45.6
山　东	722.0	205.7	238.6	277.7
河　南	486.4	126.3	227.1	133.0
湖　北	443.2	147.9	131.1	164.2
湖　南	101.1		24.8	76.3
广　东	168.0	18.7	40.5	108.8
广　西	42.9	13.1	25.0	4.7
海　南	2.3	2.3		
重　庆	288.7	91.2	65.1	132.4
四　川	566.7	109.2	279.1	178.5
贵　州	10.6	2.7		7.9
云　南	218.9	50.3	72.5	96.2
西　藏	3.9		3.9	
陕　西	160.5	28.0	107.5	25.0
甘　肃	56.8	28.4	1.7	26.6
青　海	7.4		6.4	1.0
宁　夏	1.9			1.9
新　疆	81.6	5.2	61.0	15.5

4-59 各地区按资质等级划分的专业承包建筑业企业实收资本

单位：万元

地 区	合计	一级	二级	三级及以下
全国总计	**43170739**	**14650863**	**12002249**	**16517627**
北 京	3783049	2017842	738062	1027145
天 津	1911877	833509	407306	671062
河 北	962734	296991	311629	354115
山 西	1256891	130863	438270	687759
内蒙古	191811	40739	72936	78137
辽 宁	2794995	787288	635128	1372580
吉 林	847774	114734	300092	432948
黑龙江	559767	125936	236888	196943
上 海	1974545	828778	449634	696134
江 苏	4872807	1656644	1302006	1914156
浙 江	3505021	1575245	722608	1207168
安 徽	1098237	374556	367514	356167
福 建	1903310	471407	683616	748287
江 西	516020	149280	218513	148228
山 东	2112831	420636	778037	914157
河 南	2656240	866638	871432	918170
湖 北	2640030	490510	494373	1655147
湖 南	705909	144186	229726	331997
广 东	3508423	1686866	785808	1035749
广 西	302797	74832	124402	103562
海 南	68885	29216	24969	14700
重 庆	860341	304879	284795	270667
四 川	1293480	341063	599469	352948
贵 州	245021	113604	66047	65371
云 南	818395	195539	249066	373790
西 藏	18139	50	15398	2691
陕 西	679361	386052	184149	109160
甘 肃	391929	68625	177278	146026
青 海	109868	7577	46103	56188
宁 夏	184708	41693	81201	61814
新 疆	395546	75087	105796	214663

4-60 各地区按资质等级划分的专业承包建筑业企业资产

单位：万元

地 区	合计	一级	二级	三级及以下
全国总计	**190243188**	**87771689**	**47570954**	**54900546**
北 京	16654981	10601720	3009389	3043871
天 津	8831936	4448581	1572810	2810545
河 北	3953231	1638955	1235853	1078423
山 西	4432612	977068	1570746	1884798
内蒙古	1314242	455899	341748	516595
辽 宁	12987097	4122014	3593355	5271729
吉 林	3083567	661626	1053862	1368080
黑龙江	2212254	340741	1178228	693286
上 海	10125013	5427567	1987779	2709667
江 苏	23378704	11473394	5121085	6784225
浙 江	16252759	9919118	2693528	3640113
安 徽	4856435	1996474	1379769	1480192
福 建	6163567	1927833	2112579	2123154
江 西	2080823	806973	816834	457017
山 东	9913019	3053456	3482110	3377454
河 南	7363803	2718249	2629534	2016020
湖 北	6577026	3137895	1789737	1649394
湖 南	2962622	931222	919584	1111816
广 东	22615180	13724043	3099565	5791572
广 西	1082044	301697	367251	413096
海 南	219843	89639	55214	74990
重 庆	5244702	2060554	1866239	1317909
四 川	6333894	2615455	2151862	1566577
贵 州	1483645	676602	280179	526864
云 南	3202369	995690	943989	1262690
西 藏	47824	182	30996	16646
陕 西	2994677	1780982	807478	406217
甘 肃	1336335	386118	487237	462979
青 海	322393	40310	111560	170523
宁 夏	620295	135673	319102	165520
新 疆	1596301	325960	561754	708586

4-61 各地区按资质等级划分的专业承包建筑业企业所有者权益

单位：万元

地 区	地 区			
		一级	二级	三级及以下
全国总计	**75431400**	**31255881**	**19962048**	**24213472**
北 京	5143436	2935756	986155	1221526
天 津	4072166	2386320	614199	1071647
河 北	1882230	606024	704032	572175
山 西	1684596	202728	609964	871903
内蒙古	641516	299523	151809	190183
辽 宁	4985304	1486069	1282299	2216935
吉 林	1569459	380492	484536	704431
黑龙江	963174	162760	370358	430055
上 海	3622157	1538114	800471	1283572
江 苏	10146084	4363292	2456382	3326410
浙 江	6356014	3681474	1203198	1471342
安 徽	1964003	663430	673495	627078
福 建	2865443	890899	953768	1020776
江 西	849878	345479	289165	215234
山 东	4022763	1004447	1483642	1534674
河 南	4228993	1475147	1477663	1276183
湖 北	2438827	1002967	751919	683942
湖 南	1229786	208925	419615	601245
广 东	8197939	5018128	1180849	1998961
广 西	434459	112642	164990	156827
海 南	90646	38233	35056	17357
重 庆	1585858	566912	603988	414958
四 川	2155290	526220	865468	763602
贵 州	342735	151162	98652	92922
云 南	1336462	394465	348882	593115
西 藏	21350	61	18100	3189
陕 西	1043575	511082	367167	165327
甘 肃	581065	127490	226054	227522
青 海	135123	12658	52105	70360
宁 夏	289530	55223	144274	90033
新 疆	551542	107760	143795	299988

4-62 各地区按资质等级划分的专业承包建筑业企业负债

单位：万元

地 区	合计	一级	二级	三级及以下
全国总计	**115637373**	**57362719**	**27601933**	**30672721**
北 京	11504047	7659628	2023234	1821185
天 津	4756159	2062261	955003	1738895
河 北	2071001	1032931	531821	506248
山 西	2747978	774340	960781	1012856
内蒙古	672726	156376	189939	326412
辽 宁	7995453	2635212	2311133	3049108
吉 林	1514109	281134	569326	663648
黑龙江	1249081	177980	807869	263231
上 海	6496970	3889453	1184985	1422531
江 苏	13231874	7110102	2664703	3457069
浙 江	9896745	6237644	1490330	2168771
安 徽	2888492	1333044	705095	850353
福 建	3298123	1036934	1158811	1102378
江 西	1230945	461494	527669	241783
山 东	5890206	2049009	1998468	1842729
河 南	3134820	1243101	1151882	739837
湖 北	4138198	2134928	1037819	965452
湖 南	1732836	722297	499969	510571
广 东	15270979	9559894	1918819	3792266
广 西	647586	189056	202261	256269
海 南	129197	51406	20158	57633
重 庆	3658844	1493642	1262251	902951
四 川	4178604	2089235	1286394	802975
贵 州	1140910	525440	181527	433942
云 南	1865907	601225	595108	669575
西 藏	26474	121	12897	13457
陕 西	1951102	1269901	440311	240890
甘 肃	755269	258628	261184	235458
青 海	187270	27652	59455	100163
宁 夏	330709	80450	174773	75486
新 疆	1044758	218201	417960	408598

4-63 各地区按资质等级划分的专业承包建筑业企业营业收入

单位：万元

地区	合计	一级	二级	三级及以下
全国总计	**178642044**	**90497194**	**40255058**	**47889792**
北京	15496640	10587107	2499627	2409907
天津	5652017	2636237	1243588	1772191
河北	3242604	1544688	787663	910253
山西	3092217	811611	1158550	1122056
内蒙古	750956	169651	245225	336080
辽宁	13576023	3393339	2627838	7554847
吉林	2624204	546269	866626	1211308
黑龙江	1667781	318085	824936	524760
上海	10898875	6508518	2018593	2371764
江苏	23232193	12638190	4871958	5722045
浙江	15111746	9276331	2597468	3237948
安徽	4941061	2051682	1515654	1373725
福建	6104983	2777410	1663657	1663916
江西	3106883	1790275	883349	433260
山东	8886471	3628219	2581321	2676931
河南	7128716	2946706	2101506	2080504
湖北	7176386	3672272	1666533	1837582
湖南	3624380	1181855	1148226	1294299
广东	20543252	14671426	2479136	3392690
广西	1013103	360134	324662	328307
海南	136648	85199	27453	23997
重庆	4608209	2006241	1414796	1187172
四川	6286851	2797996	1821486	1667369
贵州	729902	285955	206717	237230
云南	2483725	924608	618554	940562
西藏	27439	116	23379	3944
陕西	3241250	1946193	986286	308771
甘肃	973525	312086	311728	349711
青海	384134	105823	122794	155517
宁夏	431345	99436	201972	129937
新疆	1468529	423538	413780	631212

4-64 各地区按资质等级划分的专业承包建筑业企业利税总额

单位：万元

地区	合计	一级	二级	三级及以下
全国总计	**13762962**	**6572093**	**3265866**	**3925003**
北京	762346	516367	137701	108278
天津	615302	419069	60433	135801
河北	255604	110276	60039	85289
山西	176524	57936	57807	60781
内蒙古	58288	9562	20154	28573
辽宁	781883	230769	213101	338014
吉林	234449	47957	69457	117035
黑龙江	162642	18677	80273	63693
上海	641194	354567	112393	174234
江苏	2082859	1094393	422002	566464
浙江	1091213	635193	203866	252154
安徽	445199	167978	151588	125633
福建	518611	218715	132874	167023
江西	283978	152591	84905	46482
山东	797749	255801	261363	280585
河南	865157	342490	227986	294681
湖北	554146	249982	163519	140645
湖南	307438	60738	119954	126745
广东	1603769	1069393	206885	327491
广西	51737	16752	13320	21665
海南	10883	5088	2484	3311
重庆	395156	125354	163692	106111
四川	376139	148840	101137	126162
贵州	54515	20137	12599	21779
云南	180159	60315	34652	85192
西藏	3586	16	3291	279
陕西	225232	119716	84581	20934
甘肃	88598	26079	27319	35200
青海	22435	4735	7711	9989
宁夏	28550	13471	9412	5667
新疆	87620	19137	19369	49114

4-65 各地区按资质等级划分的专业承包建筑业企业利润总额

单位：万元

地 区	合计	一级	二级	三级及以下
全国总计	**8191890**	**3866048**	**1923372**	**2402471**
北 京	316996	224221	61001	31775
天 津	478684	368590	27184	82910
河 北	150403	62580	35647	52176
山 西	91339	37195	28174	25970
内蒙古	34653	3922	13236	17495
辽 宁	455301	141025	127356	186920
吉 林	141470	28839	42794	69837
黑龙江	105231	6886	51890	46455
上 海	334125	169663	55479	108983
江 苏	1278135	682739	238371	357025
浙 江	635979	372985	111581	151413
安 徽	283949	98737	102416	82796
福 建	296507	116232	71236	109040
江 西	148332	72516	47637	28180
山 东	532672	164293	180900	187479
河 南	614652	245294	159654	209703
湖 北	302963	143552	91447	67965
湖 南	169194	20693	79078	69423
广 东	984342	624856	128003	231483
广 西	20090	5201	4101	10788
海 南	6322	2340	1419	2563
重 庆	251338	70861	115070	65407
四 川	174942	62293	41565	71084
贵 州	29956	10839	6393	12723
云 南	103851	32732	16518	54601
西 藏	2604	11	2467	126
陕 西	123628	62455	49813	11359
甘 肃	53757	13203	17894	22660
青 海	11139	2587	3719	4833
宁 夏	14483	9703	3492	1288
新 疆	44856	9006	7838	28012

4-66 各地区按资质等级划分的专业承包建筑业企业税金总额

单位：万元

地　区	合计	一级	二级	三级及以下
全国总计	**5571071**	**2706045**	**1342494**	**1522532**
北　京	445350	292146	76701	76503
天　津	136618	50479	33249	52891
河　北	105201	47697	24391	33114
山　西	85185	20741	29633	34811
内蒙古	23636	5640	6918	11078
辽　宁	326582	89744	85745	151094
吉　林	92979	19118	26663	47198
黑龙江	57412	11790	28383	17238
上　海	307069	184904	56914	65251
江　苏	804723	411654	183630	209439
浙　江	455234	262208	92285	100741
安　徽	161251	69241	49173	42837
福　建	222104	102483	61638	57983
江　西	135645	80075	37268	18302
山　东	265077	91509	80463	93106
河　南	250506	97196	68333	84977
湖　北	251183	106431	72072	72681
湖　南	138243	40045	40876	57322
广　东	619428	444537	78883	96008
广　西	31647	11551	9219	10877
海　南	4561	2749	1064	748
重　庆	143818	54493	48622	40704
四　川	201198	86547	59572	55079
贵　州	24560	9298	6206	9056
云　南	76308	27583	18134	30591
西　藏	982	5	824	153
陕　西	101604	57261	34768	9575
甘　肃	34841	12876	9425	12540
青　海	11295	2148	3992	5156
宁　夏	14067	3768	5920	4379
新　疆	42764	10130	11531	21103

4-67 各地区按资质等级划分的专业承包建筑业企业主营业务收入

单位：万元

地　区	合计	一级	二级	三级及以下
全国总计	**171934612**	**89502737**	**39163151**	**43268724**
北　京	15305667	10471653	2474487	2359527
天　津	5497643	2594921	1221022	1681700
河　北	3207517	1532345	784029	891143
山　西	3002837	802843	1137510	1062484
内蒙古	723489	169541	234469	319479
辽　宁	9999608	3382120	2544443	4073045
吉　林	2579448	543322	852359	1183767
黑龙江	1633576	314433	802863	516281
上　海	10754215	6467324	1983721	2303170
江　苏	22909886	12512123	4766868	5630895
浙　江	14951066	9219316	2561405	3170345
安　徽	4832294	2022768	1491795	1317731
福　建	6058638	2768182	1648952	1641504
江　西	3059009	1771167	862447	425395
山　东	8659376	3495806	2552637	2610933
河　南	6846171	2929899	1969829	1946443
湖　北	7134636	3661014	1653834	1819788
湖　南	3606304	1173537	1146374	1286393
广　东	20283711	14515519	2432840	3335352
广　西	971774	358436	301306	312033
海　南	135281	85099	26285	23897
重　庆	4141610	1887385	1089316	1164909
四　川	6075636	2759274	1782662	1533700
贵　州	718655	285798	205748	227109
云　南	2409973	914159	608571	887243
西　藏	26439	116	22379	3944
陕　西	3237560	1944111	985277	308172
甘　肃	939107	298208	298092	342808
青　海	379981	103350	122540	154091
宁　夏	417774	99084	192463	126227
新　疆	1435733	419887	406630	609216

4-68 各地区按资质等级划分的专业承包建筑业企业管理费用

单位：万元

地区	合计	一级	二级	三级及以下
全国总计	**10517551**	**4072282**	**2935406**	**3509864**
北京	921061	462293	200723	258045
天津	387237	163185	80364	143689
河北	337748	79651	205886	52210
山西	245365	60255	86454	98656
内蒙古	62671	7772	27123	27777
辽宁	851527	286063	195951	369513
吉林	202545	45771	62550	94225
黑龙江	118395	20443	50006	47946
上海	704129	296610	169416	238103
江苏	1250041	517917	310309	421815
浙江	787415	371043	160595	255777
安徽	282983	100724	99196	83062
福建	390974	135959	135534	119481
江西	133056	61341	47331	24384
山东	490073	136984	156559	196530
河南	421974	131384	153836	136753
湖北	388433	166727	108336	113369
湖南	222687	51556	85719	85411
广东	1078326	580697	192902	304728
广西	76068	16577	28479	31012
海南	8504	4281	2108	2115
重庆	276737	109259	71501	95976
四川	292489	86735	111319	94435
贵州	53734	15523	14463	23748
云南	176400	41669	48649	86082
西藏	3179	46	2644	489
陕西	152658	74736	58763	19159
甘肃	60328	20777	21366	18185
青海	22384	3750	6246	12389
宁夏	31161	4531	17078	9553
新疆	87271	18020	24001	45249

4-69 各地区按资质等级划分的专业承包建筑业企业财务费用

单位：万元

地区	合计	一级	二级	三级及以下
全国总计	**1255675**	**621228**	**329259**	**305188**
北京	69000	43570	9199	16230
天津	19728	4743	7609	7377
河北	22548	8692	4381	9476
山西	16017	1883	5753	8381
内蒙古	7240	4144	609	2488
辽宁	83971	21657	36293	26021
吉林	12956	1038	7120	4798
黑龙江	4990	2181	451	2358
上海	42693	25965	10389	6339
江苏	156777	85631	35663	35483
浙江	176335	113399	31565	31370
安徽	30910	12436	10058	8416
福建	33854	12447	9344	12063
江西	16022	4142	9992	1888
山东	76470	18654	33306	24511
河南	46052	16012	14633	15407
湖北	56799	34040	9100	13659
湖南	15224	6103	2863	6258
广东	180954	126347	23059	31549
广西	5105	1331	1513	2261
海南	1002	947	53	2
重庆	43358	23823	18790	745
四川	58573	19468	27826	11279
贵州	18171	14184	1358	2628
云南	34651	11430	9444	13776
西藏	44		41	3
陕西	6755	3306	2145	1303
甘肃	7088	2195	2832	2060
青海	1129	531	321	277
宁夏	5995	458	2053	3484
新疆	5268	471	1497	3300

4-70 各地区按资质等级划分的专业承包建筑业企业应收工程款

单位：万元

地区	合计	一级	二级	三级及以下
全国总计	**50050188**	**26501524**	**11140075**	**12408589**
北京	3970765	2781062	660296	529407
天津	1980148	895786	469744	614618
河北	902163	390565	201532	310066
山西	1225856	243083	447964	534810
内蒙古	277706	75550	86972	115183
辽宁	3070292	1146258	712608	1211426
吉林	871065	188092	317427	365547
黑龙江	471240	118463	226032	126745
上海	2676180	1653131	498289	524760
江苏	8245427	4891255	1513478	1840694
浙江	4345705	3019321	578456	747929
安徽	1153190	467784	336895	348511
福建	1364822	569069	397306	398448
江西	430336	197051	148437	84849
山东	2578408	868506	841755	868147
河南	1624055	592065	581249	450741
湖北	1778795	947125	365701	465969
湖南	742694	260708	230358	251628
广东	6327735	4627401	636602	1063732
广西	194626	62071	68913	63642
海南	47335	27302	8923	11110
重庆	1064245	426991	386159	251095
四川	1713917	809035	501927	402955
贵州	319076	181002	64049	74026
云南	652555	268179	168592	215785
西藏	11741		5163	6578
陕西	765823	532665	156293	76865
甘肃	378819	106193	156841	115785
青海	110812	9896	24437	76479
宁夏	181553	30372	115677	35504
新疆	573103	115544	232001	225558

4-71 各地区劳务分包建筑业企业生产经营情况

单位：万元

地　区	建筑业总产值	营业收入	主营业务税金及附加	利润总额
全国总计	**25213822**	**25223275**	**860580**	**371123**
北　京	758863	783845	24461	6655
天　津	1414104	1423876	45889	19300
河　北	240791	238725	8451	4674
山　西	151211	150407	2352	550
内蒙古	35756	35509	1344	1826
辽　宁	182727	160883	4234	3447
吉　林	31173	31041	928	140
黑龙江	39258	41044	1392	1874
上　海	2110326	2099541	55935	4484
江　苏	2583641	2557624	86523	79558
浙　江	5608130	5768432	202613	23206
安　徽	1049706	984376	35468	31102
福　建	3970585	4017275	138576	16951
江　西	15689	14710	584	1000
山　东	379162	398485	14091	10236
河　南	958933	920110	32092	51975
湖　北	589836	514233	20432	22055
湖　南	778002	725041	30609	28449
广　东	1189544	1112384	37564	11668
广　西	497128	626743	19707	1322
海　南	6461	6461	213	646
重　庆	1038053	1042835	40146	11178
四　川	786683	777917	30472	18908
贵　州	50793	50874	1714	691
云　南	115527	67014	1760	4628
西　藏	2427	2427	115	528
陕　西	114716	114360	4402	9629
甘　肃	14583	16812	771	698
青　海	11869	11869	394	8
宁　夏	4883	6705	77	282
新　疆	483264	521721	17274	3458

4-72 各地区劳务分包建筑业企业个数和人员情况

地 区	企业个数（个）	从事建筑业活动的平均人数（人）	从业人员期末人数（人）	#工程技术人员	#现场施工工人
全国总计	**6726**	**3226483**	**3272923**	**175994**	**2619116**
北 京	137	97183	68817	3122	60202
天 津	382	130285	146996	4000	118876
河 北	150	35788	35822	3488	29690
山 西	106	21858	23873	1960	20526
内蒙古	44	3022	2156	493	1501
辽 宁	209	37100	9227	907	5802
吉 林	44	3228	3375	185	2345
黑龙江	65	4359	1953	300	1404
上 海	319	183237	172992	10014	153545
江 苏	1015	341530	333159	24209	276912
浙 江	466	674460	711055	37282	596674
安 徽	313	145702	147781	8929	101946
福 建	463	720167	746873	20005	637825
江 西	20	1254	1302	110	1110
山 东	211	22024	22926	2662	18291
河 南	1025	129278	124077	12797	86969
湖 北	327	83381	79411	8544	66352
湖 南	377	91761	82701	12365	58796
广 东	184	101559	168667	4928	97432
广 西	53	63076	70008	956	66587
海 南	1	50	50	10	25
重 庆	246	138560	136641	7743	73328
四 川	324	106692	106611	7641	81206
贵 州	27	30843	34739	603	33787
云 南	51	6701	5993	447	4872
西 藏	5	97	94	4	82
陕 西	33	9745	11334	674	5786
甘 肃	23	3152	1147	77	856
青 海	19	1203	1178	119	797
宁 夏	14	904	175	26	72
新 疆	73	38284	21790	1394	15520

五、各行业建筑业企业

5-1 各行业建筑业企业签订合同情况

单位：万元

行 业	签订合同额	上年结转合同额	本年新签合同额
总 计	**3378358687**	**1534972849**	**1843385837**
房屋建筑业	2112872574	961212951	1151659623
土木工程建筑业	989808519	483533074	506275445
铁路、道路、隧道和桥梁工程建筑	654617798	336912668	317705131
水利和内河港口工程建筑	165163401	77983052	87180349
海洋工程建筑	232261	128790	103472
工矿工程建筑	82841695	37406891	45434804
架线和管道工程建筑	51009757	16554122	34455635
其他土木工程建筑	35943606	14547552	21396055
建筑安装业	156259397	55555642	100703755
建筑装饰和其他建筑业	119418198	34671183	84747015

5-2 各行业建筑业企业承包工程完成情况

单位：万元

行 业	直接从建设单位承揽工程完成的产值	自行完成施工产值	分包出去工程的产值	从建设单位以外承揽工程完成的产值
总 计	**1787473920**	**1742488274**	**44985646**	**65086462**
房屋建筑业	1152068694	1130287491	21781203	29294696
土木工程建筑业	458295223	440888145	17407079	21744131
铁路、道路、隧道和桥梁工程建筑	299299809	291258168	8041640	13344165
水利和内河港口工程建筑	65381658	60083093	5298565	2938404
海洋工程建筑	198123	179608	18515	15837
工矿工程建筑	37358896	35409007	1949890	2223540
架线和管道工程建筑	33295723	31503400	1792323	1811751
其他土木工程建筑	22761015	22454869	306146	1410433
建筑安装业	94468887	90201399	4266988	8303270
建筑装饰和其他建筑业	82641115	81110739	1530376	5744366

5-3 各行业建筑业总产值和竣工产值

单位：万元

行业	建筑业总产值	#装饰装修产值	#在外省完成的产值
总计	**1807574736**	**105080495**	**601905446**
房屋建筑业	1159582187	44329635	356847763
土木工程建筑业	462632275	3480048	191761752
铁路、道路、隧道和桥梁工程建筑	304602333	1698932	138385011
水利和内河港口工程建筑	63021497	274523	22316998
海洋工程建筑	195445		71968
工矿工程建筑	37632547	636639	19154504
架线和管道工程建筑	33315151	404948	7276100
其他土木工程建筑	23865302	465007	4557171
建筑安装业	98505168	2707796	28080669
建筑装饰和其他建筑业	86855105	54563016	25215262

5-3 续表

单位：万元

行业	按构成分组			竣工产值
	建筑工程产值	安装工程产值	其他产值	
总计	**1602679019**	**149917943**	**54977774**	**1100968272**
房屋建筑业	1082195083	49388353	27998751	758172544
土木工程建筑业	411350830	36100011	15181434	220572085
铁路、道路、隧道和桥梁工程建筑	290787644	5192495	8622194	136429667
水利和内河港口工程建筑	59223108	1714009	2084380	26897097
海洋工程建筑	158638	14305	22502	112894
工矿工程建筑	24857622	10811245	1963680	18885479
架线和管道工程建筑	14691922	17275671	1347558	21622323
其他土木工程建筑	21631896	1092287	1141120	16624625
建筑安装业	39214386	54477133	4813649	62657893
建筑装饰和其他建筑业	69918719	9952447	6983940	59565750

5-4 各行业建筑业企业房屋建筑面积

行业	房屋建筑施工面积(万平方米)	#本年新开工	#实行投标承包面积	房屋建筑竣工面积(万平方米)	房屋建筑面积竣工率(%)
总计	**1239718**	**465579**	**968978**	**420785**	**33.9**
房屋建筑业	1166627	437581	918376	396004	33.9
土木工程建筑业	52970	20215	36929	16675	31.5
铁路、道路、隧道和桥梁工程建筑	28212	10887	21183	8889	31.5
水利和内河港口工程建筑	5280	2511	3736	1675	31.7
海洋工程建筑	4	1	3	3	68
工矿工程建筑	8461	2479	7404	1975	23.3
架线和管道工程建筑	1118	508	820	429	38.4
其他土木工程建筑	9895	3829	3783	3704	37.4
建筑安装业	16215	6328	11243	6557	40.4
建筑装饰和其他建筑业	3906	1455	2431	1549	39.7

5-5 按主要用途分的各行业建筑业企业房屋建筑竣工面积

单位：万平方米

行业	合计	住宅房屋	商业及服务用房屋	商厦房屋(批发和零售用房)	宾馆用房屋(住宿用房)	餐饮用房屋(餐饮用房)
总计	**420785**	**284022**	**28722**	**12939**	**3344**	**1069**
房屋建筑业	396004	270501	27119	12418	3143	1017
土木工程建筑业	16675	9332	1075	306	134	31
铁路、道路、隧道和桥梁工程建筑	8889	4613	702	200	91	24
水利和内河港口工程建筑	1675	954	193	39	24	3
海洋工程建筑	3					
工矿工程建筑	1975	745	54	28	9	2
架线和管道工程建筑	429	183	9	3		
其他土木工程建筑	3704	2837	116	37	9	2
建筑安装业	6557	3518	406	178	49	14
建筑装饰和其他建筑业	1549	671	122	37	19	8

5-5 续表 1

单位：万平方米

行业	商务会展用房屋	其他商业及服务用房屋(居民服务业用房)	办公用房屋	科研、教育和医疗用房屋	科学研究用房屋	教育用房屋
总计	**1902**	**9469**	**23215**	**16595**	**1635**	**11423**
房屋建筑业	1709	8832	21671	15687	1527	10770
土木工程建筑业	153	453	1204	664	85	462
铁路、道路、隧道和桥梁工程建筑	131	256	838	436	71	300
水利和内河港口工程建筑	2	124	121	101	8	61
海洋工程建筑				2	2	
工矿工程建筑	4	12	80	28	2	24
架线和管道工程建筑	3	4	22	7		7
其他土木工程建筑	12	56	142	89	2	70
建筑安装业	28	138	286	199	10	170
建筑装饰和其他建筑业	12	47	54	45	13	21

5-5 续表 2

单位：万平方米

行业	医疗用房屋(卫生医疗用房)	文化、体育和娱乐用房屋	厂房及建筑物	#厂房	仓库	其他未列明的房屋建筑物
总计	**3536**	**4422**	**52574**	**34824**	**2704**	**8530**
房屋建筑业	3390	4083	46704	31362	2511	7727
土木工程建筑业	117	229	3529	2048	97	545
铁路、道路、隧道和桥梁工程建筑	65	117	1790	1084	56	337
水利和内河港口工程建筑	33	5	228	151	17	57
海洋工程建筑			1			
工矿工程建筑	3	12	1015	541	11	29
架线和管道工程建筑		2	190	116	3	12
其他土木工程建筑	17	92	306	157	11	111
建筑安装业	18	72	1829	1221	78	169
建筑装饰和其他建筑业	11	38	511	192	18	90

5-6 按主要用途分的各行业建筑业企业房屋建筑竣工价值

单位：万元

行业	合计	住宅房屋	商业及服务用房屋	商厦房屋（批发和零售用房）	宾馆用房屋（住宿用房）	餐饮用房屋（餐饮用房）
总　计	**668741302**	**445630565**	**50527739**	**22575653**	**6263217**	**1927706**
房屋建筑业	631916712	424758094	48102099	21831549	5959637	1858205
土木工程建筑业	26002108	14670906	1792007	543323	234275	48080
铁路、道路、隧道和桥梁工程建筑	13466181	7436860	1066270	321757	147092	31419
水利和内河港口工程建筑	2743077	1468650	396612	69627	56183	12044
海洋工程建筑	8164					
工矿工程建筑	3467118	1285042	117943	71452	18042	2043
架线和管道工程建筑	699399	286794	19523	4732		
其他土木工程建筑	5618170	4193561	191659	75754	12958	2574
建筑安装业	8903325	5296885	496770	159416	45837	13091
建筑装饰和其他建筑业	1919157	904680	136862	41366	23469	8331

5-6 续表 1

单位：万元

行业	商务会展用房屋	其他商业及服务用房屋(居民服务业用房)	办公用房屋	科研、教育和医疗用房屋	科学研究用房屋	教育用房屋
总　计	**4072831**	**15688332**	**41908317**	**29936844**	**3018455**	**19524966**
房屋建筑业	3804432	14648277	39448273	28377879	2863126	18416540
土木工程建筑业	175683	790647	1991085	1167141	125591	781732
铁路、道路、隧道和桥梁工程建筑	139687	426315	1300464	680139	96533	468304
水利和内河港口工程建筑	5699	253059	243542	239165	15518	107115
海洋工程建筑				5413	5413	
工矿工程建筑	3000	23407	168373	89612	5472	80034
架线和管道工程建筑	3000	11791	29367	13753		13603
其他土木工程建筑	24298	76075	249339	139059	2655	112676
建筑安装业	76672	201755	400781	323524	12520	283044
建筑装饰和其他建筑业	16044	47654	68178	68300	17218	43650

5-6 续表 2

单位：万元

行业	医疗用房屋（卫生医疗用房）	文化、体育和娱乐用房屋	厂房及建筑物	#厂房	仓库	其他未列明的房屋建筑物
总计	**7393419**	**9473116**	**71058079**	**47481611**	**3650997**	**16555645**
房屋建筑业	7098210	8834074	63691429	43145506	3417862	15287001
土木工程建筑业	259818	487920	4835563	2801323	148110	909377
铁路、道路、隧道和桥梁工程建筑	115302	272144	2145074	1203022	84478	480752
水利和内河港口工程建筑	116532	7742	282469	186665	27330	77567
海洋工程建筑			2751			
工矿工程建筑	4106	26152	1697036	1030183	16606	66354
架线和管道工程建筑	150	699	318778	176559	5888	24598
其他土木工程建筑	23728	181183	389456	204893	13808	260105
建筑安装业	27960	106499	1892635	1353121	72752	313479
建筑装饰和其他建筑业	7432	44623	638452	181660	12273	45789

5-7 各行业建筑业企业主要生产效益指标

行业	建筑业企业个数（个）	从事建筑业活动的平均人数（人）	按总产值计算的劳动生产率（元/人）	人均竣工产值（元/人）	人均施工面积（平方米/人）	人均竣工面积（平方米/人）
总计	**80911**	**55784898**	**324026**	**197360**	**222.2**	**75.4**
房屋建筑业	35441	38951107	297702	194647	299.5	101.7
土木工程建筑业	17544	10917830	423740	202029	48.5	15.3
铁路、道路、隧道和桥梁工程建筑	9091	6933948	439291	196756	40.7	12.8
水利和内河港口工程建筑	2296	1378061	457320	195181	38.3	12.2
海洋工程建筑	14	2223	879196	507843	18.1	12.3
工矿工程建筑	1085	996316	377717	189553	84.9	19.8
架线和管道工程建筑	2606	855505	389421	252743	13.1	5.0
其他土木工程建筑	2452	751777	317452	221138	131.6	49.3
建筑安装业	12319	2915452	337873	214917	55.6	22.5
建筑装饰和其他建筑业	15607	3000509	289468	198519	13.0	5.2

5-8 各行业建筑业企业资产构成

单位：万元

行业	资产合计	#流动资产合计	#存货	#非流动资产合计	#固定资产合计
总计	**1642263363**	**1305928502**	**278126248**	**336334862**	**144365883**
房屋建筑业	823628085	667771989	148278307	155856096	67032922
土木工程建筑业	616736219	474682166	98815427	142054053	58436559
铁路、道路、隧道和桥梁工程建筑	385874748	301123774	59927415	84750974	31292954
水利和内河港口工程建筑	100720162	67900857	13134468	32819305	14692052
海洋工程建筑	576388	430704	64021	145685	35129
工矿工程建筑	61723624	49396643	11957082	12326981	6185445
架线和管道工程建筑	42876326	35479221	8811898	7397105	4050535
其他土木工程建筑	24964971	20350968	4920543	4614003	2180444
建筑安装业	111048325	90494408	18713735	20553917	10540461
建筑装饰和其他建筑业	90850734	72979938	12318779	17870796	8355940

5-9 各行业建筑业企业固定资产情况

行业	固定资产合计	固定资产原价	固定资产折旧	#本年折旧	在建工程
总计	**144365883**	**188231991**	**79608118**	**11981195**	**17535360**
房屋建筑业	67032922	79198092	29588000	4524806	8846086
土木工程建筑业	58436559	83891373	39500555	5964552	6154239
铁路、道路、隧道和桥梁工程建筑	31292954	47219857	22912596	3540721	3874728
水利和内河港口工程建筑	14692052	16593428	7048940	1099411	1467730
海洋工程建筑	35129	79317	48035	4211	3788
工矿工程建筑	6185445	10250655	4863657	671269	302275
架线和管道工程建筑	4050535	6716161	3357187	459324	290069
其他土木工程建筑	2180444	3031955	1270140	189616	215650
建筑安装业	10540461	14409591	6199852	851238	1223823
建筑装饰和其他建筑业	8355940	10732935	4319712	640599	1311211

5-10 各行业建筑业企业负债及所有者权益

单位：万元

行　业	负债合计	#流动负债	#应付账款	所有者权益	#实收资本
总　计	**1101143723**	**987442489**	**345711680**	**541959289**	**285003375**
房屋建筑业	541042872	488769660	163861704	282517829	143719176
土木工程建筑业	433123540	381682809	140160101	183693003	98727701
铁路、道路、隧道和桥梁工程建筑	274234568	240547684	90223776	111623569	57306815
水利和内河港口工程建筑	70973691	59245452	18836898	29746096	15924543
海洋工程建筑	438485	385723	108795	137903	86642
工矿工程建筑	41798304	38652239	16098012	19925320	13219896
架线和管道工程建筑	30530829	28832309	10163071	12456478	6624226
其他土木工程建筑	15147663	14019401	4729549	9803637	5565579
建筑安装业	71974776	67542569	23901336	39063913	22845253
建筑装饰和其他建筑业	55002535	49447452	17788540	36684544	19711245

5-11 各行业建筑业企业实收资本

单位：万元

行　业	合计	国家资本	集体资本	法人资本	个人资本	港澳台资本	外商资本
总　计	**285003375**	**47677696**	**12070292**	**92309242**	**131390972**	**886244**	**668930**
房屋建筑业	143719176	15942025	7266220	45232539	74795853	185578	296962
土木工程建筑业	98727701	27741946	2846664	32343972	35620327	103463	71330
铁路、道路、隧道和桥梁工程建筑	57306815	16813504	1115419	19383434	19901264	67272	25922
水利和内河港口工程建筑	15924543	5830340	293605	6832262	2961129	2026	5180
海洋工程建筑	86642	6503		62939	17201		
工矿工程建筑	13219896	3227178	154793	2313150	7482385	19973	22418
架线和管道工程建筑	6624226	1398526	1126567	2023069	2060902	7708	7454
其他土木工程建筑	5565579	465895	156280	1729118	3197447	6484	10356
建筑安装业	22845253	2728355	1488307	8297080	10014914	181506	135091
建筑装饰和其他建筑业	19711245	1265370	469101	6435652	10959878	415697	165548

5-12 各行业建筑业企业收入情况

行业	主营业务收入	#主营业务成本	#主营业务税金及附加	其他业务收入	#其他业务成本	#其他业务利润
总计	**1683921782**	**1485593602**	**54252035**	**23132114**	**29582870**	**1879948**
房屋建筑业	1010240703	896856803	34536212	10547114	17474667	843527
土木工程建筑业	483933615	427181704	14145137	5770897	7612350	624257
铁路、道路、隧道和桥梁工程建筑	306261031	271606647	9433510	2638355	4011472	302007
水利和内河港口工程建筑	71086320	62625180	1959581	939129	1057226	116350
海洋工程建筑	246776	195127	7983	2743	6130	-94
工矿工程建筑	47275921	42143573	1116840	863038	832703	76349
架线和管道工程建筑	35678159	30402310	908849	782365	1130531	110668
其他土木工程建筑	23385408	20208868	718374	545266	574289	18978
建筑安装业	102091003	87334301	2846300	2355142	2724091	259372
建筑装饰和其他建筑业	87656462	74220795	2724385	4458962	1771763	152791

5-13 各行业建筑业企业费用情况

单位：万元

行业	管理费用	#税金	销售费用	财务费用	#利息收入	#利息支出
总计	**53865782**	**2482055**	**6617102**	**12398178**	**3773901**	**12290550**
房屋建筑业	23864448	1420126	3595185	7157070	1691124	6441180
土木工程建筑业	19251932	656701	1363846	4070755	1779744	4799974
铁路、道路、隧道和桥梁工程建筑	10639920	369870	736423	2592167	1225577	3018911
水利和内河港口工程建筑	2844926	90470	187288	788534	299673	1020875
海洋工程建筑	9419	306	342	1595	70	2093
工矿工程建筑	2106056	58800	94801	361878	166655	425628
架线和管道工程建筑	2656866	93877	206563	115421	65240	143840
其他土木工程建筑	994745	43378	138429	211160	22531	188627
建筑安装业	6209085	216683	750275	555754	193519	547061
建筑装饰和其他建筑业	4540316	188545	907797	614599	109514	502337

5-14 各行业建筑业企业利润及税金情况

单位：万元

行业	利润总额	#应交所得税	税金总额	主营业务税金及附加	管理费用中的税金
总计	**64512325**	**14897618**	**56734090**	**54252035**	**2482055**
房屋建筑业	38276021	9347343	35956338	34536212	1420126
土木工程建筑业	17795288	3618864	14801838	14145137	656701
铁路、道路、隧道和桥梁工程建筑	10710531	2051149	9803380	9433510	369870
水利和内河港口工程建筑	2962288	647629	2050050	1959581	90470
海洋工程建筑	14902	3197	8290	7983	306
工矿工程建筑	1612399	337163	1175640	1116840	58800
架线和管道工程建筑	1425213	341248	1002725	908849	93877
其他土木工程建筑	1069955	238477	761752	718374	43378
建筑安装业	4327415	977659	3062984	2846300	216683
建筑装饰和其他建筑业	4113601	953752	2912931	2724385	188545

5-15 各行业总承包和专业承包企业应收工程款及企业亏损情况

行业	应收工程款(万元)	企业个数(个)	#亏损企业个数	亏损企业的比重(%)
总计	**361632900**	**80911**	**11771**	**14.5**
房屋建筑业	188294168	35441	4277	12.1
土木工程建筑业	121372754	17544	2321	13.2
铁路、道路、隧道桥梁工程建筑	74436624	9091	1122	12.3
水利和内河港口工程建筑	15698609	2296	251	10.9
海洋工程建筑	100067	14	3	21.4
工矿工程建筑	17088425	1085	192	17.7
架线和管道工程建筑	8473095	2606	368	14.1
其他土木工程建筑	5575934	2452	385	15.7
建筑安装业	25703058	12319	2145	17.4
建筑装饰和其他建筑业	26262919	15607	3028	19.4

5-16 各行业总承包和专业承包企业主要经济效益指标

行业	产值利润率 (%)	产值利税率 (%)	资本利润率 (%)	资本利税率 (%)	人均利润 (元/人)	人均利税 (元/人)	资产负债率 (%)
总计	**3.6**	**6.7**	**22.6**	**42.5**	**11564**	**21735**	**67.1**
房屋建筑业	3.3	6.4	26.6	51.7	9827	19058	65.7
土木工程建筑业	3.8	7.0	18.0	33.0	16299	29857	70.2
铁路、道路、隧道和桥梁工程建筑	3.5	6.7	18.7	35.8	15447	29585	71.1
水利和内河港口工程建筑	4.7	8.0	18.6	31.5	21496	36372	70.5
海洋工程建筑	7.6	11.9	17.2	26.8	67036	104327	76.1
工矿工程建筑	4.3	7.4	12.2	21.1	16184	27983	67.7
架线和管道工程建筑	4.3	7.3	21.5	36.7	16659	28380	71.2
其他土木工程建筑	4.5	7.7	19.2	32.9	14232	24365	60.7
建筑安装业	4.4	7.5	18.9	32.3	14843	25349	64.8
建筑装饰和其他建筑业	4.7	8.1	20.9	35.6	13710	23418	60.5